中央财经大学中央高校基本科研业务费专项资金资助
Supported by the Fundamental Research Fund for the Central University, CUFE

政府购买公共服务主体责任与监督机制研究

杨燕英 等 著

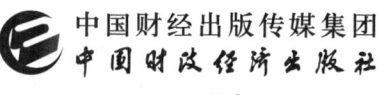

·北京·

图书在版编目（CIP）数据

政府购买公共服务主体责任与监督机制研究 / 杨燕英等著. -- 北京：中国财政经济出版社, 2025.6.
ISBN 978-7-5223-3990-0

Ⅰ. D630.1；F812.2

中国国家版本馆CIP数据核字第2025P8D680号

责任编辑：康　苗　　　　责任校对：胡永立
封面设计：孙俪铭　　　　责任印制：史大鹏

政府购买公共服务主体责任与监督机制研究
ZHENGFU GOUMAI GONGGONG FUWU ZHUTI ZEREN YU JIANDU JIZHI YANJIU

中国财政经济出版社 出版

URL：http://www.cfeph.cn

E-mail：cfeph@cfeph.cn

（版权所有　翻印必究）

社址：北京市海淀区阜成路甲28号　邮政编码：100142
营销中心电话：010-88191522　编辑部电话：010-88190639
天猫网店：中国财政经济出版社旗舰店
网址：https://zgczjjcbs.tmall.com
涿州汇美亿浓印刷有限公司印刷　各地新华书店经销
成品尺寸：170mm×240mm　16开　14.25印张　226 000字
2025年6月第1版　2025年6月河北第1次印刷

定价：68.00元

ISBN 978-7-5223-3990-0

（图书出现印装问题，本社负责调换，电话：010-88190548）
本社质量投诉电话：010-88190744
打击盗版举报热线：010-88191661　QQ：2242791300

前言

经过多年实践，政府向社会力量购买公共服务制度在我国已经取得了长足的发展。从20世纪90年代少数地方政府尝试引入，到在全国范围推行，政府向社会力量购买公共服务制度打破了传统的由政府作为单一主体向社会公众提供公共服务的供给模式，通过引入市场机制吸引众多社会力量共同参与，实现了我国公共服务供给方式的重大转变，不仅增加了公共服务的多元化供给主体，扩大了公共服务的供给范围，丰富了公共服务供给内容，也在一定程度上控制了政府提供公共服务的行政成本，提高了政府公共服务的供给能力。但是，在政府购买公共服务制度快速发展的过程中，一些普遍存在的共性问题也逐渐暴露出来，给该制度的健康有序运行带来了相应的风险。这些风险既有制度本身兼具行政性和市场性的二重性特征所天然蕴含的，也有因各类主体未肩负起自身的主体责任所造成的。由于政府向社会力量购买公共服务的服务范围、服务内容、服务成本、服务质量和服务效果关乎多方主体的切身利益，特别是直接关乎广大人民群众享受公共服务的可及性和获得感，是影响社会治理效能和政府形象声誉的重要公共事务，使如何通过加强监督防范制度运行风险，成为社会各界高度关注的问题。为此，本书从多元主体责任入手，以问题为导向，力图提出构建基于主体责任的政府向社会力量购买公共服务全过程监督机制的解决方案。

本书紧紧抓住"主体责任"这个"牛鼻子"，并以此为主线，沿着政府向社会力量购买公共服务的全过程开展了细化研究。通过分析当前我国政府向社会力量购买公共服务取得的成效和存在的主要问题，对基于主体责任构建全程监督机制进行了价值判断，认为基于主体责任构建政府向社会力量购买公共服务全程监督机制，在有效提升政府治理效能、保障制度运行规范、保护社会公共利益、维护市场秩序等方面具有重要价值，能够发挥重要作用。在深入研究我国政府购买公共服务监督制度演进过程和现行制度体系之后，本书认为，一方面现有制度体系为开展政府向社会力量购买公共服务监督提供了基本遵循，另一方面现有政府向社会力量购买公共服务监督的要求大多属于原则性制度条款，尚未形成将主体责任嵌入全过程的政府向社会力量购买公共服务监督的制度体系。因此，在现有制度期望保持政府购买公共服务活力，但同时又要加以明确规范的条件下，非常有必要从强化各方主体责任的角度，构建在制度运行各流程阶段中，各方主体基于自身责任主动发挥监督作用的一种全新的全过程监督机制。为此，本书对政府向社会力量购买公共服务网络的主体关系与相关风险以及基于主体责任构建全过程监督机制的必要性等问题进行了比较深入的理论分析，认为在明确各方主体责任的前提下构建有效的基于主体责任的全过程监督机制，对于促进政府向社会力量购买公共服务制度的健康发展至关重要。

为进一步了解现实中各方面对政府向社会力量购买公共服务监督的认识、态度和观点以及《中华人民共和国政府采购法》明确的政府购买服务监督管理部门——各级财政部门对实践中全过程监督面临的困境，我们开展了较大范围的网上问卷调查和对实际工作部门的走访座谈，获得了相关一手资料，了解到实践中开展全过程监督的痛点和难点，为后续提出全过程监督机制的构建，提供了比较扎实的现实基础。同时，我们通过收集和整理典型国家在政府购买公共服务监督方面的经验做法，为提出对策建议提供了相应的借鉴。

依据我国相关法律法规和制度规定，政府向社会力量购买公共服务作为一种重要的社会治理创新，其制度运行是在法律法规框架下形成的内部和外部两个监督场域之中进行的，需要接受多方监督主体的监督。如何形成多元主体的内外部监督链条，使其在构建以主体责任为基础的全过程监督机制中有效发挥协同作用，就成为本书的一个重要研究内容。为此，本书通过 SU－CO 模型分析了内外部监督场域下多主体协同合作的内外部监督链条，为构建基于主体责任的政府向社会力量购买公共服务全过程监督提供了重要的理论分析框架。在此基础上，本书提出了树立政府购买公共服务"公共责任共同体"的核心理念，确立了全过程监督机制必须坚持公共价值导向、主体责任全过程嵌入、全过程风险防范、提高整体监督效能和多元主体协同监督五大原则，通过对政府向社会力量购买公共服务全过程分解和风险辨析，创新性地完成了构建"4＋1"模式的政府向社会力量购买公共服务全过程监督机制的方案设计。

前　言

本书基于国家社科基金项目"构建基于主体责任的政府向社会力量购买公共服务全过程监督机制研究"（项目号：17BZZ057）的研究基础写作完成。本书作者包括中央财经大学政府管理学院杨燕英教授、国家税务总局税收科学研究所杨琼博士、天职国际会计师事务所咨询研究院刘栓虎博士和新疆财经大学公共管理学院周锐博士。其中，第一、三、五、六章由杨燕英教授和周锐博士撰写，第二、七章由杨燕英教授和杨琼博士撰写，第四章由杨燕英教授和刘栓虎博士撰写，第八章由杨燕英教授撰写，全书由杨燕英教授总纂。

作　者

2025 年 4 月

目录

第一章 导论 // 1
一、研究背景和研究范围 // 1
二、研究意义 // 4
三、文献综述 // 5
四、理论溯源 // 15
五、研究思路与技术路线 // 23
六、研究方法 // 25
七、创新点 // 27

第二章 基于主体责任构建政府购买公共服务全过程监督机制的价值判断 // 28
一、我国政府购买公共服务取得的成效及存在问题 // 28
二、基于主体责任构建政府购买公共服务全过程监督机制的价值研判 // 45

第三章 对我国现行政府购买公共服务监督制度体系的基本评价 // 51
一、我国政府购买公共服务监督制度的演进 // 52
二、我国政府购买公共服务监督的制度体系 // 57
三、对现有政府购买公共服务监督制度体系的基本评价 // 67

第四章　政府购买公共服务的主体关系辨析　// 70
一、政府购买公共服务的多元主体构成　// 71
二、政府购买公共服务的多元主体关系　// 74
三、基于主体责任构建全过程监督机制的必要性分析　// 88

第五章　对政府购买公共服务监督问题的各方观点调查　// 95
一、面向社会公众、购买主体和承接主体的调查问卷结果　// 95
二、S 省政府购买公共服务及其监督情况的访谈分析　// 119

第六章　政府购买公共服务监督的国际经验与借鉴　// 133
一、典型国家经验　// 133
二、国际经验借鉴　// 141

第七章　内外部监督场域下主体责任的 SU–CO 模型分析　// 146
一、SU–CO 模型在政府购买公共服务监督中的适用性　// 146
二、基于 SU–CO 模型的多元主体监督链条　// 147

第八章　基于主体责任的政府购买公共服务全过程监督机制构建　// 154
一、树立政府购买公共服务"公共责任共同体"理念　// 154
二、构建基于主体责任的全过程监督机制应当坚持的基本原则　// 156
三、政府购买公共服务全过程的模块化分解与风险评估　// 159
四、建立"4+1"模式政府购买公共服务全过程监督机制的方案设计　// 168

参考文献　// 199

附录　调查问卷　// 208

第一章 导论

一、研究背景和研究范围

（一）研究背景

政府向社会力量购买公共服务，是我国为在公共服务领域提高公共服务供给能力、降低政府行政成本、提高财政资金使用效率而广泛采用的公共服务供给方式，体现的是政府公共服务供给方式的重大转变和引入社会力量共同参与公共服务供给的新机制。政府向社会力量购买公共服务将市场机制引入政府公共服务供给领域，打破了传统的公共服务单一由政府垄断提供的模式，丰富了公共服务的供给主体，进而实现了对政府行政成本的有效控制和提高公共服务的供给效率。在传统的公共服务单一由政府垄断供给的模式下，由于政府部门人力和精力的有限，决定了其公共服务的供给规模、服务范围、服务内容、服务质量和服务效率等都无法充分满足社会公众的需要。又由于竞争机制的缺乏，致使政府公共服务供给的效率低下，供给成本长期居高不下，公共服务供给范围狭窄、内容缺位的情况长期存在，政府的社会治理水平难以提高。而采用政府向社会力量购买服务方式，通过市场机制将更多的社会力量引入公共服务供给领域，一方面可以使政府从直接提供公共服务的事务性工作中适当抽离出来，将更多精力集中在对公共服务供给的战略规划、政策制定等顶层设计上；另一方面随着更多社会力量参与公共服务的供给，也有效地扩大了公共服务供给的范围，丰富了公共服务供给的内容，增加了公共服务供给的规模，提高了公共服务供给的效能。正因为如此，20世纪90年代，我国部分地方政府为解决公共服务供给领域长期存在的高成本、低效率、服务质量差等问题，开始尝试将西方发达国家普遍实行的政府购买公服务方式引入地方政府的治理活动之中,希望借此打破僵局,走出一条面向市场化运作的公共服务供给新路径。在深圳、上海等地率先进行小范围尝试并取得很好成效之后,有更多的地方政府开始学习和借鉴其成功经验,政府购买公共服务逐渐在我国呈现出众多地方政府纷纷尝试和逐步探索的势头。为落实党的十八大强调的要加强和创新社会管理,改进政府提供公共服务方式的要求,2013年9月国务院办公厅出台了《关于政府向社会力量购买服务的指导意见》(国办发〔2013〕96号),对进一步转变政府职能、改善公共服务作出重大部署,明确要求在公共服务领域更多利用社会力量,加大政府购买服务力度。[①] 同年11月,党的十八届三中全会做出了《中共中央关于全面深化改革若干重大问题的决定》,指出要推进国家治理体系和治理能力现代化,明确要紧紧围绕更好保障和改善民生、促进社会公平正义深化社会治理体制,提出必须切实转变政府职能,深化行政体制改革,创新行政管理方式,增强政府公信力和执行力,建设法治政府和服务型政府,要加快事业单位分类改革,加大政府购买公共服务力度。激发社会组织活力,适合由社会组织提供的公共服务和解决的事项,交由社会组织承担。[②] 至此,政府向社会力量购买服务方式作为一种正式的制度模式开始在全国范围普遍推行。之后,财政部、有关主管部门和各层级地方政府都相继出台了与政府向社会力量购买服务的有关制度文件,我国政府向社会力量购买服务方式的基本制度框架逐步建立起来,为该制度在全国范围的普遍实行奠定了基础。

2013年至今,政府向社会力量购买服务作为加快我国政府职能转变、建设服务型政府、推动社会治理创新、提高公共服务供给水平的重要制度工具在全国范围内加以大力推进,取得了长足的进展,政府向社会力量购买公共服务的规模快速增长,范围不断扩大,内容日益丰富,几乎涉及所有民生领域和社会管理领域,有效地提升了政府公共服务的供给能力,社会公众对公共服务的可及性和获得感大大增强,切实提高了政府的社会治理效能。但是,随着政府向社会力量购买公共服务制度的快速发展,制度实施过程中也逐渐暴露出一些明显的问题,对提高公共服务供给的资源配置效率和效益产生了

[①] 国务院办公厅关于政府向社会力量购买服务的指导意见(国办发〔2013〕96号),中华人民共和国中央人民政府网站 http://www.gov.cn/,2013年9月26日。

[②] 中共中央关于全面深化改革若干重大问题的决定,中华人民共和国中央人民政府网站 http://www.gov.cn/,2013年11月15日。

消极影响。特别是政府向社会力量购买公共服务的边界不清晰、权责划分不明确、需求管理不到位、预算管理水平不高、缺少公共服务标准体系、重视购买过程而忽视质量效益、承接主体的承接能力参差不齐、政府购买公共服务监督机制匮乏等问题的普遍存在，不仅在很大程度上制约了政府向社会力量购买公共服务制度的健康有序发展，也给制度运行本身带来了各种显性和隐性风险，亟须建立覆盖政府向社会力量购买公共服务全过程的有效监督机制，以保证制度健康可持续发展。基于此，本书将在深入分析制度运行现状和监督管理存在问题的基础上，有针对性地探究如何构建基于主体责任的政府向社会力量购买公共服务全过程监督机制，期望以此为建立我国政府购买公共服务制度的常态化监督机制贡献新的思路。为研究便利，本书统一将"政府向社会力量购买公共服务"简称为"政府购买公共服务"。

（二）研究范围

根据《中华人民共和国政府采购法》，政府购买公共服务是政府采购的一个重要组成部分，属于政府采购中的服务类采购范畴。《中华人民共和国政府采购法》（2014年8月31日修订）第二条规定："本法所称政府采购，是指各级国家机关、事业单位和团体组织，使用财政性资金采购依法制定的集中采购目录以内的或者采购限额标准以上的货物、工程和服务的行为。本法所称服务，是指除货物和工程以外的其他政府采购对象。"具体到政府购买服务的概念，财政部于2020年1月颁布的《政府购买服务管理办法》（财政部令第102号）第二条，对政府购买服务做出了明确的概念界定，即"政府购买服务，是指各级国家机关将属于自身职责范围且适合通过市场化方式提供的服务事项，按照政府采购方式和程序，交由符合条件的服务供应商承担，并根据服务数量和质量等因素向其支付费用的行为"。为进一步明确政府购买服务所包含的内容，第九条又作了进一步明确，即"政府购买服务的内容包括政府向社会公众提供的公共服务，以及政府履职所需辅助性服务"。由于政府购买履职所需辅助性服务主要是满足政府行政行为所需的服务，并不是直接面向社会公众提供服务，且因其监督机制相对比较成熟，因而对其监督问题的研究，不属于本书研究的范围。本书的研究范围仅限于对政府向社会力量购买的、面向社会公众提供的公共服务的全过程监督机制构建问题。

二、研究意义

（一）理论意义

本书具有以下学术价值：第一，丰富社会主义市场经济条件下政府监管职责的内涵，对深化和充实正确处理政府与市场和政府与社会的关系、加强服务型政府建设、提升政府向社会力量购买公共服务的供给效率、实现政府治理体系和治理能力现代化等重大理论问题的研究，具有比较重要的学术价值；第二，本书在辨析主体责任的基础上，研究政府向社会力量购买公共服务的全过程监督机制建设问题，相较其他研究而言是一个全新的研究视角和新的研究思路，具有比较好的独特性和创新性，因而有较高的学术价值。

（二）现实意义

近年来，我国各级政府陆续出台的制度规则，都提出财政部门要加强对政府购买的监督，但对各类购买服务参与主体的监督责任没有清晰明确的规定，导致对各主体应当履行的监督责任缺少约束力，监督的依据不充分，不利于防范政府购买公共服务过程中的各种风险，亟须尽快建立健全防控风险的有效监督机制。2017年1月中共中央办公厅、国务院办公厅发布了《关于创新政府配置资源方式的指导意见》，要求大幅度减少政府对资源的直接配置，更多引入市场机制和市场化手段，提出在利用政府购买等方式扩大和改善公共服务供给的同时，实现"动态和全程监管"。党的十九大报告提出，要转变政府职能，创新监管方式，增强政府公信力和执行力，建设人民满意的服务型政府。政府向社会力量购买公共服务是建设让人民满意的政府的一个具体表现。通过政府购买公共服务而增加的对公共服务供给，能够有效增加社会公众对公共服务的可及性和获得感，能够让人民群众更加深切地感受到中国共产党"以人民为中心"的核心理念和建设人民满意政府的目标追求。同时，不断提升政府购买公共服务的质量效益和服务对象满意度，也能更加直观地反映各级政府社会治理的能力与治理水平，切实提升人民政府的形象和声誉。党的二十大报告明确指出，健全基本公共服务体系，提高公共服务水平，增强均衡性和可及性。政府购买公共服务是提高公共服务水平的重要实现方式,是增强公共服务均衡性和可及性的手段和工具,加强对政府购买公共服务活动的监督,就是要防止在公共服务供给过程中出现的各种问题,影响和削弱公共服务供给的效能。党的二十届三中全会《中共中央关于进一步全面深化改革、推进中国式现代化的决定》中更是明确要求要"加强公共服务绩效管理"。政府购买公共服务作为政府利用市场竞争机制选择公共服务供应主体的新型制度,其购买服务的资金来源是政府财政,是政府财政支出中的购买性支出,属于政府预算的重要支出内容,天然具有公共属性,公共服务的购买主体和承接主体对公共服务的水平、质量和效益承担着无可推卸的公共责任,因而通过加强绩效管理强化对政府购买公共服务的监督就成为必然。

在当前复杂多变的国际局势对中国经济的严重影响下,我国各级政府财政的财政压力加大,但党和政府依然秉持"以人民为中心"的核心理念,一方面强调各级政府要尽力压减一般性开支,严格过"紧日子",另一方面坚持持续保障民生兜底,不断增加财政资源向民生领域的倾斜力度,在保障就业、发展教育、养老服务、医疗卫生、社会保障、残疾人服务、公共文化体育、乡村振兴、社会管理、科技进步等领域,不断增加政府购买公共服务力度。在财政资源如此紧张的情况下,仍然大力度保障公共服务购买支出,就必然要求不断提高政府购买公共服务质量效益,实现公共服务的物有所值和公共价值,防止财政资金的损失浪费,故而防范制度运行中可能出现的各种风险就显得尤为重要,而建立切实可行的政府购买公共服务监督机制,就是防范风险、保证质效的最有效手段。因此,本书以问题为导向,给出在突出主体责任的基础上构建政府向社会力量购买公共服务全过程监督机制的制度设计方案,不仅符合实现国家治理体系和治理能力现代化的客观要求,也能为政府向社会力量购买公共服务制度的健康有序运行提供坚实监督保障,因而具有很好的社会现实意义和实际应用价值。

三、文献综述

政府购买公共服务是我国政府向社会公众提供公共服务的一种新理念、新机制和新方法,是充分发挥市场在公共服务资源配置中的作用、转变政府职能和创新经济社会治理体系、推进政社合作良性互动的重要途径。近年来,我国政府购买公共服务正被越来越广泛地运用于公共服务的各个领域。① 在世界各国，大多数发达的工业化国家里，政府对社会组织的这种依赖如此普遍，以至于政府资助已经成为社会组织经费的主要来源，社会组织也已经成为政府资助的广泛的公共服务的主要载体。② 在政府供给公共服务机制层面上，政府向社会力量购买公共服务，是政府供给社会成员以基本公共服务的有效方式和机制。如同有学者分析指出的那样，传统意义上，公共服务的供给通常具有三种基本机制，即政府机制、市场机制和志愿机制。这三种机制具有不同的适用对象、效用条件、天然优势和自身短板。③ 政府购买公共服务就是主要通过市场机制实现政府、市场、社会协同供给公共服务。在这一过程中，政府作为出资人，将原本由自身承担的公共服务转交给社会组织、企事业单位履行，以提高公共服务供给的质量和财政资金的使用效率，改善社会治理结构，满足公众的多元化、个性化需求。④

但是，由于我国政府购买公共服务制度正式建立和推进的时间不长，相关制度建设尚在完善的过程中，因此不可避免地暴露出一些问题，这在一定程度上造成了制度运行的风险，如公共服务劣质低效、寻租腐败、机会主义抬头、财政资金浪费等购买服务空心化问题。⑤ 特别是"重购买、轻监管"导致一些政府向社会力量购买的公共服务质量并未达到预期，难以实现"物有所值"的目标。⑥ 任何一种有生命力的制度模式必须要有自我纠错能力。这种纠错能力的产生条件之一是要有科学完善的监督制度。⑦ 因此，如何科学构建完善的政府购买公共服务监督体系成为国内外学者们热心研究的问题之一。在国内外学者关于政府购买公共服务及其监督的诸多

---

① 财政部科研所课题组. 政府购买公共服务的理论与边界分析 [J]. 财政研究, 2014 (3).
② 王浦劬, 莱斯特·M. 萨拉蒙, 等. 政府向社会组织购买公共服务: 中国和全球经验分析 [M]. 北京: 北京大学出版社, 2010.
③ 薄贵利, 刘小康, 等. 创新服务型政府运行机制 [M]. 北京: 人民出版社, 2014.
④ 徐家良, 赵挺. 政府购买公共服务的现实困境与路径创新: 上海的实践 [J]. 中国行政管理, 2013 (8).
⑤ 韩清颖, 孙涛. 政府购买公共服务有效性及其影响因素研究——基于153个政府购买公共服务案例的探索 [J]. 公共管理学报, 2019 (7).
⑥ 杨燕英, 张希, 吴艳丽, 等. 构建基于主体责任的政府向社会力量购买公共服务质量监督机制 [J]. 社会政策研究, 2020 (9).
⑦ 项显生. 我国政府购买公共服务监督机制研究 [J]. 福建论坛·人文社会科学版, 2014 (1).

研究文献中，首先廓清了政府购买公共服务的概念和边界，因为这是政府购买公共服务监督的逻辑起点。在此基础上，通过研究分析政府购买公共服务实践中的困境和风险，进而提出完善政府购买公共服务监督的举措才能有的放矢。

（一）关于政府购买公共服务内涵及其边界的界定

国内外学者对于政府购买公共服务内涵的认识从本质上看基本一致，只是表达的方式和切入的视角不同，王浦劬认为政府向社会力量购买服务，即政府把直接向社会公众提供的基本公共服务特定事项，按照市场运行的机制要求，交由具备资质的社会力量（社会组织、企业组织、其他机构等）生产和承担，并由政府根据服务数量和质量向其支付费用，由此使相关公民获得优质基本公共服务。[①] 句华对政府购买服务采用窄口径的界定，指各级国家机关将属于自身职责范围且适合通过市场化方式提供的服务事项，按照政府采购方式和程序，交由符合条件的服务供应商承担，并根据服务数量和质量等因素向其支付费用的行为。[②] 而宽口径的政府购买公共服务还包括政府资助、凭单制等形式。[③] 贾西津认为政府购买服务本质上是一种财政性资金的转移支付方式，即政府与社会组织签立合同使用财政资金由社会组织承包服务实现特定公共服务目标的机制。[④] 王春婷、魏中龙等认为政府购买公共服务是在公共服务领域打破政府垄断地位引入竞争机制，把市场管理手段、方法、技术引入公共服务之中，将公共服务的提供与生产分开，政府依靠市场和非营利组织进行生产，通过购买的方式间接地向公众提供公共服务。[⑤] 徐家良、赵挺、李一宁等认为政府购买公共服务是指政府通过公开招标、定向委托、邀标等形式将原本由自身承担的公共服务转交给社会组织、企事业单位履行，以提高公共服务供给的质量和财政资金的使用效率，改善社会治理结构，满

---

① 王浦劬. 政府向社会力量购买公共服务的改革意蕴论析［J］. 吉林大学社会科学学报，2015（7）.
② 句华. 政府购买服务的方式与主体相关问题辨析［J］. 经济社会体制比较，2017（4）.
③ 吕芳. "异构同治"与基层政府购买服务的困境——以 S 街道的政府购买服务项目为例［J］. 管理世界，2021（9）.
④ 贾西津. 公共服务购买——政府与社会组织的伙伴关系［EB/OL］. http//www.360doc.com.
⑤ 王春婷. 政府购买公共服务研究综述［J］. 社会主义研究，2012（2）.

足公众的多元化、个性化需求。①② 国外学者如萨瓦斯等普遍认为政府购买公共服务就是公共服务合同外包,外包对象为私营部门和非营利部门,即政府通过与营利或非营利组织签订承包合同的形式来提供公共服务。③④ 萨瓦斯、欧文·E. 休斯认为,政府购买服务是更多依靠民间机构,更少依赖政府来满足公众的需求,强调这种民营化是从整体上减少政府的介入,减少生产、供给、补贴、管制,或这四种工具的任意组合。⑤⑥

尽管学界对政府购买公共服务的概念本质的界定达成了基本共识,但对政府购买公共服务的边界存在较大分歧。国外学者普遍认为,并非所有的服务都适合外包,而能否外包则有着一定的判定标准。⑦ 萨瓦斯从技术上说明了一项公共服务是否适合外包:一是工作任务能清楚地界定;二是存在若干个潜在的竞争者;三是政府能够监测承包商的工作绩效;四是承包的条件和具体要求在合同中有明确规定并能够保证落实。⑧ 中国财政科学研究院(财政部原科研所)从政治和社会角度将公共服务分为三类:第一类是支撑经济社会正常运转、全民受益且无法分割的公共性公共服务,如宏观调控、市场监管、环境保护等,实施工具多为法规、发展战略、政策、标准的制定和实施,职能承担者主要为行政管理部门;第二类是增加国民福利、受益对象(群体)特定的公益类公共服务,典型如教科文卫等,职能承担者多为我国事业单位;第三类公共服务是介于二者之间,既具备支撑经济社会正常运转、民众受益且无法分割特点,又无须通过法规制定实施生产,受益面或具有辖区特点,且未必一定由行政管理部门承担,典型事项如基础理论研究类公共服务和社会事务管理。⑨ 魏娜、刘昌乾等结合宪法明确规定的政府职责范围,按照公共

---

① 徐家良,赵挺. 政府购买公共服务的现实困境与路径创新:上海的实践 [J]. 中国行政管理,2013 (8).
② 李一宁. 推进政府购买公共服务的路径选择 [J]. 中国行政管理,2015 (2).
③ 萨瓦斯. 民营化与公私部门的伙伴关系 [M]. 北京:中国人民大学出版社,2003.
④ E. S. Savas. Privatization and public – private partnerships [M]. New York:Chatcham House Publishers,2000.
⑤ 欧文·E. 休斯. 公共管理导论 [M]. 张成福,译. 北京:中国人民大学出版社,2007.
⑥ E. S. Savas. Privatization:The key to better government [M]. Chatham, NJ:Chatham house,1987.
⑦ 句华. 公共服务合同外包的适用范围:理论与实践的反差 [J]. 中国行政管理,2010 (4).
⑧ E. S. 萨瓦斯. 民营化与公私部门的伙伴关系 [M]. 周志忍等,译. 北京:中国人民大学出版社,2002.
⑨ 财政部科研所课题组. 政府购买公共服务的理论与边界分析 [J]. 财政研究,2014 (3).

物品使用上的排他性和提供商的竞争性的程度，将公共服务划分为"非排他性、非竞争性基本公共服务""非排他性、竞争性基本公共服务领域""非基本公共服务"三大类，其中：第一类如民政、公安、司法行政和监察等服务应由政府提供，不应列为政府购买公共服务范畴；第二类如城镇公共卫生服务、水污染治理服务、社会服务收容收养等服务可以通过政府购买的方式提供；第三类如专业技能培训服务、特殊教育服务、市场调查和民意测验服务、社会与管理咨询服务等可以更好地发挥社会的力量通过政府购买、特许经营、政府补助、凭单制、自由市场等多种机制或形式提供。① 从理论上廓清政府购买公共服务边界较为容易，但在具体实践中，随着日益增长的社会需求，政府作为公共服务的唯一供给者难以满足公众需求而无法准确界定购买边界。边界界定不清主要表现在购买范围过窄或者过宽两个方面。② 韩清颖和孙涛基于我国各地政府与第三方机构协力评价且已结项的公共服务购买案例，在获取有效性评价数据基础上，发现公共服务购买一味追求"纯粹的市场""纯粹的社会"的做法，未必有利于公共服务购买有效性的提升。政府购买仅将公共服务"生产"社会化，却未将政府"供给责任社会化"，公共服务购买应考虑合适领域，从实证来看，涉及公共安全与秩序的城管领域、政府须承担"兜底"责任的社会保障领域的公共服务购买有效性就很不理想。③ 因此，在适合的领域选择政府购买公共服务才是确保公共服务有效性的基本前提，这也是监督实践和既有研究中忽视的重点和难点。

（二）关于政府购买公共服务存在的风险

政府购买公共服务是通过市场机制提供公共服务，公共服务提供从相对封闭转向相对开放，从单一线性状转向网络状，地方政府与市场、社会的关系得以重构，这一基本前提假设是"市场机制比政府供给更有效"④⑤。但如

---

① 魏娜，刘昌乾. 政府购买公共服务的边界及实现机制研究［J］. 中国行政管理，2015（1）.
② 董杨，刘银喜. 政府购买公共服务边界界定及其对质量控制的影响［J］. 内蒙古社会科学，2017（11）.
③ 韩清颖，孙涛. 政府购买公共服务有效性及其影响因素研究——基于153个政府购买公共服务案例的探索［J］. 公共管理学报，2017（7）.
④ Bel G, Fageda X. What have we learned from the last three decades of empirical studies on factors driving local privatization［J］. Local Government Studies，2017（43）.
⑤ Boardman A E, Vining A R, Weimer D L. The long-run effects of privatization on productivity: evidence from canada［J］. Journal of Policy Modeling，2016（38）.

霍吉之见，政府购买公共服务的真正功效缺乏研究，而各国不断鼓胀的政府、不断上涨的财政赤字却表明，对政府购买的欢呼有些为时过早。① 竞争也不总是能告诉政府应该买什么，也无法告诉政府最终能够买到什么。凯特尔提出了"供给方缺陷"和"需求方缺陷"。"供给方缺陷"用来衡量市场，政府购买的服务根本就没有预先存在的市场，或政府的规定会在各种私人公司之间产生或增加服务需求，甚至被小部分供应商把持，进而操作成本和收益。而"需求方缺陷"用来衡量政府，政府无法准确确定购买公共服务的质量和数量，在委托代理关系中存在信息不对称，政府的内部性问题导致购买和管理过程中的能力缺陷。② 萨瓦斯认为公私合作中可能会发生四种风险，包括政治风险、市场商业风险、财政支出风险和其他风险。③ 范斯莱克总结了社会服务合同外包中政府面临的四个主要风险：一是服务提供商数量太少使政府难以采取终止合同和再招标的策略；二是政府在由意识形态推动的合同外包中缺乏合同管理能力；三是政策目标、规划和实施细则常常界定模糊和缺乏监督，可能使政策执行偏离政策目标；四是合作关系可能为非营利组织治理带来未预期的效果，导致其使命偏移、专业化程度降低以及对公共资金的过度依赖等。④

随着我国政府向社会力量购买公共服务制度在全国范围内推开，国内学者们也开始逐渐关注政府购买公共服务的风险问题。我国学者针对我国地方政府购买公共服务实践进行了深入的调查和研究，徐家良对上海市⑤、王箭对四个直辖市⑥、魏天寿对厦门市⑦、倪永贵对温州市⑧、马全中对欠发达地区⑨

---

① Graeme A. Hodge. Privatization: an international review of performance [M]. Oxford: West View Press, 2000.

② Donald F. Kettl. Power sharing: public governance and private markets [M]. Trans. by Sun Ying-chun. Beijing: Peking University Press, 2009.

③ 萨瓦斯. 民营化与公私部门的伙伴关系 [M]. 北京：中国人民大学出版社，2002.

④ Van Slyke. Agents or stewards: using theory to understand the government – nonprofit social service contracting relationship [J]. Journal of Public Administration Research and Theory, 2007 (17): 157 – 187.

⑤ 徐家良，赵挺. 政府购买公共服务的现实困境与路径创新：上海的实践 [J]. 中国行政管理, 2013 (8).

⑥ 王箭. 政府购买服务机制比较：四直辖市例证 [J]. 社会管理创新研究, 2014 (11).

⑦ 魏天寿. 政府购买公共服务机制研究：以福建省厦门市为例 [J]. 财政监督, 2018 (19).

⑧ 倪永贵. 政府购买公共服务监督机制创新研究——以温州市为例 [J]. 公共管理理论, 2017 (3).

⑨ 马全中. 政府向社会组织购买公共服务的"外包失灵"及矫正——基于广东欠发达地区的案例分析 [J]. 陕西行政学院学报, 2019 (2).

等按照购买者、承接者、使用者、评估者四个主体以及"向谁买""买什么""怎么买""如何管"四个环节对各地市政府购买公共服务案例进行了研究。发现共性问题包括市场竞争机制的缺乏、购买程序的非完备性、社会组织存在供给方缺陷、服务供给水平低等,同时我国在政府购买公共服务监督方面也存在主体单一、方式滞后和制度不健全等问题,存在目标偏离风险、监督不足风险、合法性风险、创租寻租风险。贾西津等认为大多数政府和合作者还没有树立起风险意识。如对江西扶贫试点项目的研究表明,政府对该购买项目的关注并不在于项目效益,购买不是一种政策工具,而是一项"政治任务"。政府事实上并不关心购买项目所产生的实际经济社会效益,因而也疏于合同管理和评估。正因此,在项目开展过程中,非政府组织并没有表现出将事情做得最好的干劲,其表现也差强人意。①

同时,国内学者从理论上分析解构政府购买公共服务风险。王名、乐园、韩俊魁等将政府购买公共服务模式分为依赖关系非竞争性购买、独立关系非竞争性购买和独立关系竞争性购买;或体制内吸式非竞争购买、体制外非竞争购买、招标式竞争购买。其中,依赖关系非竞争性购买导致社会组织活动受制于政府,评估形式化,甚至部门利益不断扩张的问题。独立关系非竞争性购买存在合同通常不是具体化和量化的,这种购买事实上是政府职能外包,而不是具体任务的外包。独立关系竞争性购买存在政府对民间组织缺乏信任,民间组织也缺乏公信力,购买协议对政府的约束力不强,一些组织难以完全保持自己的宗旨和坚守组织的专业优势。②③ 刘波、崔鹏鹏、赵云云认为政府外包对象任务复杂性程度越高,外包的风险越大、成本也越高;"政府间竞争"和"领导支持"等政治因素对公共服务外包也有显著的影响。④ 李晨行等认为真正的市场购买之所以难以实现,主要是因为中国政府组织中信息模糊带来的阻隔。信息模糊体现在制度环境、主体间关系和产品本身三个层面,分别称为"脱耦型模糊""关系型模糊"和"产品型模糊",它们"三位一

---

① 贾西津. 中国公民参与:案例与模式[M]. 北京:社会科学文献出版社,2008.
② 王名,乐园. 中国民间组织参与政府购买公共服务研究[J]. 财政研究,2008(4).
③ 韩俊魁. 当前我国非政府组织参与政府购买服务模式比较[J]. 经济社会体制比较,2009(6).
④ 刘波,崔鹏鹏,赵云云. 公共服务外包决策的影响因素研究[J]. 公共管理学报,2010(4).

体",既各自独立又相互激发。① 周俊认为政府购买公共服务同时存在缺乏竞争、机会主义、供应商垄断等风险。② 詹国彬立足于政府购买公共服务的"三元主体",即政府、市场和公众,剖析定向购买方式和竞争购买方式可能蕴涵的诸如寻租、垄断、效率低下、购买不足等风险。③ 杨宝在路径依赖理论和利益集团理论的基础上,建构了"初始状态和利益冲突"制度转型的分析框架,认为改革伊始存在利益冲突时,利益受损方会反抗或抵制制度转型,对目标达成有着阻碍作用。④ 敬义嘉总结了政府购买公共服务中存在委托代理关系和管家关系的利弊:委托代理关系有助于利用竞争的动机,选择最高效的实施者,但可能导致对合同目标的僵硬遵守或阳奉阴违以及缺乏长期投资的避险倾向。缺乏信任会抑制双方的深入合作,尤其在社会服务需要大量专用性投资的情况下更是如此。管家关系能够在长期上降低交易成本,促进深度合作,但是过度的相互垄断使竞争无法实现,投机现象可能难以遏制而使合作偏离正常的轨道。⑤

(三) 关于政府购买公共服务监督机制

由于我国政府购买公共服务制度建设尚在完善的过程中,因此不可避免地暴露出一些问题,这在一定程度上造成了制度运行的风险。因此,必须高度重视政府购买公共服务的质量监督问题,从完善制度建设的角度强化购买服务的质量监督机制的研究,突出政府购买公共服务活动参与各方在质量监督方面的主体责任,为实现"买的值""买的好"和最大限度满足社会公众对公共服务供给的质量要求提供制度保障。⑥ 项显生、胡艳蕾、常晓薇等认为,虽然我国对政府购买公共服务监督机制进行探索,建立了相应的监督机制,但是仍存在依据不统一、机制不健全、被监督对象缺位、监管内容模糊

---

① 李晨行,史普原. 科层与市场之间:政府购买服务项目中的复合治理——基于信息模糊视角的组织分析 [J]. 公共管理学报,2019 (1).
② 周俊. 政府购买公共服务的风险及其防范 [J]. 中国行政管理,2010 (6).
③ 詹国彬. 需求方缺陷、供给方缺陷与精明买家——政府购买公共服务的困境与破解之道 [J]. 经济社会体制比较,2013 (9).
④ 杨宝. 政府购买公共服务模式的比较及解释——一项制度转型研究 [J]. 中国行政管理,2011 (3).
⑤ 敬义嘉. 社会服务中的公共非营利合作关系研究——一个基于地方改革实践的分析 [J]. 公共行政评论,2011 (5).
⑥ 杨燕英,张希,吴艳丽,等. 构建基于主体责任的政府向社会力量购买公共服务质量监督机制 [J]. 社会政策研究,2020 (3).

不明确和监督能力不强等问题。①②③ 齐海丽认为，政府对于自身在购买服务过程中应该发挥的沟通、协调、管理、监控等责任尚没有清晰的认识。④ 孙荣等从利益相关者理论出发，认为一个完整意义的资金监管体系，不仅仅只有预算的监督，还应该包括资金的获得与执行、资金绩效的评估与审核等各个环节的监督。只有完善的资金监督体系作为保障，才能够确保政府购买公共服务的顺利推进。⑤ 李洪山、范思阳认为公民作为政府购买公共服务过程的主体之一，仍存在参与缺失、参与无效、参与无序等问题，致使公民未能充分发挥作用、承担相应责任等。⑥ 田凯基于社会学理性选择理论视角，认为非营利组织的双重属性导致政府对于是否应该对非营利组织给予信任存在着矛盾性，政府必须通过建立一系列监督机制来约束非营利组织。⑦ 刘鹏等从国家的视野观察政府对社会组织的监管，并将合理运用机制和策略，营造良好社会组织运营环境以达到对社会组织的运行过程和逻辑进行嵌入性干预和调控的目的控制的策略类型称为"嵌入型监管"。⑧ 张雨婷等针对政府购买公共服务质量管控问题，采用扎根理论研究方法，以镇江特教中心、幼儿园、养老院以及社会影响重大的政府购买公共服务为例总结出政府购买公共服务质量的影响因素，明确其核心影响因素为监管因素，并据此构建各影响因素之间的关系模型。⑨

学者们针对政府购买公共服务和对政府购买公共服务监督中出现的问题

---

① 项显生. 我国政府购买公共服务监督机制研究［J］. 福建论坛（人文社会科学版），2014（1）.

② 胡艳蕾. 政府购买公共服务的多元主体监督机制［J］. 山东师范大学学报（人文社会科学版），2016（6）.

③ 常晓薇. 地方政府购买公共文化服务监管问题研究［J］. 现代交际，2020（24）.

④ 齐海丽. 政府购买公共服务的成效与反思——以上海市政府购买岗位为例［J］. 江南社会学院学报，2012（9）.

⑤ 孙荣，王歆昱. 政府购买公共服务资金监管研究——基于利益相关者理论的分析［J］. 云南行政学院学报，2016（3）.

⑥ 李洪山，范思阳. 治理理论视角下公民参与政府购买公共服务研究［J］. 理论导刊，2017（2）.

⑦ 田凯. 政府与非营利组织的信任关系研究——一个社会学理性选择理论视角的分析［J］. 学术研究，2005（1）.

⑧ 刘鹏，孙燕茹. 走向嵌入型监管：当代中国政府社会组织管理体制的新观察［J］. 经济社会体制比较，2011（4）.

⑨ 张雨婷，徐兰. 基于扎根理论的政府购买公共服务质量影响因素研究［J］. 江苏科技大学学报（社会科学版），2017（9）.

提出了具体的解决对策。姜爱华以政府购买体育场馆服务为研究对象，对政府购买体育场馆服务监督机制现状、问题进行了分析，同时对政府购买体育场馆服务的监督机制给出了一些具体可行的建议，包括推进专门性立法，清晰界定监督责任，合理扩大监督内容范围，明确监督程序，提高监督处理结果公开透明度等。① 李一宁等提出对申请、招标、实施、结项、评估、反馈等环节都制定动态管理办法，科学设计涵盖服务供应方的资质、服务数量和质量、服务成效等评估指标体系，建立责任追究和赔偿机制。② 李兆友等提出要不断地完善相关的信用系统和政府购买公共服务的信息平台，提高政府信息和社会组织之间的有效联系，通过信用鼓励、失信惩罚的方式来完善相关的监管机制，提高监管效率。完善定价机制建设，制定合理的议价方式，避免出现因价格过低造成的社会组织活动困难、人才流失的问题。③ 刘锡平提出要将政府购买公共服务项目资金运行和使用效益融合涵盖入审计项目，纳入年度审计计划，并定期不定期开展专项审计。④ 构建政府购买公共服务公众监督保障机制研究，马子尧提出要社会公众作为公共服务最直接的受益者，应当在政府购买公共服务监督体系当中发挥至关重要的作用，从健全公众监督的法律体系、畅通公众监督的渠道以及培养良好的参与环境入手促进公众对政府购买公共服务监督。⑤ 崔军等提出加快政府购买服务中财政监督的立法建设、完善政府购买服务中财政监督的监督主体体系、建立政府购买服务中财政监督的高素质队伍、坚持政府购买服务中财政监督的手段创新以及借助绩效评估实现对政府购买服务中的财政监督。⑥

（四）文献评述

综合国内外研究现状可以看出，学者们认为，政府购买公共服务过程中存在的一系列风险问题，对政府购买服务的质量产生了较大的负面作用，因此必须重视政府购买公共服务供给的质量。同时，学者们还认为实践过程中加强对政府购买公共服务的监督，是保证制度健康发展的重要手段。但是，

---

① 姜爱华，陈琦. 政府购买体育场馆服务监督机制研究[J]. 财政监督，2017（21）.
② 李一宁，金世斌，吴国玖. 推进政府购买公共服务的路径选择[J]. 中国行政管理，2015，（2）.
③ 李兆友，范逸尘. 政府向社会组织购买公共服务的监管机制研究[J]. 决策探索，2021（4）.
④ 刘锡平. 如何加强政府购买服务资金审计监督[J]. 中国内部审计，2015（10）.
⑤ 马子尧. 构建政府购买公共服务公众监督保障机制研究[J]. 中国政府采购，2018（8）.
⑥ 崔军，傅培瑜. 政府购买服务中的财政监督问题研究[J]. 财政监督，2016（7）.

我国现有针对政府购买公共服务监督的研究成果，更多的是从风险管控的角度进行研究，较少从加强主体责任的视角探讨政府购买公共服务监督机制的构建问题。目前多数关于政府购买公共服务监督的研究对表层事实研究得较多，对实践中存在问题的内在深层次因果关系研究较少，尚未形成系统的政府购买公共服务监督理论体系。因此，本书试图从参与政府购买公共服务的多元主体责任出发，深入分析主体间的相互关系，探讨主体责任缺失对政府购买公共服务制度规范运行带来的问题，力求在主体责任确认的基础上，构建更加有效的政府向社会力量购买公共服务全过程监督机制，在丰富我国政府购买公共服务监督理论体系的同时，给出现实的解决方案，从而增强对监督实践的指导意义。

四、理论溯源

现代国家在提升治理能力的过程中，将政府购买公共服务制度作为政府治理现代化的重要工具，有着深刻的理论基础。研究如何构建有效的全过程监督机制是完善政府购买公共服务制度运行的重要组成部分，也需要相应的理论作为研究基础，因此必须开展理论溯源，为本书的开展提供理论依据。经过梳理，我们认为，新公共管理理论、新公共服务理论、委托代理理论和多中心治理理论能够为本书的研究提供相应的理论支撑。

（一）新公共管理理论

1. 理论概述

20世纪70年代末80年代初，一场声势浩大的政府行政管理改革浪潮在世界范围内掀起。在此之前，传统的公共管理模式认为，政府运行的效率就是最大限度地"完成"或"实现"既定的目标，而新公共管理理论则将关注的重点放在收益比上，即如何以最小的成本获得最大的收益。新公共管理理论认为，政府应改变传统的僵硬缺少弹性的官僚制、科层制模式，主张政府应当向企业等私营部门学习，将私营部门的管理经验引进到公共管理领域。该理论强调政府应当施行绩效管理，追求"三E目标"，即经济（Economy）、效率（Efficiency）和效益（Effectiveness），从而控制行政成本，提高行政效率。胡德认为"新公共管理"是一种强调明确的责任制、结果导向和绩效评价为标准的分权结构，采用私营企业的管理、技术和工具，引入市场机制、鼓励竞争为特征的公共部门管理新途径。① 新公共管理理论要求政府把社会公众视为"顾客",认为公共组织应以"顾客满意"为宗旨。政府应当积极以公众的需求和市场为导向,增强对民众的回应,重视公共服务的质量和公众满意度,减少过度而不必要的行政干预,更有效率地提供公共服务。新公共管理理论将政府与市场作为两种配置资源和协调社会经济活动的主要机制或制度安排,指出政府与市场之间的组合状况会直接影响社会资源配置的效率,主张将市场机制引入到公共产品的供给中来,认为在相关市场发育较为成熟的情况下,可以适当分散政府部门的权力,政府不应过多直接参与公共物品和公共服务的生产当中。

为使政府与市场在公共服务中统一起来,新公共管理理论在政府与市场之间引入了"委托—代理"机制。即政府通过合同或契约将公共服务中的部分具体行动,委托或外包给部分私营机构。亦如奥斯本和盖布勒给予政府的角色定位是"掌舵"而不是"划桨"。

2. 新公共管理理论与构建政府购买公共服务全过程监督机制

新公共管理理论的划时代意义在于将市场经济中企业管理的相关经验引入政府部门,通过竞争机制和绩效管理根除官僚主义痼疾,提升政府行政效率。正是由于这种将市场机制引入政府公共管理的新理念,使公共服务领域中政府长期作为单一供应者的局面被打破,更多的市场主体被引入,成为公共服务的生产者和提供者,而政府则成为公共服务的购买者。政府这种角色的转变和多元主体的参与,使政府治理的手段和工具更加丰富,方式更加灵活,政府向社会公众提供的公共服务范围也日益扩大,购买规模逐渐增加,公共服务的质量和效益也不断提高。可以非常明确地讲,正是新公共管理理论,为政府购买公共服务制度的诞生奠定了理论基础,而政府购买公共服务是新公共管理理论在公共物品提供方面的一个重要实践。②

由于政府购买公共服务是将市场机制引入政府公共服务提供领域,使政府由传统的公共服务生产者和供应者转变为购买者,并由此在购买的交易行为中与政府购买公共服务的承接主体形成买卖关系,双方在市场交易中是平等的市场主体,因此在购买活动过程中,应当遵守市场经济中公平竞争、公

---

① Hood Chrictopher. A publec management for all seasons [J]. Public Administuation,1991 (3).
② 杨燕英. 政府购买公共服务嵌入式财政监督机制——以风险管理为导向的研究 [M]. 北京:经济科学出版社,2019.

平交易的基本规则，对购买公共服务资金的使用必须讲求绩效，要强调效率、效益和效果。以往政府直接向社会公众提供公共服务的垄断模式，无法打破传统的官僚体制造成的资金浪费、效率低下问题，而政府购买公共服务方式则致力于改变这一顽疾，通过引入竞争机制和绩效管理，促使公共服务的供给更加具有效率和效益，防止政府购买服务资金的损失和浪费。由于政府购买公共服务使用的是源于公众纳税形成的公共财政资金，政府购买来的公共服务又是用来满足社会公众需求的，因此，管好用好财政资金就成为政府天然的职责，对财政资金的使用情况和公共服务购买的结果理应得到高度关注。政府必须通过制定严谨的制度规范和实施科学的全流程监管，才能防范财政资金在政府购买公共服务活动过程中出现损失、浪费和低效的风险。此时，构建基于主体责任的政府购买公共服务全过程监督机制就显得尤为重要。由此，新公共管理理论是构建政府购买公共服务全过程监督机制的重要理论基础。

（二）新公共服务理论

1. 理论概述

由于新公共管理理论在实践中出现了过于注重效率而忽视民主、公平以及过度市场化等问题，罗伯特·登哈特等诸多学者总结和反思了这些弊端和问题，创立了新公共服务理论。新公共服务理论认为，过于追求效率和将政府部门"企业化"，不利于增加公民参与和塑造共同价值。政府提供公共服务的对象是社会公众，而非单纯经济学意义上的顾客。政府应从社会公众的集体价值方面，考虑自身行为的合理性，强调"服务"依然是政府公共行政领域的核心内容。新公共服务理论的核心观点在于：其一，政府不是社会发展的掌舵者，而是公共服务的推动者。在社会利益主体日趋多元化的情况下，政府需要改变以往引领社会发展的工作思路，积极同各个利益主体和社会力量进行合作对话，让他们充分表达自身的利益诉求，并在共同价值的理念下予以满足。其二，政府行为要兼具战略性和民主性。任何一项公共政策的制定和实施，都离不开社会各界的积极参与，政府必须组织各方力量进入政策的制定、执行和评估过程。参与的民主性和行动的战略性不可分割。其三，政府行为与市场行为并不完全等同。政府提供公共服务的根本目的，是满足社会公众的需求，而并非完成泾渭分明的合同契约。公共价值是较为抽象复杂的内容，无法单纯通过市场化手段予以满足。其四，相比于追求效率的市场精神，树立公共服务意识对政府部门更为重要。政府部门一方面要肯定市场化手段的积极作用，另一方面更应强调人本的核心价值，市场化在政府部门的行为中是手段而非目的。

新公共服务理论坚持"服务而不是掌舵"的基本理念，强调"服务"依然是公共行政领域的核心内容。但是其对"服务"有着全新的内涵："越来越重要的是要利用基于价值的共同领导来帮助公民明确表达和满足他们的共同利益需求，而不是试图控制或掌控社会新的发展方向。"①因此，新公共服务理论强调公共性、参与性和服务性三大原则。

2. 新公共服务理论与构建政府购买公共服务全过程监督机制

新公共服务理论强调政府是"服务而不是掌舵"，这实际上是突出了政府的公共责任。在政府购买公共服务中，政府部门不应过度追求市场化，不应把公共服务完全交由市场提供，应当由政府承担的公共服务责任必须由政府承担。也正因为政府所承担的公共服务职责，才使政府与普通的服务购买者不同。政府购买公共服务只是将原来政府直接向公众提供服务方式，转变为通过购买提供的方式，虽然供给方式变化了，但政府的公共责任并未改变，再加上用于购买公共服务的资金来自公共财政，其本源是纳税人缴纳的税金，政府使用公共资金用于公共服务的购买，直接关系到社会公众的公共利益。如此就决定了政府购买公共服务的目的，不是为了借助方式转换，甩包袱、卸责任，而是要通过公共服务提供方式的改变，更多更好地为公众提供优质高效的公共服务。因此，在购买公共服务中政府必须居于主导地位，必须在尊重和遵守市场经济基本原则的基础上，根据自身的公共责任对政府购买公共服务制定明确的制度、规则，并实施有效的监督和管理。也就是说，政府要监督政府购买公共服务这艘航船的行驶方向、行进速度以及在航船内部交易活动的合法合规情况，防止发生各类风险，以保证优质高效地向社会公众提供更多更好的公共服务。② 同时，新公共服务理论所强调的公共性、参与性和服务性原则，要求政府要以战略的视角听取社会公众的意见与需求，通过推动公共服务供给方式的多样化来提升公共服务质量，为明确政府购买公共

---

① 珍妮特·V. 登哈特，罗伯特·B. 登哈. 新公共服务（服务而不是掌舵）[M]. 北京：中国人民大学出版社，2014.

② 杨燕英. 政府购买公共服务嵌入式财政监督机制——以风险管理为导向的研究 [M]. 北京：经济科学出版社，2019.

服务参与各方的主体责任以及鼓励社会公众积极参与到政府购买公共服务的监督过程之中，这些都为构建基于主体责任的政府购买公共服务全过程监督机制提供了有力的理论支撑。

（三）委托代理理论

1. 理论概述

20世纪30年代，随着社会分工的不断明确，委托代理理论在西方私营部门中不断兴起，这一理论又被称为代理人理论。委托代理关系是指一个或多个行为主体根据一种明示或隐含的契约，指定、雇佣另一些行为主体为其服务，同时授予后者一定的决策权利，并根据后者提供的服务数量和质量对其支付相应的报酬。授权者就是委托人，被授权者就是代理人。在生产、经营等实际经济活动中，两者构成了委托代理关系。委托代理理论是建立在非对称信息博弈论基础上的。尽管这一理论为实际生产发展提供了许多方便，然而由于在委托代理关系中，委托人和代理人之间存在着极为严重的信息不对称问题，代理人可能以损害委托人利益为代价采取投机性自利行为，从而出现道德风险和逆向选择，使委托人对代理人的监督变得极为困难。因此，委托代理理论要求委托人通过各种形式的激励约束机制来促使代理人以最低成本完成委托人交办的任务，即委托人追求以最小化的投入获取最大化的产出。

由于公共物品具有非排他性、非竞争性以及效用的不可分割性，因此公共物品由政府部门来提供会比较可行、有效。而政府自身运行和提供服务的资金来源是社会公众所缴纳的税款，因此政府部门就成为接受社会公众委托承担公共责任的代理人，并行使相应的受托权力。根据委托代理理论，政府部门是依据行政体系及相关的制度安排运行提供公共服务的。但由于部门之间的层级、业务、权限等不同，势必会造成信息的不对称，监管难度较大，政府官员作为委托人在履职时可能会偷懒或不作为，继而在公共服务供给领域易于出现贪污、受贿、滥用职权等寻租腐败行为，会严重影响公共服务的提供质量和政府形象，造成公共利益的损失。

2. 委托代理理论与构建政府购买公共服务全过程监督机制

在传统的公共服务提供过程中，政府一般通过内部决策自行确立并直接安排公共服务的供给，在这种模式中，政府制定公共服务供给的决策主体和具体的提供公共服务主体一般都由政府自身来承担。尽管可能不同级别的政府或者政府各职能部门之间在公共服务的具体决策和供给安排上分工不同，但政府在整个公共服务生产和提供流程中的角色并没有发生实际的变化，政府既充当了安排公共服务供给的设计角色，又是生产公共服务的主体，还是监督服务供给的主体。这种多重角色重叠的结果致使政府既不能集中精力将工作重点集中到政策制定上，也不能有效制约购买决策和执行的随意性。在这种情况下，兴起的新公共管理运动首先为破解这一难题提供了理论上的可能，而倘若在政府购买公共服务中引入委托代理关系，那么不仅可以使政府部门的购买决策和服务供给工作分开进行，还可改变供应商和购买者之间的行政隶属关系，从而有利于服务供应商和政府及其各部门之间建立公平的契约合作关系[1]。

在当今世界，委托代理理论是贯穿于各国政府购买公共服务制度体制的理论前提和依托条件。政府购买公共服务的委托代理，也是各国政府极力提倡的重要制度格局。事实上，政府购买公共服务存在着双重委托代理关系。第一，从社会公众与政府之间的关系看，社会公众缴纳的税款形成了公共财政资金，社会公众是财政资金的来源和所有者，而政府则是代表社会公众，利用公共的财政资金为社会公众购买公共服务，从而使政府与社会公众之间构成了一重委托代理关系。社会公众作为委托人，政府作为代理人被授予权力，承担公共受托责任，使用公共财政资金，进行政府购买公共服务活动。第二，从政府与承接购买公共服务的社会组织之间的关系看，政府作为委托人，以授予公共服务购买合同的方式将公共服务项目委托给社会组织（代理人）完成，并根据完成情况支付报酬，使政府与承接主体之间达成了更为直接的委托代理关系。

在这两重委托代理关系中，委托人都希望代理人能够为自己实现收益最大化。政府部门一方面作为承担公共受托责任的代理人，另一方面又作为委托人将公共服务供给事项委托给承接主体，使政府既要行使委托人权力监督代理人行为，又要作为代理人接受社会公众及代表公众利益的权力机关和其他各类监督机构的监督，这就形成了政府监督者与被监督者的双重身份，因而政府部门的行动选择，对政府购买公共服务活动的实施效果有着十分关键的影响。而作为承接主体的社会组织，其所扮演角色相对单一，仅为接受政

---

[1] 杨燕英. 政府购买公共服务嵌入式财政监督机制——以风险管理为导向的研究 [M]. 北京：经济科学出版社，2019.

府委托的提供公共服务代理人身份。但因为无论其提供的服务内容是什么，其本质仍然是市场主体，所追求的目标也是自身利益，再加上对公共服务相关信息的掌握程度远高于政府部门，其可能出现道德风险和逆向选择的概率就很大。对接受服务的社会公众而言，由于公共服务的购买者和承接者都可能因为信息不对称产生行为偏差而损害公众利益，因此对二者的监督就成为必需。

现如今，政府购买公共服务已经不仅局限于单一代理形式，而是形成了多种委托代理和委托代理格局。随着社会组织的不断兴起，政府部门开始委托第三方机构对政府购买公共服务项目进行监督和评估评价，这表明委托代理理论的适用内涵和实践发展都远远超出了预期。随着时代的发展，公共契约逐渐成为现代政府实施购买公共服务委托代理的基本工具，通过契约来激励并约束政府购买公共服务各方主体的行为，防范风险，促使政府购买公共服务在阳光下运行，进而提升国家治理能力现代化水平，提高政府公信力和执行力，保障人民的知情权、参与权、表达权、监督权。可以看出，委托代理理论对政府购买公共服务监督问题的研究具有非常重要的理论意义，是构建基于主体责任的政府购买公共服务全过程监督机制的理论基石。

（四）多中心治理理论

1. 理论概述

20世纪90年代，在西方新公共管理运动中，以奥斯特罗姆为代表的制度分析学派提出了多中心治理理论。该理论的核心，是政府与市场、政府与社会的关系问题。多中心治理理论的提出，引领了公共管理的未来发展潮流。多中心治理理论认为，单中心意味着政府作为唯一的主体对社会公共事务进行排他性管理，而多中心则意味着在社会公共事务的管理中，并非只有政府这一个主体，而是还存在着包括中央政府、地方政府、政府派生实体、非政府组织、私人机构以及公民个人在内的许多决策中心，这些主体在一定规则的约束下，会以多种形式共同行使主体性权利。这种主体多元化、方式多样化的公共事务管理体制就是多中心体制。

多中心治理理论所体现的改革和创新，适应了全球化、市场化和民主化发展趋势的要求，提出在公共事务领域形成多中心治理结构，要求政府和社会、政府和市场、政府和公民共同参与，结成合作、协商和伙伴关系，形成上下互动，或者是双向度，或者是多维度的管理过程。强调在国家公共事务、社会公共事务，甚至是政府部门内部事务的管理上，应当借助多方力量共同承担责任。该理论的特别之处在于，采用了一种全新的眼光去思考如何实现公共利益的最大化。鲍勃将治理理论的内在困境概括为四种两难选择：一是合作与竞争的矛盾；二是开放与封闭的矛盾；三是原则性与灵活性的矛盾；四是责任与效率的矛盾。针对如何克服治理的失效，不少学者和国际组织提出了"善治"（Good Governance）的概念。"善治"即良好的治理，是使公共利益最大化的社会管理过程。它的本质特征在于政府与公民对公共生活的合作管理。它强调政府与公民的良好合作以及公民的积极参与，实现管理的民主化。从政治倾向上看，治理理论虽然主要是一种公共管理理论，但具有强烈的意识形态倾向，这就决定了我们在借鉴治理理论时，必须有所鉴别。尽管如此，治理理论对我国的政府体制改革仍然具有极其重要的启示意义。[①]

2. 多中心治理理论与构建购买公共服务全过程监督机制

政府购买公共服务作为现代政府社会治理创新的工具，是政府与市场、政府与社会关系调整的一个重要方式。在政府购买公共服务活动中，政府部门（购买者）与众多的企业及社会组织（承接主体）通过市场机制完成交易并订立服务合同，成为委托人和代理人，而社会公众作为服务对象，成为公共服务的受益者。由此，公共服务的生产和提供模式就由传统的政府—社会公众之间的双主体关系，转变成了政府—承接主体—社会公众的多元主体模式，政府与市场主体之间的买卖交易关系、市场主体与社会公众的直接服务与被服务关系以及终极的政府与社会公众的提供公共服务与被服务关系相互交织，要求购买主体和承接主体之间必须遵守公平竞争、公平交易、契约精神等市场规则，同时也形成了关乎公共价值实现、公共受托责任履行、公共行政成本控制、公共服务质量提升、公共道德风险防控等一系列公共管理和公共伦理的重要问题。在这种新模式下，市场机制的引入和政府购买公共服务参与主体的多元化，一方面丰富了公共服务供给的内容和渠道，另一方面也使制度运行过程中天然就蕴含了诸多显性风险和隐性风险。此时，既要发挥政府购买公共服务的社会治理创新功能，更加灵活地利用市场机制激发社会力量参与公共服务供给的积极性，又要防范实际运行中发生各种风险，采

---

① 胡桃子，张媛媛. 治理理论与中国行政改革 [J]. 中外企业家，2009（12）.

用更加切实可行的办法来加强过程监督,就成为完善制度建设面临的一个很大的挑战。

现实中,政府购买公共服务的双重委托代理关系中,均存在着信息不对称问题,即政府与社会公众间的信息不对称和作为购买主体的政府与承接公共服务的市场主体之间的信息不对称,加上政府购买公共服务行为本身兼具行政性与市场性双重特征,使对政府购买公共服务监督的难度极高。这里面既有政府官员可能会基于"理性经济人"动机而放松监督或不监督的问题,也有其他主体因监督意愿不强或缺少监督渠道和监督手段而不愿意或无法监督等诸多原因。因此,为了实现公共利益最大化,防范损害公共利益的各种风险,必须构建多元主体共同参与的政府购买公共服务的全过程监督机制,令各方主体在这个监督机制中各有侧重、各担其责、协同配合,将监督内化到政府购买公共服务全过程,形成多主体共同监督的场域环境。在这个场域中,立法机构、检察机关、政府部门、司法机关、企业和社会组织、社会公众、第三方机构等都是监督者,都基于自己的主体责任,从不同角度对政府购买公共服务的全流程履行监督义务,行使监督权力,从而更加有效地促进政府购买公共服务实现公共价值最大化。这恰好符合多中心治理理论提出的在公共事务管理中要实现政府和市场、政府和公民的共同参与,结成合作、协商和伙伴关系,形成上下互动、多维度管理的理念。应当说,多中心治理作为重要的现代公共管理理论,其所提出的多主体合作共同治理公共事务观点,为我们深入研究如何在强调各方主体责任的基础上构建政府购买公共服务全过程监督机制提供重要的理论支持。

五、研究思路与技术路线

(一)研究思路

本书研究的目的,是要围绕明确各方主体责任,构建政府向社会力量购买公共服务全过程监督机制。为此,本书需要从文献研究、理论溯源、制度分析、主体关系、社会基础、国际经验等方面进行深入分析,从而实现对本书的价值判断和必要性确认,通过对政府购买公共服务监督链条的 SU-CO 模型分析,完成构建基于主体责任的政府向社会力量购买公共服务全过程监督机制的制度设计。具体而言,本书将按照以下八章展开研究:

第一章，导论。本章将阐明研究背景、研究范围和意义、文献综述、理论溯源、研究思路与技术路线、研究方法，提出本书的创新性。

第二章，基于主体责任构建政府购买公共服务全过程监督机制的价值判断。本章将阐述我国政府购买公共服务基本情况，分析制度运行中存在的主要问题，并进一步明确基于主体责任构建政府向社会力量购买公共服务监督机制的重要意义。

第三章，对我国现行政府购买公共服务监督制度体系的基本评价。本章将阐述我国现有政府购买公共服务的监督体系，梳理不同阶段我国政府购买公共服务监督的制度安排，分析现有国家和地方两个层面的监督基本制度框架，探寻现行监督制度存在的缺失和漏洞。

第四章，政府购买公共服务的主体关系辨析。本章通过分析政府购买公共服务网络中相关主体之间的关系，明确在政府购买公共服务活动的不同阶段如果缺乏监督，各方主体行为可能出现的偏差，以此说明构建基于主体责任的全过程监督机制的必要性。

第五章，对政府购买公共服务监督问题的各方观点调查。本章将基于问卷调查、实地访谈等，了解各方面对政府购买公共服务监督的认识、态度和愿望，分析基于主体责任构建政府购买公共服务全过程监督机制的现实社会基础。

第六章，政府购买公共服务监督的国际经验与借鉴。本章将寻找典型国家在政府向社会力量购买公共服务监督方面的相关做法和经验，为构建我国基于主体责任的政府购买公共服务全过程监督机制提供参考。

第七章，内外部监督场域下主体责任的 SU – CO 模型分析。本章将利用 SU – CO 模型，深入分析在政府购买公共服务内外部监督场域下，多元主体在全过程流程中形成的监督链条及各主体在各阶段应发挥的监督作用，为下一步提出构建基于主体责任的全过程监督机制奠定基础。

第八章，基于主体责任的政府购买公共服务全过程监督机制构建。本章将明确提出树立政府购买公共服务"公共责任共同体"理念，确立构建全过程监督机制应当坚持的基本原则，通过分解政府购买公共服务全流程模块，辨析各流程阶段存在的风险及成因，最终创新性地提出构建"4 + 1"模式的基于主体责任的政府向社会力量购买公共服务全过程监督机制的方案设计。

(二) 技术路线

本书的技术路线如图 1-1 所示。

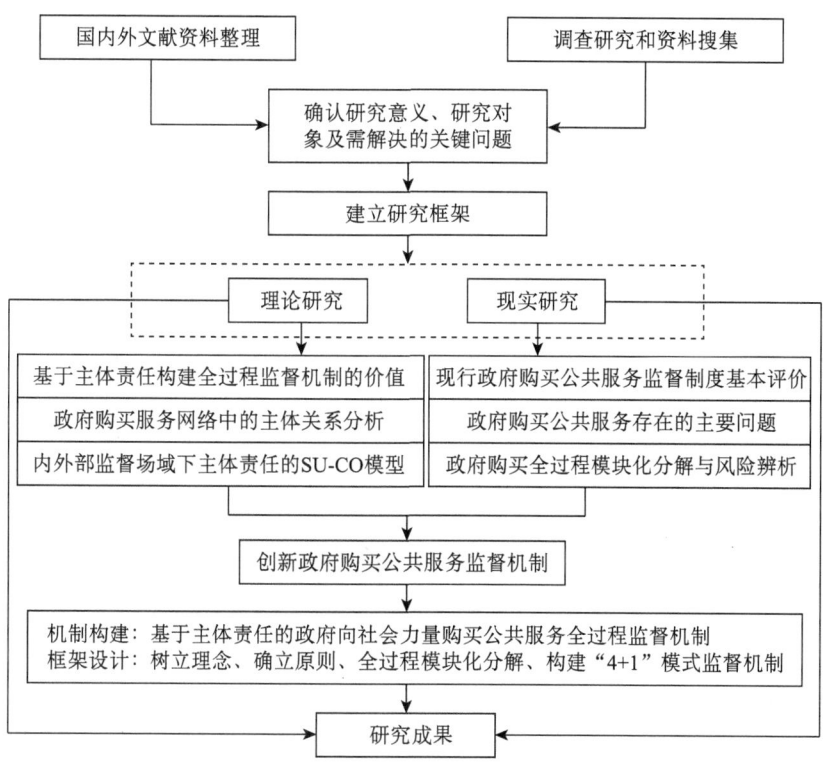

图 1-1 本书的技术路线

六、研究方法

本书坚持以问题为导向展开研究，在注重理论探讨的同时，更加关注对现实问题的剖析，为解决实践中的政府购买公共服务监督困境和难点痛点，给出明确、有效的现实解决方案。期望本书的研究成果，能够对我国政府购买公共服务制度的健康发展起到实质性的推动作用。因此，本书将采用以下研究方法：

(一) 文献分析法

收集整理政府向社会力量购买公共服务监督的国内外已有研究成果，开展理论溯源，为深化本书的理论研究奠定基础。检索采集我国中央政府和地方政府出台的政府购买服务制度文件，分析当前我国政府购买公共服务监督制度框架及存在的缺失和漏洞。

（二）多学科交叉研究法

综合运用政治学、管理学、法学、社会学等多学科知识，分析评价我国政府购买公共服务监督制度体系，对基于主体责任构建政府向社会力量购买公共服务全过程监督机制进行价值辨析。

（三）问卷调查法

通过设计和发放面向社会公众、相关部门（购买主体）和承接主体的调查问卷，了解社会公众对政府购买公共服务制度的认识程度、参与监督的意愿以及对监督的期望等，探查各类政府购买公共服务实施主体对政府购买公共服务监督的认知和态度。

（四）走访调查法

实地走访各级政府有关部门和部分社会组织，多层面了解政府向社会力量购买公共服务监督的责权关系、重点和难点，掌握政府向社会力量购买公共服务监督的现状与问题。

（五）比较研究法

梳理和提炼典型国家和地区的政府购买公共服务监督的做法和经验，为本书提出基于主体责任的政府购买公共服务全过程监督机制建设方案提供参考和借鉴。

（六）模型分析法

一方面通过对政府向社会力量购买公共服务网络中主体关系的博弈分析，识别风险，说明构建全过程监督机制的必要性和紧迫性；另一方面利用SU-CO模型分析政府购买公共服务内外部监督场域下多元主体监督链条的形成。

（七）系统分析法

在细化确认政府购买公共服务各方主体责任内容的基础上，全面分解政府购买公共服务全过程流程，识别和评估各流程模块风险，并在每一流程环节明确各主体的监督责任、监督对象、监督方式、监督权力和监督内容，系统性地完成了构建基于主体责任的政府购买公共服务全过程监督机制方案设计。

七、创新点

（一）研究特色与创新

第一，本书的研究从确认多元主体责任出发，构建政府向社会力量购买公共服务的全过程监督机制，从而形成本书研究最鲜明的特色与创新，突破了长期以来对政府购买公共服务监督机制的研究，主要限于原则性探讨或主要聚焦于某一类部门监督（如财政部门）的格局，深入研究了政府购买公共服务内外部监督场域下的多元主体监督链条，提出了构建基于多元主体责任的政府购买公共服务全过程监督机制的制度设计，具有鲜明的系统性和全面性特点，不仅在研究范围上取得了实质性突破，同时也展现了本研究不拘泥已有思维惯式，大胆求新、敢于克难的学术研究精神。第二，在众多政府购买公共服务监督效能的影响因素中选择主体责任作为研究的出发点，明确指出主体责任是构建政府购买公共服务全过程监督机制的关键，体现了"抓关键少数"的独特研究视角和鲜明研究特色。

（二）学术观点创新

第一，创新性地指出政府购买公共服务的多元主体，本质上是"公共责任共同体"，因此，构建政府购买公共服务全过程监督机制必须以落实主体责任为基础。第二，紧紧抓住"主体责任"这个"牛鼻子"，并以此为主线，分解政府向社会力量购买公共服务的全过程流程，并展开模块化的细化研究，体现了研究视角的创新和研究手段的创新。第三，基于 SU-CO 分析模型构建政府购买公共服务的多元主体监督链条，对在内外部监督场域下政府购买公共服务全过程中的主体构成系统进行深入分析，为创建基于主体责任的政府购买公共服务全过程监督机制奠定了理论分析的框架基础，体现了理论分析工具应用的创新。第四，分解政府向社会力量购买公共服务的整个过程，辨析全过程流程中可能存在的风险因素，梳理各流程模块主体责任的内容并将其嵌入全过程监督之中，提出构建"4+1"模式的政府购买公共服务全过程监督机制，从而形成一个权责明确、链条完整的监督新格局。这一学术观点在理论和实践两个方面都具有比较强的创新性。

第二章 基于主体责任构建政府购买公共服务全过程监督机制的价值判断

政府购买公共服务制度在全国范围推行已近十年，至今已经取得明显成效，有效扩大了政府对公众的公共服务供给范围与供给规模，在社会治理创新方面成绩突出，切实增强了人民群众对公共服务的获得感和幸福感。但是，因为制度整体起步较晚，各方面工作仍处于探索和完善之中，政府购买公共服务领域还存在许多共性问题和个性问题，亟待通过进一步加强制度建设、健全监督体系进行深化改革。针对政府购买公共服务跨领域众多、服务类型多样、涉及面广、活动分散、具体项目资金金额大小不等的特点，建立基于主体责任的政府购买公共服务全过程监督机制就显得尤为必要。

一、我国政府购买公共服务取得的成效及存在问题

（一）我国政府购买公共服务取得的成效

从 2013 年正式在全国范围内推行政府购买服务制度至今，我国各级政府、各部门积极响应，中央部门和地方各级政府陆续出台了关于政府购买服务的制度、办法等，共同搭建起了我国政府购买服务的基本制度框架，并在实践中努力探索和不断积累经验，有效促进了我国政府购买服务制度的长足发展。现实中，我国的政府购买公共服务活动涉及众多民生领域，包括教育、就业、养老、托育、社保、助残、卫生、文化、体育、科普、法律、交通、应急管理、城市管理、社区服务、环境保护、服务"三农"、安置帮教、公益宣传等，从整体上呈现出公共服务购买的范围不断扩大，购买内容日渐丰富，购买服务流程逐渐规范，购买方式日趋多样等趋势特点，在为社会公众提供

第二章 基于主体责任构建政府购买公共服务全过程监督机制的价值判断

更多市场化公共服务方面取得了不小的成绩,也为下一步更好地深化政府购买公共服务改革积累了相当的经验。具体而言,目前我国政府购买公共服务制度发展取得的成效主要表现在以下几个方面:

1. 政府购买服务制度框架已经确立

2013年9月国务院出台的《关于政府向社会力量购买服务的指导意见》以及党的十八届三中全会做出《中共中央关于全面深化改革若干重大问题的决定》,明确了我国政府向社会力量购买服务的总体方向,并进一步提出"推广政府购买服务,凡属事务性管理服务,原则上都要引入竞争机制,通过合同、委托等方式向社会购买"。在这之后,各级政府、各部门开始在相关重点领域落实政府购买服务工作,其中一个重要内容,就是依据《中华人民共和国政府采购法》和国务院的指导意见,相继着手制定中央各部门和地方各级政府购买服务的具体政策制度。2014年12月15日,财政部、民政部、国家工商总局以财综〔2014〕96号印发《政府购买服务管理办法(暂行)》,对政府购买服务活动相关问题作了初步的制度性规定。2018年6月,财政部发布了《政府购买服务管理办法(征求意见稿)》向社会公开征求意见,并于2020年1月3日正式以财政部102号令的方式正式出台了《政府购买服务管理办法》,明确该管理办法从2020年3月1日起开始施行,从而使政府购买公共服务有了统一明确的正式的制度规章。经过多年努力,我国中央政府各部门、省级政府和部分市县政府有关部门,已经陆续出台了与政府购买服务相关的各类制度文件,涉及诸多公共服务领域,有些部门已经根据财政部门的要求,列出了本部门的政府购买服务指导性目录,对指导本领域政府购买公共服务活动的开展,推进政府购买公共服务制度的发展提供了重要的规制依据。

2. 政府购买公共服务规模不断扩大

从发展的角度看,政府购买公共服务在我国仍属于新生事物,整体性制度推行的时间并不长,但发展速度很快,发展势头也非常强劲,已经成为公共财政支出中非常重要的内容。2013年以前,我国政府购买公共服务方式的使用范围仅限于少数部门和地方政府的少数支出项目,始终处于探索尝试状态,但在2013年之后,全国政府购买公共服务逐渐呈现出遍地开花的状态,总量规模越来越大。虽然在我国财政统计数据中至今仍未将政府购买服务中的政府履职所需的辅助性服务与公共服务进行非常清晰的分类统计,缺少公开的统计数据资料,但从近年财政部公布的数据和对数据变化原因的解释来看,由于政府购买公共服务的快速崛起,全国政府服务类采购规模呈现快速增长的状况。从财政部公布的数据来看,虽然仅在2018年数据区分了保障政府自身需要的服务和政府向社会公众提供的公共服务的总量情况,但从整体上看,2013年国务院《关于政府向社会力量购买服务的指导意见》发布后,我国政府购买服务规模呈快速增长势头,已从占全国政府采购总规模不足10%,快速上升到占比1/3左右(见表2-1)。虽然与2018年最高峰值相比,2019年因政府提出"为了百姓和企业过'好日子'",各级财政部门都相应采取了一系列举措,加大预算控制,大力压减政府一般性支出,使政府购买履职性服务的规模下降,致使政府购买服务总体规模有所回落,但民生类保障支出购买服务的支出仍然只增不减。此后的2020年至今仍然继续落实政府过"紧日子"政策,将有限的财政资源更多地投入扶危济困、疫情防控、促进就业、保民生底线等"六保六稳"和提升公共服务可及性方面的公共服务购买,政府购买服务的总体规模又呈回升态势(见图2-1和图2-2)。

表2-1　　　　　　　我国政府购买服务历年规模变动情况

年份	政府采购资金规模(亿元)	其中:购买服务类资金规模(亿元)	所占百分比	备注
a	b	c	d = (c/b)	e
2013	16381.1	1534.4	9.37%	2013年9月,国务院办公厅印发了《关于政府向社会力量购买服务的指导意见》,为各地逐步推进政府购买服务工作,推动形成统一有效的购买服务平台和相关制度法规建设提出具体指向和指导
2014	17305.3	1934.3	11.18%	随着政府购买服务改革的推进,政府向社会力量购买服务项目大幅增加,服务类采购增长迅速。其中:环境服务、文化体育服务为106.59亿元、17.24亿元,比上年增长114.0%、25.1%
2015	21070.5	3343.9	15.87%	随着各地政府购买服务工作的推进,服务类采购大幅增长,较上年增加1409.7亿元,增长72.9%,占政府采购规模的比重明显上升,比上年提升4.7个百分点

续表

年份	政府采购资金规模（亿元）	其中：购买服务类资金规模（亿元）	所占百分比	备注
2016	25731.4	4860.8	18.89%	政府购买服务类占政府采购资金总规模比重持续增加
2017	32114.3	8901.6	27.72%	服务类采购规模增长迅速，占政府采购总规模比重首次超过货物类，主要是政府购买服务改革深入推进，促进服务类采购需求增加，带来采购规模大幅增长，服务采购范围由保障自身需要的服务不断向社会公众提供的服务快速拓展
2018	35861.4	12081.9	33.69%	2018年财政部首次在公开全国政府采购数据时，区分了保障政府自身需要的服务和政府向社会公众提供的公共服务的总量情况。保障政府自身需要的服务和政府向社会公众提供的公共服务分别为5705.5亿元和6376.4亿元，占服务类采购规模的47.2%和52.8%
2019	33067	9455.6	28.60%	全国服务类采购规模下降21.7%，主要原因是地方政府大力压减一般性支出，集中财力保重点支出，特别是区（县）级财政将很大一部分财力优先用于"三保"等刚性支出，导致地方政府购买服务规模较上年下降23.5%
2020	36970.6	10302.4	27.87%	2020年继续落实政府过"紧日子"政策，且政府采购主要支持全国强制和优先采购节能节水产品，重点支持中小微企业以及向积极落实脱贫攻坚政府采购政策倾斜。因此服务类购买规模绝对数增加，但占政府采购总规模比重略降
2021	36399	10038.6	27.58%	财政部印发《政府采购需求管理办法》的通知（财库〔2021〕22号）并于2021年7月1日正式施行。该办法规定，涉及公共利益、社会关注度较高的采购项目，包括政府向社会公众提供的公共服务项目等应当开展需求调查

续表

年份	政府采购资金规模（亿元）	其中：购买服务类资金规模（亿元）	所占百分比	备注
2022	34993.1	10301.5	29.4%	政府采购政策功能作用日益凸显，有效促进经济社会发展，政府购买服务规模较上年有所增长，在全部政府采购中占比进一步提高

资料来源：根据财政部网站公布的国库司历年"全国政府采购简要情况"汇总而成。

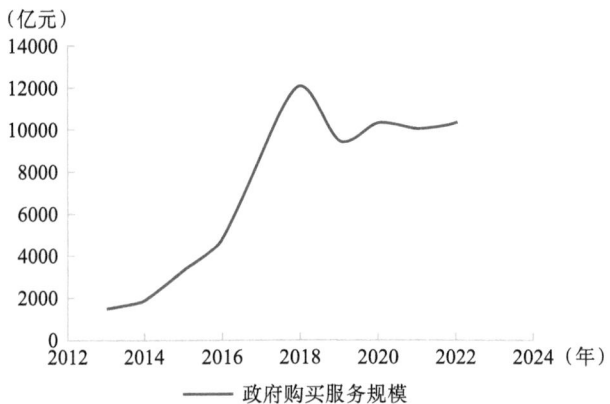

图 2-1　2013—2022 年全国政府购买服务支出总规模

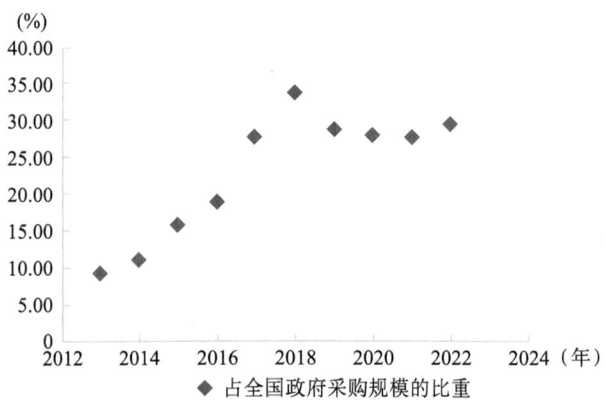

图 2-2　2013—2022 年全国服务类采购占政府采购总规模比重

从 2018 年财政部区分公共服务与其他政府履职辅助性服务的数据看，当年保障政府自身需要的服务和政府向社会公众提供的公共服务分别为 5705.5 亿元和 6376.4 亿元，各占服务类采购规模的 47.2% 和 52.8%。可以看出，政府购买服务总规模中的内部结构已呈现出二分天下的状态,而且公共服务购买的规模已经超过政府履职所需的辅助性服务购买规模。

3. 政府购买公共服务内容日益丰富

随着政府购买公共服务制度在全国范围的全面推进,我国各领域政府购买的公共服务种类不断增加,购买公共服务的内容日益丰富,各级政府都在以公共服务项目为抓手,针对各领域与人民群众密切相关的事项,运用政府购买方式向社会公众提供公共服务。为此,财政部门要求各级政府部门,在转变政府职能的过程中,应当制定针对本部门、本地区的政府购买服务指导目录,将适合政府购买的公共服务大类列入指导性目录,或者在专门出台的一些重点领域政府购买服务指导意见(或管理办法)中,明确政府购买公共服务的重点内容。这些措施都对购买主体确定购买公共服务项目内容起到了重要的指导作用,能够使社会公众获得种类更多、更加丰富的公共服务,拓展了政府购买公共服务的范围广度和内容宽度。我们不完全统计了当前各领域政府购买公共服务的相关内容,从中可以看出我国政府购买公共服务内容的丰富性(见表2-2)。

表2-2 我国政府购买公共服务涉及主要领域分类

序号	公共服务类别	服务内容
1	教育公共服务	义务教育领域政府购买学位(服务)工作,政府购买优质在线教育服务,推进学前教育、职业教育等非义务教育领域购买服务,加强课程研究和开发、校园文体活动组织实施、教学成果推广、国防教育等
2	公共卫生服务	传染病防控服务、应急救治服务、食品药品安全服务、特殊群体卫生健康服务、公众卫生健康知识普及、预防接种、健康教育与促进、急性传染病的监测与管理、慢性非传染性疾病的防治、孕产妇健康管理、妇幼保健与服务、重点人群入户访视、计划生育技术指导、健康档案和康复、突发事件的报告和区域的卫生监督等
3	就业公共服务	就业指导服务、职业技能培训服务、创业指导服务、专业技能人才服务等
4	扶老助残服务	为老年人、残疾人提供生活照料、家政服务、康复保健、文化娱乐、精神慰藉服务等
5	社会救助服务	为困难家庭、灾区群众提供生活救助、心理疏导、寻亲服务、优先安置等
6	妇幼保护服务	维护妇女儿童合法权益帮扶服务、儿童福利服务等

续表

序号	公共服务类别	服务内容
7	科技公共服务	开展科技研发与推广服务、科技成果转化与推广服务、科技交流、普及与推广服务、区域科技发展服务、技术创新服务等
8	文化公共服务	公益性舞台艺术作品的创作演出与宣传，公益性广播影视作品的制作与宣传，公益性出版物的编辑、印刷、复制与发行，公益性数字文化产品的制作与传播，公益性广告的制作与传播，公益性少数民族文化产品的创作、译制与传播，面向特殊群体的公益性文化产品的创作与传播，群众文化服务活动，文物和文化保护服务等
9	体育公共服务	公益性全民健身和公益性运动训练竞赛的宣传与推广、面向特殊群体的公益性体育产品的宣传与推广、体育赛事组织服务、体育经营场所安全检测服务、体育场馆物业管理服务等
10	公共安全服务	公共安全隐患排查治理、公共安全情况监测、安全生产事故调查、安全生产应急救援服务等
11	社会管理服务	社区治理服务、社会组织建设与管理服务、社会工作服务、人民调解服务、志愿服务活动管理服务、公共设施管理服务、社区矫正服务等
12	法律公共服务	法律援助服务，值班律师法律帮助服务，村（居）法律顾问服务，法治宣传教育服务，人民调解服务，公共法律服务热线、网络和实体平台法律咨询服务，公益性律师调解、律师代理申诉、律师化解涉法涉诉信访案件服务，公益性公证、司法鉴定服务，仲裁委员会参与基层纠纷解决服务等
13	农业、林业、水利公共服务	农业绿色发展和可持续发展服务、农业资源与环境保护服务、农作物病虫害防治服务、动物疫病防治服务、品种保存和改良服务、公益性农机作业服务、农产品质量安全服务、渔业船舶检验监管服务、森林经营与管理服务、林区管理服务、水利设施养护服务等
14	生态保护和环境治理服务	生态资源调查与监测服务、野生动物疫源疫病监测服务、碳汇监测与评估服务、废弃物处理服务、环境保护及舆情监控服务、农业农村环境治理服务等
15	灾害防治和应急管理服务	防灾减灾预警、预报服务，防灾减灾技术指导服务，防灾减灾物资储备和供应服务，救助救援服务，灾害防疫服务，灾情调查评估服务，灾害风险普查服务等
16	其他技术性公共服务	技术评审鉴定评估服务、检验检疫及认证服务、气象服务等

资料来源：根据各部委、各地方政府发布的有关政府购买服务文件整理。

4. 政府购买公共服务流程逐渐规范

经过若干年的实践，我国政府购买公共服务依据《中华人民共和国预算法》《中华人民共和国政府采购法》《政府购买服务管理办法》等法律要求和相关制度规定，已经初步形成从项目立项、预算编制、计划实施、购买程序、合同履约、资金管理、绩效评价等比较规范的基本运行流程，在很大程度上满足了相关领域政府购买服务工作开展的实际需要。这些基本运行流程的要求在保证政府购买公共服务活动的合法性和合规性方面发挥了重要的作用，对购买主体、承接主体和中介机构等各类主体参与政府购买公共服务活动者的程序规范和行为规范，起到了积极的约束和引导作用，也为进一步实行政府公共购买服务的标准化奠定了良好的法制基础。

5. 政府购买公共服务方式日趋多样

与政府采购货物和工程不同，由于各领域政府购买公共服务的内容呈现出种类多样、分布广泛、具体的购买公共服务项目金额往往达不到限额标准以上、比较零散等特点，使多数政府购买公共服务难以采用政府集中采购的方式进行，必须根据不同购买公共服务项目的自身特点、服务内容、专业技术要求、预算规模和受益对象范围等，分别选择不同的购买方式进行购买，这使各领域政府购买公共服务的方式也呈现出多样化和灵活性的特点。包括服务外包、公开招投标、单一来源采购、直接委托、定点采购、凭单制、框架协议采购等在内的多种购买服务方式并存，适应了政府购买公共服务项目"多、小、散"的特点，不仅体现了政府购买公共服务项目不同于政府采购货物和工程项目的特殊性，也进一步丰富了政府购买服务活动的实际操作工具与方法。

6. 切实增强了社会公众对公共服务的获得感

随着政府购买公共服务规模的快速增长和服务内容的日渐丰富，政府购买公共服务的服务对象覆盖范围也在不断扩大。特别是在社会公众最为关注的教育、养老、就业、社保、卫生、助残、帮扶、文化、体育、法律、环保、科普、交通、社区管理等重点民生领域，各级政府确立了大量的公共服务购买项目，服务对象覆盖范围涉及城乡居民中的各类群体，人民群众从不同角度享受了各种类型的政府购买公共服务项目的服务供给，从整体上看，切实增强了社会公众对公共服务的可及性和获得感，有效提升了人民群众的幸福指数，促进了全社会的和谐稳定和有序发展。

7. 政策功能作用的发挥越来越强

近年来，在应对复杂国际环境和国内经济下行压力的过程中，政府购买公共服务在促进就业、教育培训、社会保障、养老服务、扶弱助残、公共卫生、文化体育、社区服务、环境保护和科普教育等重要民生领域，起到了非常重要的公共服务保障作用，在实现国家宏观政策目标中，发挥了越来越突出的作用。特别是在落实精准扶贫战略和应对公共卫生危机等重大事件中作出了重要的贡献。通过政府购买公共服务的有效供给，国家的政策执行增加了新的路径和方式，切实提升了政府的社会治理效能，社会公众对国家政策的认识和体会更加具体生动。随着政府购买公共服务总量规模和服务范围的不断扩大，其在发挥政策功能方面的作用会越来越强，政策的影响力也必然越来越大。

8. 社会力量参与程度不断加深

我国政府购买公共服务的快速发展，极大地带动和促进了各类社会组织的成长，越来越多的各类社会组织都行动起来，积极加入到承接政府购买公共服务的竞争之中。由于社会组织广泛分布在众多不同领域，类型多样，工作机制相对灵活，且组织工作的触角可达城市和乡村，能够深入到最基层的社区、村镇，直接面对普通群众开展公共服务，已经成为政府向公众提供公共服务的神经末梢，可直接将公共服务细化到具体的服务对象个体，提高了基层群众对公共服务的可及性，增强了获得感。可以预见的是，在党和国家高度关注解决民生需求的大背景下，我国公共资源未来仍将继续大量向民生领域倾斜，政府购买公共服务作为优化公共资源配置、切实服务百姓的重要政策工具之一，其规模和范围还将不断扩大和延展，活跃在各个民生服务领域的各类企业和社会组织，参与政府购买公共服务活动的程度还将不断加深，能够继续为充分落实国家政策作出积极贡献，并为保障民生领域公共服务的有效供给发挥更大的作用。

（二）当前政府购买公共服务领域存在的主要问题

2013年以来，我国的政府购买公共服务已取得了长足的进展，成效显著，对促进服务型政府建设、实现国家治理体系和治理能力现代化作出了积极而富有成效的贡献，但也逐渐暴露出各领域政府购买公共服务活动存在的共性问题，给该制度的健康运行带来了相应的风险，已经引起主管部门和研究者的关注。结合文献研究和实地走访调研，我们发现，当前我国各领域政府购买公共服务在实际运行中存在的共性问题主要表现在以下几个方面：

1. 政府购买公共服务需求管理不到位

政府购买公共服务活动的起点始于确认公共服务需求，相应地，政府购买公共服务的管理活动也应当开始于公共服务的需求管理。可以说，需求管理是决定政府购买服务管理过程的起始环节，也是决定"买什么""为什么买"的关键。由于政府购买公共服务主要是购买直接面向社会公众提供的公共服务，服务对象非常清晰，服务需求明确且直接，因此，公共服务需求的获取与提炼、供需之间的衔接与匹配，始终是一个非常重要的问题。现阶段，政府采购的需求管理问题已经开始得到主管部门的重视，由财政部颁布并于2021年7月1日正式实施的《政府采购需求管理办法》（财库〔2021〕22号）同样适用于政府购买公共服务，但由于并未针对政府购买公共服务的特殊性制定专门的条款，再加上该管理办法正式实施的时间不长，所以从政府购买公共服务实践的总体情况看，仍然普遍缺乏真正意义上的政府购买公共服务需求管理，即直接服务于社会公众的众多政府购买公共服务项目需求的获取很少有公众参与的过程。现实中，作为购买主体的政府部门对公共服务购买的偏好，往往直接决定了实际购买公共服务项目的确立。然而社会公众对于公共服务的需求是复杂多样且动态变化的，如果缺少广泛调查研究和公众参与的过程，极易造成政府购买公共服务需求采集的质量不高以及政府部门对公共服务需求分析不到位等问题，再加上缺乏对需求管理的事前绩效评估，极有可能会导致政府购买公共服务的供给与需求之间出现不匹配问题。这种供求之间的错位，最终将影响政府购买公共服务的质量与效益。

2. 政府购买公共服务预算管理水平有待提高

根据《中华人民共和国政府采购法》，财政部门是我国政府购买公共服务的主管部门。财政部门依据《中华人民共和国预算法》《中华人民共和国政府采购法》和《政府购买服务管理办法》，要求所有实施政府购买公共服务的购买主体必须在事前编制政府购买公共服务项目预算，要做到"无预算，不支出"。实践中，虽然各购买主体都依法依规在事前编制了政府购买服务项目预算，但依然普遍存在预算编制质量不高的现象，财政资金预算管理的约束功能未能充分体现。具体表现为：许多购买主体的政府购买公共服务预算编制普遍粗糙，项目的立项依据不够充分，缺乏前期需求分析，对项目实施所要达到的预期绩效不够明确，对公共服务质量缺少明确要求，政府购买公共服务的价格形成机制不清晰，预算支出缺乏明确的标准和依据，预算编制的科学性、精准性和合理性不高，预算支出安排随意性大，预算透明度不强。上述问题直接反映出购买主体在预算编制时关注的重点，主要是如何争取财政资源实现项目立项，或在财政资源一定的条件下如何尽快完成资金的切块分配，而对项目的立项依据充分性、预算编制的科学性、精准性和合理性要求却并不关心，如此使财政预算管理的约束作用很难真正发挥出来。从另一个角度看，这一问题也反映出相当多的购买主体并未充分了解市场情况，或者没有真正引入竞争机制努力降低购买服务的资金成本，对公共服务购买所需资金成本的测算主要听取承接主体报价，从而难以形成政府购买公共服务项目的合理价格机制，无法做到真正的物有所值。而作为承接主体的企业和各类社会组织，往往将购买公共服务项目经费与自身其他基本支出经费混合使用，资金专款专用管理的规范性普遍不佳。在我国事业单位改革未彻底完成之前，有很多事业单位把承接政府购买服务作为弥补本单位人员经费开支缺口的重要途径，认为将承接政府购买公共服务所获得的资金是可以与基本支出的人员经费混在一起统筹使用的，这导致其在预算管理上存在明显的误区。而其他社会组织更是把承接政府购买公共服务项目作为组织获取资金的重要来源渠道，将财政支付的购买公共服务资金在组织内部进行混合使用。这一方面与社会组织的财务管理制度不健全有关，另一方面也与大量社会组织的生存现状有关。但是，当政府购买公共服务的专项资金被统筹安排到组织的其他用途之后，真正用于公共服务供给的资金就难以保证了。所以在承接政府购买公共服务项目后，尽量通过降低公共服务供给成本提高组织自身收益，由此导致的公共服务提供质量不高就成为一种常见现象。

3. "重程序、轻监管"现象普遍存在

随着建立现代财政制度的进程不断加快，各级政府、部门单位都增强了法律意识，在政府购买公共服务工作开展过程中，必须在程序上严格按照《中华人民共和国政府采购法》执行已经成为基本共识。为保证在政府购买公共服务活动的程序合法，购买主体基本上都能按照《中华人民共和国预算法》和《中华人民共和国政府采购法》的规定，编制政府购买公共服务项目预算、制订购买实施计划，并选择政府采购法规定的方式进行购买活动，但在重视程序合法合规的同时，轻视对项目执行监管的现象在实际工作中普遍存在。具体表现在：一是规避公开招投标限额控制。部分购买主体在实施规模较大的公共服务购买时，为了规避公开招投标的限额标准，往往采用拆解项目内容，将一个大项目变成若干小项目的方法，以求在保证合法的前提下实行更加方便灵活的其他自主购买方式。二是对政府购买公共服务提供过程监管不到位。在政府购买公共服务活动中，许多购买主体只重视购买方式的合法性，却对承接主体承接政府购买公共服务后的服务过程缺少关注，忽视了服务过程和项目实施效果的监管，造成众多承接主体将自身的行为偏好和工作重点主要放在积极争取政府购买公共服务合同上面，而并不注重努力提高自身专业服务能力以保质保量完成公共服务的不良现象。三是政府购买服务合同管理不严格。一方面，购买主体在和承接主体在订立政府购买公共服务合同时，对合同要件的完整性较少关注，合同中除服务内容、服务期限、合同金额与支付方式以及双方的权利义务等条款外，往往对所购公共服务的质量标准以及违约责任缺乏具体的约定，导致公共服务质量缺少明确的合同条款约束；另一方面，在合同执行过程中，由于缺少过程监管，许多承接主体并未严格按照合同约定保质保量地向服务对象提供服务，合同履约情况并不理想。但即便承接主体的合同履约质量存在问题，购买主体却因为合同缺少明确的违约责任和处罚条款而无法予以惩罚。上述监管缺失问题的存在，使政府购买公共服务的合同管理往往流于形式，难以真正严格执行到位。

4. 政府购买公共服务标准体系尚未建立

公共服务标准体系的建立，是评判政府购买公共服务质量好坏、成本大小和绩效高低的重要衡量标尺，如果缺乏这个标尺，对政府购买公共服务的质量、成本和绩效的评判就缺乏科学依据，评判结果的公正性和准确性就会存疑。而当前我国各领域公共服务的标准体系尚未建立起来，给政府购买公共服务项目的质量管理、价格判断和绩效管理都带来了困扰，成为政府购买公共服务管理中的核心难点问题之一。事实上，政府购买公共服务与政府其他货物、工程和政府履职性服务采购的最大不同，就在于公共服务的种类繁杂、缺乏硬性标准、不同领域公共服务的专业差异性很强。特别是民生领域的公共服务分布在不同的专业领域，服务于不同类型的服务对象，其专业技术标准在不同的环境条件、技术要求、经济水平、服务对象群体等的情况下会发生动态变化，很难通过确定完全统一的行业技术标准，约束和评判不同专业公共服务质量的好坏并由此判断成本的高低。再加上评判公共服务质量的好坏，除专业化的技术服务标准外，服务对象接受服务时的自身感受也是重要的评判标准,而服务对象因个体感受的不同导致对各类服务过程和服务结果的差异化评判结果,则会进一步加大政府购买公共服务标准制定的难度。

5. 事业单位改革滞后制约政府购买公共服务制度发展

2011年3月23日《中共中央、国务院关于分类推进事业单位改革的指导意见》(中发〔2011〕5号)中明确规定,对公益一类事业单位,根据正常业务需要,财政给予经费保障;对公益二类事业单位,根据财务收支状况,财政给予经费补助,并通过政府购买服务等方式予以支持。另外,财政部在2020年1月发布的《政府购买服务管理办法》第七条规定,公益一类事业单位不可以作为政府购买服务的承接主体。但在现实中,由于目前许多地方的基层事业单位分类改革并没有真正落实到位,并且地方财政对事业单位的经费保障模式存在局限性,众多未准确分类的基层事业单位需要通过承接政府购买公共服务项目,来增加自己的经费来源以增强自身养人做事的能力,由此使体制内的事业单位在与作为市场主体的其他社会组织共同竞争政府购买公共服务项目时,无论在信息获取、资源整合方面,还是在社会声誉和专业能力等方面都具有明显的先天优势。这些优势往往使事业单位在竞争中能够顺利胜出,但在客观上导致政府购买公共服务市场的公平竞争环境难以真正形成。

6. 承接主体的承接能力参差不齐

当前,多元主体共同参与社会治理的理念日益深入人心,大量企业和社会组织愿意作为承接主体积极投身于政府购买公共服务活动之中。特别是随着我国各领域社会组织数量的快速增加,为政府购买公共服务选择优质承接主体提供了重要的基础条件。实际上,政府购买公共服务质量能否得到提升的关键一环,就在于承接主体承接能力的水平的高低。如果承接主体普遍具有完整的组织机构、较高的人员素质、很强的专业能力和强烈的社会责任感,那么政府购买公共服务承接主体的市场基础就比较雄厚,各类承接主体的承接能力就会很强,不仅购买主体选择承接主体的市场空间很大,而且在竞争机制的作用下,政府购买公共服务的整体质量也会随之得到有效提升。但是,现阶段我国除原有事业单位外,绝大多数社会组织正处于初创期或成长期,整体发展时间短,分布领域不均衡,各类组织的专业能力和人员素质差别很大,这种情况直接导致各领域政府购买公共服务承接主体的承接能力参差不齐。调研中有不少基层主管部门反映,出于熟悉本地民俗环境和成本控制等原因，本地购买主体想在当地范围内寻找合适的购买服务承接主体，但由于本地社会组织发展严重不足，想在本地相关领域找到比较合格的社会组织承接政府购买公共服务项目非常困难，只能转而在本地之外寻找有实力的承接主体。但所寻找的外地有实力承接主体，往往又因为时空距离和运营成本等原因，也不一定能够保质保量地完成购买主体原计划公共服务，迫使一些基层购买主体在财政能力有限的压力下，或者降低购买公共服务的标准，或者减少所购公共服务的数量规模。而当少数有实力的承接主体同时在多地承接政府购买公共服务项目时，又极易出现其只重视经费高的大服务项目而轻视经费少的小服务项目、重视大城市或所在地项目而轻视外地基层项目的问题，造成同一组织承担同类项目的服务水准存在较大差别的现象。可以说，作为政府购买公共服务活动开展的重要基础条件，承接主体承接能力的参差不齐，直接影响了政府购买公共服务的整体质效水平。

7. 政府购买公共服务质量有待进一步提高

当前我国各领域政府购买公共服务的整体质量虽有较大提高，但也仍然存在许多问题。除前面所讲的公共服务供需错位、服务标准缺乏和承接主体能力参差不齐等问题直接影响了政府购买公共服务质量的提升外，另一个比较突出的问题是，相当多的承接主体在竞争公共服务项目时，其主要目标集中在尽力争取政府购买公共服务的合同签订，而在服务合同签订后，承接主体并不注重严格履约，甚至有的承接主体还会故意压低服务成本以增加自身利润，对实际服务事项应付了事，其结果必然导致政府购买公共服务的质量难以保证，服务对象的满意度不高。现实中，政府购买公共服务的服务对象是各类公众群体，衡量公共服务质量好坏的不仅是是否达到硬性的技术要求，还要看服务过程中的服务态度等软性要求。服务过程的软性质量主要来自服务对象的切身感受，主观性非常强。如果承接主体没有高度的责任感和使命感，缺乏真心实意为民服务的诚心和动力，导致软硬要求都达不到应有的水准，那么公共服务的提供质量自然难以提高，政府购买公共服务的"物有所值"也就难以实现。

8. 政府购买公共服务预算绩效管理尚未全面落实

目前我国的政府购买公共服务基本是以项目形式实施的，财政用于购买公共服务的资金也是以项目支出形式安排的。按照 2018 年 9 月《中共中央、国务院关于全面实施预算绩效管理的意见》要"将政策和项目全面纳入绩管理，从数量、质量、时效、成本、效益等方面，综合衡量政策和项目预算资金使用效果"的要求，以及《政府购买服务管理办法》"购买主体实施政府购买服务项目绩效管理，应当开展事前绩效评估，定期对所购服务实施情况开展绩效评价，具备条件的项目可以运用第三方评价评估"的制度规定，所有政府购买公共服务项目均应纳入预算绩效管理范围，各购买主体要结合预算评审、项目审批等，对项目展开事前的预算绩效评审，重点论证立项必要性、投入的经济性、绩效目标合理性、实施方案可行性、筹资合规性等，并将评审结果作为申请预算的必备要件；在项目实施过程中，购买主体要进行绩效监控；在项目实施结束后，应当开展项目绩效自评或委托第三方机构进行绩效评价。但事实上，各地区、各部门实施的政府购买公共服务项目除少数重点项目或被选中进行预算绩效管理的项目外，绝大多数尚未开展预算绩效管理工作。而缺少预算绩效管理工具在政府购买公共服务制度运行中的应用，使众多购买主体缺少真正的绩效管理意识，只管购买，但缺少绩效监管，成为普遍性问题。

（三）存在问题的成因分析

我们认为，当前我国政府购买公共服务领域仍然存在上述共性问题的成因，主要在于以下几个方面：

1. 整体制度建设相对滞后

从法律上讲，政府购买公共服务必须遵照《中华人民共和国政府采购法》开展活动，但相对于政府购买公共服务实践的快速发展，我国的制度建设相对滞后，专门针对政府购买公共服务的正式制度规则确立时间比较晚，虽然之前有《政府购买服务管理办法（暂行）》，但其对很多重要问题的规定清晰度不够，制度约束性不强，导致实践中出现了诸如假借政府购买服务名义进行融资等违法违规行为的发生，政府购买服务的范围被盲目扩大，出现了不少乱象。直到2016年，财政部陆续出台了《关于通过政府购买服务支持社会组织培育发展的指导意见》（财综〔2016〕54号）、《关于坚决制止地方以政府购买服务名义违法违规融资的通知》（财预〔2017〕87号）、《关于政府购买服务信息平台运行管理有关问题的通知》（财综〔2017〕57号）、《关于推进政府购买服务第三方绩效评价工作的指导意见》（财综〔2018〕42号）等制度文件，对政府购买公共服务的制度运行起到了规范的作用。特别是2020年1月，财政部正式出台了《政府购买服务管理办法》（财政部令第102号），才正式完成了全国政府购买公共服务整体性制度的顶层设计与规范要求，全国政府购买公共服务活动有了最新的制度依据。此后，财政部又出台了《政府采购需求管理办法》（财库〔2021〕22号）。正是由于制度建设的相对滞后，再加上实际执行者因自身素质差异形成的对政府购买公共服务认识的局限，造成实践中出现各种问题也就不足为怪。

2. 购买主体的主动监管意识缺乏

随着国家经济形势和社会发展的不断变化，国家对民生领域的高度关注和各种资源向民生领域的大量倾斜，使各级政府部门更加关注的是如何迅速落实国家政策以更好地彰显政绩。政府购买公共服务作为快速开展工作的一个有力工具，不仅体现了政府与市场的有效结合，展示了服务型政府建设和推进实现国家治理能力现代化的成效，而且能够借助市场的力量推进各类民生项目尽快落地，解决现实民生难题。因此，各级政府就将关注的重点集中在如何快速推进政府购买公共服务工作上面，而对推进过程中的各种瑕疵和问题，则出于人力、精力等原因无暇顾及，主动进行动态监管的意识比较匮乏。

3. 质量标准体系尚未形成

经济基础、环境条件、人口素质、技术水平和经费保障水平等，在不同领域、不同地区、不同服务内容等中均存在诸多差异，即便是同一领域，不同地区之间的相同类型公共服务的技术标准也很难确定完全统一的技术标准，客观上导致政府购买公共服务的质量缺乏明确的标准体系。再加上很多公共服务领域本身具有很强的专业性，制定全国统一的质量标准体系存在较大难度。在缺乏明确质量标准的情况下，准确判断公共服务投入的资金成本水平以保证"物有所值"也就随之成为难题。

4. 社会组织成熟度不够

虽然随着政府购买公共服务制度的建立，我国各地已经兴起了大量社会组织。根据民政部统计，截至2021年年初，全国各级民政部门共登记社会组织已超过90万个，其中全国性社会组织2292个。政府各部门也在积极培育社会组织提高承接公共服务的能力，已经取得了一定成效。但从总体上看，多数社会组织的发展还很不成熟。组织规模较小、内部结构不完整、专业程度不强、人员素质不高、经济实力较弱、运营水平较低、社会资源单薄等是多数社会组织现存的状态，这从客观上导致其承接政府购买公共服务的能力有限,即便获得了承担公共服务的委托合同,其服务质量和服务效益也难得到有效保证。

5. 事业单位分类改革不到位

目前,全国范围的事业单位分类改革还在进行之中。但即便在已经完成事业单位分类改革的各类事业单位,经费保障不足问题仍然普遍存在,特别是基层事业单位的经费保障压力尤为明显。在财政资金保障能力有限的情况下,养人问题始终是困扰事业单位领导的头等大事。事业单位要想生存和发展,必须想尽办法拓展生存空间,争取各种财政资源。而政府购买公共服务方式的大范围推广,为基层事业单位的经费渠道开辟了一条新的路径。很多基层事业单位凭借着与政府行政机关之间的上下级隶属关系,使其在信息获取和人脉资源上拥有天然的优势,再加上事业单位本身多为本领域的专业技术部门,让其承担更多的政府购买公共服务项目,也能令政府机关对公共服务质量多一份放心,因此,规避公开招投标,将更多的公共服务合同直接授予事业单位并由此形成市场竞争的不公平也就在所难免。

6. 公权力运用缺少监督

少数购买主体的实际执行者出于一己私利,利用制度运行中存在的监管漏洞,凭借手中的公权力,诱使参与竞争的市场主体向其行贿,或直接与承接主体之间暗通款曲从中牟利。这种寻租行为的发生,不仅会直接干扰政府购买公共服务制度的正常运行,还严重破坏了市场竞争的公平公正。而与之合谋的承接主体在成功获取公共服务合同后,出于逐利的本能,必然会将寻租的经济代价从公共服务的提供成本中扣除。具体表现为:或者在服务总量不降低的前提下,人为压低提供服务的直接成本,或者在缺少监管的情况下悄悄减少服务数量规模,更有可能仅提供名义服务,而实质内容严重不足。所有这些,都必然损害公共利益,造成政府购买公共服务的公共价值无法得到体现。

7. 预算绩效管理难度较大

由于大量民生领域的政府购买公共服务项目普遍具有"零、小、散"的特点,即项目种类多、数量多、分布广、单个项目金额较小、比较零散,项目没有进行成本效益分析是基本现状,想短期内将全部项目均按照预算绩效管理要求进行事前、事中和事后的全过程绩效管理,难度很大。对于各级财政部门和购买主体的主管部门来讲,本身并没有足够的精力和能力去对每一个政府购买公共服务项目进行绩效管理。如果全部委托给第三方进行绩效管理，无形中又增加了很大一块财政成本，因此，现阶段财政部门往往只能选择一些公共服务对象群体数量较多、购买支出金额较大、社会影响力比较明显的重点政府购买公共服务项目进行全过程绩效管理，其他"零、小、散"项目通常要求购买主体单位进行绩效自评。但限于购买主体精力有限，往往也仅是抽取少量项目进行绩效自评，自评覆盖率很低。

综上所述，以上成因分析中既有主观原因，也有客观原因。其中，客观原因包括制度建设滞后、质量标准体系尚未形成、事业单位分类不到位等；主观因素则主要包括政府部门行为的关注重点、社会组织的自我成长、公权力运用中的寻租腐败等；而预算绩效管理难以落实既是客观原因，也是主观原因。不论是主观原因还是客观原因导致的存在问题，都与相关主体的责任意识淡薄有直接关系。事实上，如果政府购买公共服务参与主体的责任意识强烈，能够真正以追求公共服务的最大化公共价值为己任，即便在客观条件局限的情况下，相关主体也会千方百计主动创造条件解决问题。从中国改革开放几十年来的发展看，大量创新实验、创新成果都是源于强烈的主体责任意识才最终形成的。也正是因为强烈的主体责任意识，才激发了各类主体的主观能动。因此，我们认为，虽然客观原因确实存在，但主体责任意识不强恰好被客观条件的有限性所掩盖。要想解决当前我国政府购买公共服务领域存在的主要问题，建立政府购买公共服务全过程监督机制，就必须从紧抓主体责任入手。

二、基于主体责任构建政府购买公共服务全过程监督机制的价值研判

前述共性问题的普遍存在，给我国政府购买公共服务制度的健康规范运行带来了一定的风险，我们认为必须通过在强化主体责任的基础上，加强对政府购买公共服务全过程监督才能有效防范这些风险。

（一）基于主体责任的全过程监督机制的内涵

所谓基于主体责任的政府购买公共服务全过程监督机制，就是要通过明晰的权责关系、模块化的政府购买公共服务全过程流程、主体责任嵌入政府购买公共服务模块化流程，构建起全过程监督机制，各监督主体在需求决策、

预算管理、服务购买、合同履约、绩效评价五个阶段积极发挥主观能动性，实施立项论证监督、购买行为监督、契约履行监督、绩效评价监督等，切实提高购买效率，提升公共服务质量。也就是说，要依据对政府购买公共服务全过程监督机制所具有的工具价值、目标价值、应用价值和规则价值分析，明确购买主体、承接主体、其他监督主体和社会公众都是政府购买公共服务的监督主体，分别赋予其监督职责和相应监督权力，充分调动各主体开展监督工作的主观能动性，构建起政府购买公共服务全过程监督机制，鼓励各主体在政府购买公共服务全过程的各个环节中相互监督，从而有效维护政府购买服务市场的公平竞争秩序。

1. 明晰的监督权责关系

从内部主体来看，购买主体、承接主体、服务对象都是全过程监督机制的主要评价主体，财政部门是管理政府向社会力量购买公共服务的职能部门，其自然承担着监督职责，主要体现在对购买过程合法性和合规性的监督，而有关立项审核、预算管理、合同履约、绩效评价等，还需要预算、国库、监督监察和其他相关业务部门的协调配合。社会组织是政府购买公共服务的主要承接主体，在供给服务过程中需要加强自我监督，把好服务质量的第一道关。服务对象作为公共服务的直接使用者，最具有监督意愿，也是最具有监督权的主体。从外部主体来看，公众监督、第三方评价监督、媒体舆论监督等都是重要的监督主体，在全过程监督机制中能够发挥科学、客观、全面的监督作用。从制度上划分清楚各个内外部主体的监督责权，有利于形成明确的全过程监督机制。

2. 模块化的政府购买公共服务全过程监督流程

构建政府购买公共服务全过程监督机制，必须从规范化的流程入手，通过分解购买公共服务的基本流程，探析每一阶段流程的工作要点，并判别各个流程阶段中存在的风险，作出风险分析，进行风险评估，以便找出对应的财政监督工具和手段嵌入其中，防范风险的发生。根据《中华人民共和国政府采购法》和购买公共服务的一般规程，政府购买公共服务活动的全部过程可以分为五个阶段，即需求决策阶段、预算管理阶段、服务购买阶段、合同履约阶段和绩效评价阶段。而这五个阶段各自存在的问题和风险，正是主体监督需要重点防控的对象。

需求决策阶段，需要对公共服务需求进行充分的调查研究、汇总梳理，并根据当前条件确定购买公共服务的需求范围和服务内容。预算管理阶段，需要监督项目预算编制依据、编制方法细致化程度、预算审查严格性等。服务购买阶段，需要监督购买方式是否合理、购买信息是否公开、招投标程序是否规范、专家打分是否公正、合同条款是否严谨等。合同履约阶段，需要监督承接主体是否按要求履约、服务范围是否合规、服务标准和服务质量是否达标等。绩效评价阶段，需要监督绩效评价目标设定是否清晰、评价指标体系设计是否科学、评价方法是否合理、对第三方机构是否有效管理、专家管理是否严格、绩效评价结果是否实现了实际运用等。

3. 主体责任嵌入政府购买公共服务模块化流程的全过程监督机制

将不同主体的监督责任嵌入政府购买公共服务的不同流程，在每个环节发挥主体的监督作用和约束作用，形成全过程监督链条与监督机制，从而有效落实监督责任，提高监督效率，提高政府购买公共服务的效率。需求决策阶段，财政部门、购买主体、服务对象履行监督责任，监督需求论证、服务范围和内容等是否符合需求。预算管理阶段，主要是财政部门和第三方监督评价预算合理合规性。服务购买阶段，财政部门和购买主体监督管理购买方式的选择、招投标程序的规范等。合同履约阶段，财政部门、购买主体、承接主体、服务对象、社会公众、媒体等多元主体加强监督合力，共同监督服务供给过程中的服务质量资金使用情况等。绩效评价阶段，购买主体、服务对象、第三方机构和社会公众等通过打分评价或问卷调查等多种形式监督购买效率和服务效果。

（二）基于主体责任构建全过程监督机制的价值研判

从政府购买公共服务的基本过程看，众多政府行政部门组成的购买主体、各类市场主体以及社会公众都参与其中（见图2-3），而实际全过程流程则涉及诸多活动环节（见图2-4），再加上政府购买服务项目量多且分散、各层级政府在制度框架下自主决定购买内容等特点，使开展全过程集中监督的难度极大，故而必须充分动员各类主体的主观能动性，促使其主动参与到各个流程环节的监督中来，由此才可以实现全过程的有效监督。而调动各类主体的主观能动性的核心抓手，就是主体责任。因此，构建基于主体责任的政府购买公共服务全过程机制就显得尤有价值。本书认为，从全局的角度看，构建基于主体责任的政府购买公共服务全过程监督机制在提升政府治理效能、保障制度运行规范、保护社会公共利益、维护市场秩序等方面具有非常重要的价值和作用。

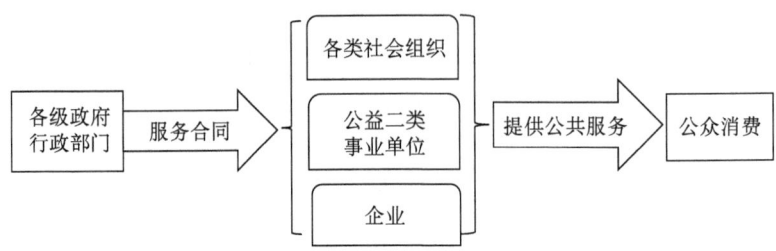

图 2-3　政府利用财政资金购买公共服务基本过程

图 2-4　政府购买公共服务基本流程

1. 具有提升政府治理效能的工具价值

在我国实现国家治理体系和治理能力现代化的过程中，实现社会治理创新是一项重要任务。政府购买公共服务作为社会治理创新的重要手段和治理工具，受到各级政府的高度重视，并已在实践中取得一定成效。但是政府购买公共服务在我国发展时间较短，仍然属于新鲜事物，其所存在的各种共性问题，客观上对该制度的健康规范运行造成了诸多风险。根据委托代理理论，面对委托代理关系中存在的信息不对称可能导致代理人出现"道德风险"和"逆向选择"，必须强化监督制约，方能防范风险的发生。而面对政府购买公共服务项目点多、分散、不宜集中管理的特点，针对其兼具行政性和市场性的双重属性，通过建立以主体责任为基础的政府购买公共服务全过程监督机制，能够切实将监督责任落实到位，节约监督的行政成本，提高监督的整体效率，进而促进政府治理效能的有效提升。因此，构建基于主体责任的政府购买公共服务全过程监督机制，在国家治理现代化中具有明显的工具价值。

2. 具有推动实现公共价值最大化的目标价值

在现代国家，政府购买公共服务所追求的核心目标，应当是实现公共价值最大化。这是因为政府购买公共服务的作用对象是社会公众，政府购买公共服务资金的来源是全体纳税人的缴税，购买服务活动也是政府接受社会公众委托开展的，因而其所追求的最终目标，就应该是公共价值的最大化。但是参与政府购买公共服务活动的主体多元化，各主体追求的利益目标有所不同，可能会导致具体的行为主体出现行为偏差。在理性"经纪人"假设的前提下，作为购买主体的官员有可能利用手中的公权力为自己牟利，从而出现腐败、寻租等损公肥私的行为；而作为承接主体的各类市场主体，其所追求的首先是自身利益最大化，为此可能会在承接公共服务的竞争中行贿，或在中标后的服务提供中出现克扣服务成本、不保质保量供应服务等不按合同履约现象，导致公众利益受到损害。因此，从制度上将各类主体明确为既是政府购买服务活动参与主体，也是实践活动中的监督主体，各自都在政府购买公共服务的全过程有自己的角色定位和监督责任，所有主体都要为维护公共利益而进行自我监督和相互监督，如果出现问题，都要追究相应的责任。如此，就能够从制度要求上最大限度地维护公共利益不受损害，促进公共价值最大化地更好实现。所以，构建基于主体责任的政府购买公共服务全过程监督机制，在推动公共价值最大化中具有明确的目标价值。

3. 具有促进制度运行规范有序的应用价值

经过多年努力，我国政府购买公共服务制度已经建立起来，各方关注的重点已经转向如何保障这项制度的健康规范运行，以使政府公共服务的供给方式改革能够真正实现预期目标，从而在服务型政府建设中更好地体现"以人民为中心"的核心理念，多为人民群众办实事、办好事。故此，面对当前制度运行中存在的不规范导致的价格不合理、公共服务质量效益不高、群众满意度不理想等问题，必须要求各参与主体各司其职，各担其责，共同监督制度运行过程中各类主体是否清正廉洁，是否公正、公平、公开以及公共服务供给是否卓有绩效，由此才能形成一个多元主体相互监督、协同有效的全过程监督链条，及时发现并纠正制度运行中的偏差，防范由此导致的财政风险和政府信誉损失，从而有力地推动和促进政府购买公共服务制度运行的规范和健康发展。故此，构建基于主体责任的政府购买公共服务全过程监督机制，在规范制度运行中具有实际的应用价值。

4. 具有维护政府购买公共服务市场秩序的规则价值

政府购买公共服务与传统的政府公共服务供给方式最大的不同，就在于打破了传统的政府垄断公共服务供给的单一模式，将市场竞争机制引入到公共服务供给领域，各种市场主体成为公共服务的直接生产者和提供者，实现了公共服务提供主体的多元化和市场化。当众多社会力量成为支撑公共服务供给的市场基础时，政府服务订单的授予就成为市场主体竞争的目标。根据市场经济规则，只有维护公平竞争的市场环境，才会吸引更多的优质市场主体参与政府购买公共服务合同的竞争。反之，如果政府购买公共服务合同的授予存在暗箱操作、徇私舞弊、内外勾连，必然会极大打击诚实守信优质市场主体参与的积极性，从而在政府购买公共服务市场形成"劣币驱逐良币"的局面。因此，明确购买主体、承接主体、其他监督主体和社会公众都是政府购买公共服务的监督主体，分别赋予其监督职责和相应监督权力，充分调动各主体开展监督工作的主观能动性，鼓励各主体在政府购买公共服务全过程的各个环节中相互监督，从而有效维护政府购买服务市场的公平竞争秩序。故而，构建基于主体责任的政府购买公共服务全过程监督机制，在维护公平的市场竞争秩序方面具有突出的规则价值。

第三章　对我国现行政府购买公共服务监督制度体系的基本评价

制度体系是影响政府购买公共服务监督的一个关键要素，具体包括国家的大政方针导向、政策法规与实施细则和规章办法等。国家政策的支持、政府治理改革以及具体政策法规的制定和实施，都会极大地影响我国政府购买公共服务监督的发展。制度体系的完善，不仅能够为基于主体责任的政府购买全过程公共服务监督机制的构建创建一个良好的制度环境，而且也能够为落实多方主体责任开展监督工作提供制度依据。反之，如果政府购买公共服务监督的制度体系不健全，必然会深刻制约政府购买公共服务监督机制的确立和运行。在我国，政府向社会组织购买公共服务肇始于20世纪90年代，这种公共服务的供给方式正从地方政府的创新性尝试开始，逐步发展成为我国公共服务供给中的一项制度性共识。但是，这种共识目前还停留在对政府购买社会组织公共服务必要性和社会意义的理解上，而在购买方式等诸多技术性问题上还没有形成一致的意见，[①] 加之我国从中央到地方出台的相关政策主要具有一般性、原则性和宏观指导性，因此，在政府购买公共服务实践中，因地因时因项目不同而产生的各种特殊性问题，在现有政府一般性指导政策中尚未给出或是暂时难以给出明确解决方案的，这对政府购买公共服务的规范运行和有效监督是不利的。为此，本书将全面梳理我国现有政府购买服务的相关政策（政府购买公共服务制度被包含于政府购买服务制度中），厘清关于政府购买公共服务监督的相关政策表述，提出政府购买公共服务监督的基本制度框架，进而分析相关政策存在的缺失和漏洞，为构建基于主体责任的

---

① 张海，范斌. 我国政府购买社会组织公共服务方式的历史演进与优化路径 [J]. 理论导刊，2013（11）.

政府购买公共服务全过程监督机制制度方案提供参考。

一、我国政府购买公共服务监督制度的演进

本书认为，根据我国政府购买公共服务的创新实践和政策沿革，制度发展大致可被划分为试点探索和制度孕育期、制度构建和快速发展期、制度确立和优化完善期三个阶段。相应地，我们将按照这三个阶段的发展脉络，梳理现有政府购买公共服务政策中有关监督问题的制度规定，以此厘清随着上述三个阶段的发展，我国政府购买公共服务监督制度的演进历程。

（一）试点探索和制度孕育期（2013年以前）

20世纪90年代，我国一些地方政府开始在少数公共服务领域尝试引入政府购买公共服务方式。1994年，深圳市罗湖区借鉴香港经验，废除原有政府与环卫工人的临时聘用关系，引导成立环卫公司，再由政府向这些公司购买服务，促使保洁效果大幅提升。1995年，上海开始尝试政府购买公共服务供给模式，浦东新区委托非营利组织管理市民社区活动中心。2000年上海又率先在改革社会管理体制时提出并推行政府购买公共服务，卢湾等六个区的12个街道开始依托养老机构开展居家养老试点。此后全国各地区陆续开启了政府购买公共服务模式的探索。2002年，第九届全国人大常委会第二十八次会议通过了《中华人民共和国政府采购法》，自2003年1月1日起开始实施。自此，北京、上海、天津、南京、无锡等地方政府在全国主要城市迅速展开实践，政府购买公共服务的范围逐渐扩大到教育培训、养老助残、医疗卫生、计划生育、就业培训、社区服务、城市规划、科技文化等诸多领域。

《中华人民共和国政府采购法》的正式颁布和实施，全面拉开了我国政府购买公共服务这一新供给模式实践的序幕，也为政府购买公共服务活动中的购买当事人、服务承接者、委托代理机构和监管部门提出了基本的规范和约束。在中央层面，2006年国务院印发了《关于发展城市社区卫生服务的指导意见》（国发〔2006〕10号），鼓励社会力量参与发展社区卫生服务，充分发挥社会力量举办社区卫生服务机构的作用，同时针对加强社区卫生服务监督工作提出若干方面要求，包括规范社区卫生服务机构的设置条件和标准，完善社区卫生服务考核评价制度，加强社区卫生服务的标准化建设，加强社区卫生服务执业监管，建立社会民主监督制度等。财政部、国家发改委和卫生

部据此联合印发《关于城市社区卫生服务补助政策的意见》（财社〔2006〕61号），要求加强政府补助资金的监督管理，要求各级财政、发改、卫生等部门按照职责分工，依法对社区卫生服务政府补助资金的分配、核拨、使用，实施全过程监督管理；加强追踪问效，将社区公共卫生服务经费补助与服务效果挂钩，由卫生、财政部门在严格监督和考核评价社区卫生服务机构提供的服务情况的基础上予以核拨。2007年国务院办公厅发布了《关于加快推进行业协会商会改革和发展的若干意见》（国办发〔2007〕36号），要求完善培育扶持和依法管理社会组织的政策，发挥各类社会组织提供服务、反映诉求、规范行为的作用，为经济社会发展服务，明确了建立政府购买行业协会服务的制度。2012年中央财政首次安排2亿元用于购买社会公共服务，相应出台了《中央财政支持社会组织参与社会服务项目实施细则》，对资金使用的监管和各监督主体做出了安排。

在地方层面，浙江省、辽宁省、山东省、江苏省、上海市等地区专门出台了关于政府向社会组织购买服务的相关指导性意见以及政府向社会购买养老服务、社工服务、社区服务等有关政策。例如，上海市2003年根据《中华人民共和国政府采购法》出台了《集中采购机构监督考核管理办法》，对进入集中采购目录的公共服务项目提出监督的要求和举措。无锡市2008年出台了《关于推进政府购买公共服务改革的实施意见》，把公共服务交给社会服务机构，政府则重点加强对公共服务的监管。无锡市自2008年起，深入实施政府采购公共服务，已覆盖市政养护、环卫保洁、信息化服务等16个领域，全市30万元以上的服务类品目全部纳入政府采购。[①]长沙市政协于2010年举行《关于建立和完善我市政府购买公共服务机制的建议》重点提案督办会，要求加快推进社会保障和养老服务等领域政府购买社会组织的服务工作，切实发挥地方政协在政府购买公共服务推进的监督作用。2012年，广东省在全国率先推出了《政府向社会组织购买社会服务暂行办法》，首次明确了政府向社会组织购买服务的范围、程序方式和监督检查等制度规定。同年8月，同样作为全国首创，广东省财政厅发布《2012年省级政府向社会组织购买服务项目目录》，包含基本公共服务、社会事务服务等262项服务项目，[②]为政府购买

---

① 参考共产党员网新闻报道，https：//news.12371.cn/2013/03/14/ARTI1363208297796911.shtml。
② 参考《广东省购买服务经验》，第一财经日报，https：//www.yicai.com/news/3113559.html。

公共服务项目决策和监督提供了政策依据。

总体来看，我国政府购买公共服务在 2013 年之前仍处于起步阶段，从实施购买服务的地区数量，到购买公共服务的资金规模，在全国体量下仍然占比很小。政府购买公共服务供给模式的试点项目，主要是为了破解当时政府单一供给暴露出的效益低、成本高、服务保障水平不足等显性问题，相较之下，政府通过购买方式的公共服务供给的总体效果较好。因此，中央和地方政府在购买公共服务实践中对于政府购买公共服务监督制度的建设，均在政府采购的相关法律和政策框架下开展，尚未形成统一有序、协调高效的政府购买公共服务制度体系。

（二）制度构建和快速发展期（2013—2019 年）

党的十八大强调，要加强和创新社会管理，改进政府提供公共服务方式。中央对进一步转变政府职能、改善公共服务做出重大部署，明确要求在公共服务领域更多利用社会力量，加大政府购买服务力度。2013 年 9 月，国务院办公厅印发了《关于政府向社会力量购买服务的指导意见》（下文简称"《指导意见》"）（国办发〔2013〕96 号）。此《指导意见》是中央政府第一次面向全国范围提出政府购买服务的指导性文件，不仅明确了政府向社会力量购买服务的重要性、基本原则和目标任务，而且对扎实推进政府购买服务各项内容和具体工作做出了明确要求。对于政府购买公共服务的监管问题，《指导意见》要求购买主体应完善内部监督管理制度和主动信息公开，承接主体应严格财务报告制度，财政部门应加强政府向社会力量购买服务的组织指导和严格资金监管，监察、审计、工商管理和有关主管部门按照各自职能将政府购买服务行为纳入年检、评估、执法等监督体系内。2013 年 11 月，党的十八届三中全会审议通过了《中共中央关于全面深化改革若干重大问题的决定》（下文简称"《决定》"），其中明确提出，推广政府购买服务，凡属事务性管理服务，原则上都要引入竞争机制，通过合同、委托等方式向社会购买。[①] 这是我国第一次在国家战略层面提出政府购买公共服务的改革任务。

根据《决定》和《指导意见》，财政部分别对加快推进政府购买服务工作、做好政府购买服务预算管理以及支持和规范承接公共服务的社会组织提

---

① 参考《中共中央关于全面深化改革若干重大问题的决定》，中华人民共和国国务院新闻办，http：//www.scio.gov.cn/m/32344/32345/32347/32756/xgzc32762/Document/1415757/1415757_1.htm。

出政策指导。2013年12月印发了《关于做好政府购买服务工作有关问题的通知》（财综〔2013〕111号），要求各地区、各部门结合实际，积极部署开展政府购买服务工作，抓紧制定相关政策文件，尽快形成中央和地方共同推进购买服务工作的氛围和机制，在监督方面强调各地区、各部门要按照政府主导、部门负责、社会参与、共同监督的要求开展工作。2014年2月印发了《关于政府购买服务有关预算管理问题的通知》（财预〔2014〕13号），就政府购买服务所需资金安排、预算管理、预算执行监控、信息公开、绩效评价、监督检查等有关预算管理做出原则性要求和安排，在监督方面强调对购买服务进行全过程跟踪、强化绩效管理，提高预算透明度、接受社会监督，加强资金使用的监督检查、明确法律责任、适时开展抽查检查。2014年11月会同民政部联合印发了《关于支持和规范社会组织承接政府购买服务的通知》（财综〔2014〕87号），提出加强对承接购买服务社会组织信用记录管理和组织实施的具体要求，在监督方面，要求各地要建立健全部门联动机制，统筹规划、协调指导政府向社会组织购买服务工作。

2014年12月，财政部会同民政部和国家工商总局出台了《政府购买服务管理办法（暂行）》（下文简称"《暂行办法》"），第一次全面系统地界定了政府购买服务的定义、购买主体、承接主体、购买内容、指导目录，同时对购买方式和程序、预算和财务管理、绩效和监督管理做出了更加具体的规定。《暂行办法》的制定，标志着中央层面对政府购买服务工作的制度安排和顶层设计已成型，并且成为地方制定相关政策规定用来规范各地政府购买服务实践的标志性指导文件。① 此后，中央相关部门和地方政府加快了配套性政策办法和具体领域指导意见以及实施办法的出台速度，随之政府购买公共服务监督制度体系也逐步建立。在中央层面，财政部相继印发了《关于通过政府购买服务支持社会组织培育发展的指导意见》《关于坚决制止地方以政府购买服务名义违法违规融资的通知》《关于政府购买服务信息平台运行管理有关问题的通知》《关于推进政府购买服务第三方绩效评价工作的指导意见》，为政府购买公共服务监督实践提供了一系列政策指导和配套手段。在具体公共服务领域，如养老服务、残疾人服务、农业公益性服务、公共文化服务、基层社会救助服务、青少年社会工作服务、农村留守儿童关爱服务、精神障碍社区

---

① 何晴，张家玮，赵晓玲. 政府购买服务政策沿革与趋势探讨［J］. 经济研究参考，2021（7）.

康复服务等，中央主管部门或单独或会同财政部门印发了政府购买相关领域公共服务的指导文件，文件中均对加强监督做出了明确要求。在地方层面，地方政府在中央制度设计的基础上结合本地区实际制定相关政策和管理办法。如《山西省政府购买服务暂行办法》《浙江省政府购买服务预算管理办法》《浙江省深化政府购买服务第三方绩效评价工作》《北京市市级政府向社会力量购买服务预算管理办法》《北京市财政局关于政府购买服务信息平台运行管理有关问题的通知》《天津市市级政府向社会力量购买服务监督检查和绩效评价管理暂行办法》等，都从预算管理、绩效评价、监督管理、信息公开等方面做出符合地方实际的规定，为政府购买公共服务监督提供了制度依据。

（三）制度确立和优化完善期（2020年以后）

经过若干年的实践探索，从中央到地方，各级政府对政府购买公共服务这一服务供给模式已经具备了制度层面的认识。2018年6月，财政部发布《关于政府购买服务管理办法（征求意见稿）向社会公开征求意见的通知》，公开向全社会征求意见，经汇总各方意见，最终研究颁布制定了《政府购买服务管理办法》（下文简称"《新办法》"），于2019年11月19日第一次部务会议审议通过，2020年1月正式公布，并自2020年3月1日起施行，同时废止《暂行办法》。此次《新办法》的颁布实施，标志着在经过5年的探索之后，政府购买服务的理论认识、政策框架、管理模式均进入成熟期。① 相较于《暂行办法》有39条规则、4615个字，《新办法》只有35条、2870个字。《暂行办法》的语言表述倾向于按步骤"教大家"做什么和如何做等细节描述，这恰恰反映出当时开展政府购买服务工作中对主要指向性问题的探索性和模糊性。而对于一直存在的政府购买服务更适用于行政法还是民商法的争议，《暂行办法》并未给出明确指向，而《新办法》将《中华人民共和国合同法》（现为《中华人民共和国民法典》）的引入，就是明确了政府与社会组织在购买服务过程中更适用民商法律关系。这种描述方式是由政府购买服务实践背景决定的。2014年正处于政府购买服务全面实践和制度孕育中，经过《暂行办法》全面的施行和深入的研究打磨，国家对政府购买公共服务的认识更加清晰和全面。因此《新办法》的语言更加精炼规范，只做原则性表述，与现有《中华人民共和国预算法》《中华人民共和国政府采购法》等一整套

---

① 李兆鑫. 新旧《政府购买服务管理办法》比较分析[J]. 时代金融, 2020（8）.

国家法律体系联系更紧密。如对于政府购买服务的范围，《暂行办法》采用枚举法，而《新办法》则采用负面清单，即"法无禁止"即可为。这种"留白"式规定，为政府购买公共服务的灵活性、创新性和探索性留足了空间，同时也体现了国家政策制定者对于政府购买服务实践的认识以及我国法律体系具备足够支撑性的自信。

在监督管理方面，《新办法》中已明确了购买主体、承接主体及其他政府购买服务参与方在政府购买服务活动中存在违反政府采购法律法规行为的，按照政府采购法律法规予以处理；存在截留、挪用等财政违法行为的，依照预算法、财政违法行为处罚条例等法律法规追究责任；政府机关工作人员存在违反《新办法》的行为，按照《中华人民共和国预算法》《中华人民共和国公务员法》《中华人民共和国监察法》《财政违法行为处罚处分条例》等国家有关规定追究责任；涉及犯罪的，移送司法机关处理。从《新办法》颁布后地方政府对于政府购买公共服务监督制度建设情况看，山西省、青海省、上海市、江苏省、浙江省、山东省、湖南省等地纷纷相继新出台了政府购买服务管理实施办法，进一步优化政策落实，逐步完善政府购买服务监督配套制度体系。当然，《新办法》的出台，并不意味政府购买公共服务活动不存在问题，也不意味现行相关法律和制度不存在缺失和漏洞，而且政府购买公共服务中的违法违规行为大部分不会自己主动暴露且具有隐蔽性，需要配套相关监管制度去查漏补缺、防患于未然。因此，建立健全政府购买服务监督管理机制，善用现代技术手段，以落实主体责任为抓手，加大政府购买服务监督力度的机制建设就不容忽视。

二、我国政府购买公共服务监督的制度体系

我国政府购买公共服务监督基本制度框架的价值取向、制度性质、政策指向以及行为方式，是由国家政权性质和根本制度决定的。自从中华人民共和国成立，中国共产党成为执政党和国家领导核心以后，代表人民执掌政权、领导人民治理社会主义新国家的历史任务就提上了议事日程。但是，"怎样治理社会主义社会这样全新的社会，是一项前无古人的事业，没有先例可循"。[①]

---

① 王浦劬. 全面准确深入把握全面深化改革的总目标 [J]. 中国高校社会科学，2014（1）.

政治学家拉斯维尔提出政治的本质在于"谁得到什么,何时得到以及如何得到"。① 我国是工人阶级领导的,以工农联盟为基础的人民民主专政的社会主义国家。与国体相适应的政体就是人民代表大会制度,这也表示我国一切权力属于人民,人民依照法律法规通过各种形式,管理国家事务,管理经济和文化事业,管理社会事务。全国人民代表大会和地方各级人民代表大会都由民主选举产生,对人民负责,受人民监督。国家行政机关、监察机关、审判机关、检察机关都由人民代表大会产生,对它负责,受它监督。② 同时,中国共产党作为中国工人阶级、中国人民和中华民族的先锋队,是中国特色社会主义事业的领导核心,代表了中国最广大人民的根本利益。我国是在中国共产党领导人民发展社会主义民主政治,坚持党的领导、人民当家作主、依法治国有机统一,走中国特色社会主义政治发展道路。③ 以此为体延伸到"用"的层面,即国家治理体系和治理能力,其中制度体系的建设是治理体系和治理能力的最重要体现。政府购买公共服务监督以注重回应民众需求为基础,与不断健全中国特色社会主义法治体系,全面推进我国社会主义民主政治制度化、规范化、程序化进程相同步,显著增强运用法治方式领导和治理国家的能力。鉴于此,本书描绘我国政府购买公共服务监督基本制度框架的思路是:以法效位阶为纲,以政策制度为体,以监督措施为线。即将法效位阶为政府购买公共服务监督制度框架作为总绳,将不同法律、法规、规章、一般政策文件等制度为框架的主体,以政府购买公共服务监督全过程作为串联,将上位法与下位法之间、同位法之间、法律与一般政府行文以及政府各部门的政策文件之间的前后关系、内在逻辑和发展演变的连贯性体现出来。在此框架内确保制度间横向交互配合作用,纵向统一规范发力,如图3-1所示。

本书之所以突出法效位阶这一原则,是因为一国之制度对于有意识地理解和开展集体生活和集体组织具有统摄作用,且不同法律、法规、规章以及一般性政策文件均有其约束效力。按约束效力递减排序:法律>法规>规章>一般性政府发文(见表3-1)。此处将一般性政策文件排在了法效位阶的

---

① 哈罗德·拉斯维尔. 政治学:谁得到什么?何时和如何得到?[M]. 杨昌裕,译. 商务印书馆,1999.
② 参考《中华人民共和国宪法》,http://www.gov.cn/guoqing/2018-03/22/content_5276318.htm.
③ 参考《中国共产党党章》,https://www.12371.cn/special/zggcdzc/zggcdzcqw/。

第三章 对我国现行政府购买公共服务监督制度体系的基本评价

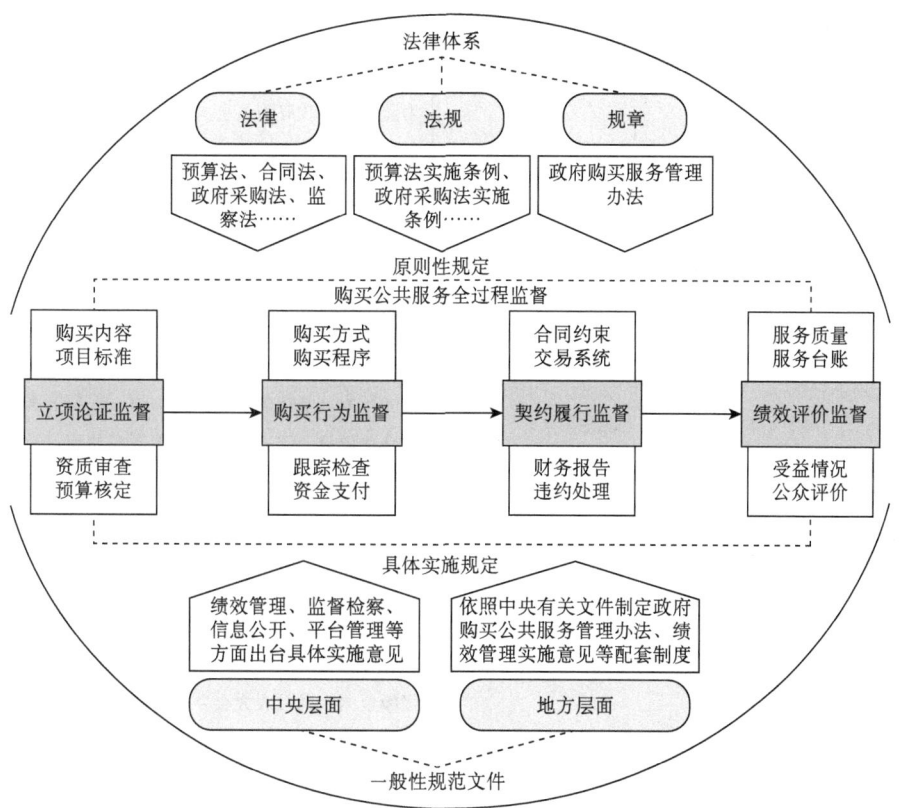

图 3-1 政府购买公共服务监督制度框架

末阶,尽管其不在法律定义的范围内,但它在制度层面属于法律的延伸诠释和具体实践,是政府购买公共服务监督框架执行层面的基础性和支撑性制度。

表 3-1　　　　　　　　政府购买公共服务监督制度体系

法效位阶	规范性文件	对政府购买公共服务监督产生的作用
法律	《中华人民共和国预算法》	为监督政府购买公共服务项目的预算编制、执行的科学性、规范性和合理性、提高购买公共服务预算透明度和实行预算绩效管理等提供法律依据
	《中华人民共和国政府采购法》	为监督政府购买公共服务落实政府采购原则、选择购买方式、符合采购程序、维护国家利益和社会公共利益、保护政府购买公共服务当事人的合法权益、促进廉政建设等提供法律依据

59

续表

法效位阶	规范性文件	对政府购买公共服务监督产生的作用
法律	《中华人民共和国民法典》	为监督保障政府购买公共服务合同当事人法律平等地位、当事人遵照公平原则确定各方权利和义务、依法享有自愿订立购买公共服务合同的权利、保护合同当事人的合法权益、确保当事人按照约定履行合同义务、加强政府购买公共服务合同管理提供法律保证
	《中华人民共和国公务员法》	为监督政府购买公共服务过程中国家机关公务员的行为、坚持监督与激励并重、保障公务员的合法权益、促进公务员正确履职尽责等提供法律保证
	《中华人民共和国监察法》	为监督政府购买公共服务活动中所有行使公权力的公职人员进行监察、调查职务违法和职务犯罪、开展廉政建设和反腐败工作，维护宪法和法律的尊严提供法律保证
	《中华人民共和国各级人民代表大会常务委员会监督法》	保障全国人民代表大会常务委员会和县级以上地方各级人民代表大会常务委员会依法行使监督职权，包括对政府购买公共服务行为行使监督权，发展社会主义民主，推进依法治国
法规	《中华人民共和国预算法实施条例》	为进一步加强政府购买公共服务的预算监督、预算公开透明和预算绩效管理等提供可操作性的依据
	《中华人民共和国政府采购法实施条例》	为进一步规范政府购买公共服务行为，加强对政府购买公共服务活动的全过程、全方位监管，构建多元主体协同监督机制提供保障
	《中华人民共和国政府信息公开条例》	保障公民、法人和其他组织依法获取政府购买公共服务信息，保证人民群众在政府购买公共服务领域的政策、措施、实施情况和监督监察情况知情权，为人民群众参与监督提供充分的信息保障
规章	《政府购买服务管理办法》	为构建基于主体责任的政府购买公共服务全过程监督机制提供最为直接的制度依据

续表

法效位阶	规范性文件	对政府购买公共服务监督产生的作用
规章	《政府采购需求管理办法》	为加强政府采购需求管理，实现政府采购项目绩效目标明确采购人主体责任，明确要求涉及公共利益、社会关注度较高的采购项目，包括政府向社会公众提供的公共服务项目，应当开展需求调查；政府向社会公众提供的公共服务项目，验收时应当邀请服务对象参与并出具意见，验收结果应当向社会公告等，为公众参与监督提供了依据
	《关于做好2022年政府购买服务改革重点工作的通知》《中共中央、国务院关于全面实施预算绩效管理的意见》《财政部关于推进政府购买服务第三方绩效评价工作的指导意见》《财政部关于坚决制止地方以政府购买服务名义违法违规融资的通知》《财政部关于政府购买服务信息平台运行管理有关问题的通知》《司法部、财政部关于建立健全政府购买法律服务机制的意见》《财政部关于印发中央本级政府购买服务指导性目录的通知》《财政部、民政部关于通过政府购买服务支持社会组织培育发展的指导意见》《财政部、中央编办关于做好事业单位政府购买服务改革工作的意见》《财政部、发改委、民政部、全国老龄办关于做好政府购买养老服务工作的通知》《国务院办公厅转发文化部等部门关于做好政府向社会力量购买公共文化服务工作意见的通知》《财政部、中央编办关于做好事业单位政府购买服务改革工作的意见》《关于积极推行政府购买服务加强基层社会救助经办服务能力的意见》《住房城乡建设部财政部关于印发推行政府购买公租房运营管理服务试点方案的通知》等	在中央层面，从政府购买公共服务等绩效管理、监督监察、信息公开、平台管理、政策指导、社会组织培育、事业单位改革等方面制定配套政府购买公共服务等全国性制度，为中央各部委监督和指导各地区、各部门政府购买服务工作提供具体可操作性等制度依据，也为构建政府购买公共服务监督机制提供了操作层面的制度依据

续表

法效位阶	规范性文件	对政府购买公共服务监督产生的作用
其他政策文件（中央层面）	《关于做好2022年政府购买服务改革重点工作的通知》《中共中央、国务院关于全面实施预算绩效管理的意见》《财政部关于推进政府购买服务第三方绩效评价工作的指导意见》《财政部关于坚决制止地方以政府购买服务名义违法违规融资的通知》《财政部关于政府购买服务信息平台运行管理有关问题的通知》《司法部、财政部关于建立健全政府购买法律服务机制的意见》《财政部关于印发中央本级政府购买服务指导性目录的通知》《财政部、民政部关于通过政府购买服务支持社会组织培育发展的指导意见》《财政部、中央编办关于做好事业单位政府购买服务改革工作的意见》《财政部、发改委、民政部、全国老龄办关于做好政府购买养老服务工作的通知》《国务院办公厅转发文化部等部门关于做好政府向社会力量购买公共文化服务工作意见的通知》《财政部中央编办关于做好事业单位政府购买服务改革工作的意见》《关于积极推行政府购买服务加强基层社会救助经办服务能力的意见》《住房城乡建设部财政部关于印发推行政府购买公租房运营管理服务试点方案的通知》等	在中央层面，从政府购买公共服务等绩效管理、监督监察、信息公开、平台管理、政策指导、社会组织培育、事业单位改革等方面制定配套政府购买公共服务等全国性制度，为中央各部委监督和指导各地区、各部门政府购买服务工作提供具体可操作性等制度依据

注：不含地方规范性文件，另附表3-2。

（一）国家层面相关法律法规和制度规范

根据《中华人民共和国立法法》的规定，我国法律体系框架主要分为三层。第一位阶为法律，指由全国人大及其常委会制定、颁布的具有法律效力的规范性文件。构建政府购买公共服务监督机制适用的主要法律有：《中华人民共和国预算法》《中华人民共和国政府采购法》《中华人民共和国民法典》《中华人民共和国公务员法》《中华人民共和国监察法》《中华人民共和国各级人民代表大会常务委员会监督法》等。第二位阶为法规，主要由国家行政法规和地方性法规组成。行政法规分为国务院行政法规和地方性法规，由国务院通过的是国务院行政法规，由地方人大常委会通过的是地方性法规。其公文种类主要包括条例、规定、办法。构建政府购买公共服务监督机制适用的主要法规有：《中华人民共和国预算法实施条例》《中华人民共和国政府采购法实施条例》《中华人民共和国政府信息公开条例》等。第三位阶为规章，规章分为国务院部门规章和地方政府规章，由国务院组成部门以部长令形式发布的是国务院部门规章，由地方政府以政府令形式发布的是地方政府规章。构建政府购买公共服务监督机制适用的主要规章有：《政府购买服务管理办法》《政府采购需求管理办法》等。此外，对于法律体系之外的一般性政府发文，也是政府购买公共服务监督基本制度框架的重要组成部分，公文种类一般为通知、意见。例如：《中共中央、国务院关于全面实施预算绩效管理的意见》《财政部关于推进政府购买服务第三方绩效评价工作的指导意见》《财政部关于坚决制止地方以政府购买服务名义违法违规融资的通知》《财政部关于政府购买服务信息平台运行管理有关问题的通知》《司法部、财政部关于建立健全政府购买法律服务机制的意见》《财政部关于印发中央本级政府购买服务指导性目录的通知》《财政部、民政部关于通过政府购买服务支持社会组织培育发展的指导意见》《财政部、中央编办关于做好事业单位政府购买服务改革工作的意见》等（见表3-1），同样适用于构建政府购买公共服务监督机制。截至目前，部分中央部委已按照国务院和财政部的要求，制定了针对本部门政府购买服务的相关制度文件和政府购买服务指导性目录，对本部门开展政府购买公共服务监督奠定了制度基础。

（二）地方层面相关制度规范

根据地方人民政府、地方财政部门、地方民政部门等官方网站的公开文件搜集整理情况来看，各级地方政府大多依据国务院、财政部和其他主管部门制定的政府购买服务制度相继制定了适用于本地区的制度文件。其中，各省级政府（含自治区、直辖市）基本已初步构建了本辖区范围内的制度框架，一些市、县级地方政府或财政部门也已经依照上级文件精神，制定了本辖区的相关制度文件。在文件中也相应设置了原则性的监督规定，为在本地区开展政府购买公共服务提供了依据。鉴于地方性制度文件数量繁多，本书仅就部分省级（含自治区、直辖市）政府购买公共服务监督相关主要制度文件进行整理归集，以此说明地方政府制度建设情况（见表3-2）。透过对众多地方政府文件的研究我们发现，各地方基层政府购买公共服务的制度建设大多仍处于模仿复制上级政府制度文件阶段，缺少在国家法律法规和上级制度框架之下因地制宜进行制度创新，在政府购买公共服务监督方面也缺少可操作性强的措施规定。

表3-2 部分省级（含自治区、直辖市）政府购买服务监督相关主要制度文件

地区	文件名称	发文字号	发布日期
北京	北京市财政局关于印发《北京市政府购买服务预算管理办法（修订）》的通知	京财综〔2020〕510号	2020.03.30
	北京市民政局、北京市机构编制委员会办公室、北京市财政局、北京市人力资源和社会保障局《关于积极推行政府购买服务进一步加强基层社会救助经办服务能力建设的实施意见》	京民社救发〔2018〕313号	2018.08.15
	北京市财政局《关于公开北京市市级有关部门政府购买服务指导性目录的通知》	京财综〔2019〕1320号	2017.08.03
	北京市民政局关于印发《北京市承接政府购买服务社会组织资质管理办法》的通知	京民社发〔2015〕238号	2015.07.06
上海	上海市财政局关于印发《上海市政府购买服务管理办法》的通知	沪财发〔2021〕3号	2021.05.21
	上海市民政局等《关于积极推行政府购买服务加强基层社会救助服务能力的实施意见》	沪民救发〔2019〕3号	2019.02.03
	上海市科委关于印发《上海市科学技术委员会政府购买服务实施办法》的通知	沪科〔2016〕59号	2016.03.11
重庆	重庆市财政局关于印发《重庆市政府购买服务第三方绩效评价实施办法（试行）》的通知	渝财规〔2019〕12号	2019.10.31
	重庆市人民政府办公厅关于印发《重庆市政府购买服务暂行办法》的通知	渝府办发〔2014〕159号	2014.12.12
河北	河北省财政厅、河北省工业和信息化厅关于印发《省级工业和信息化政府购买服务指导性目录》的通知	冀财建〔2021〕215号	2021.12.20
	河北省财政厅、中共河北省委机构编制委员会办公室关于印发《中共河北省委机构编制委员会办公室政府购买服务指导性目录》的通知	冀财行〔2020〕132号	2020.09.16
	河北省财政厅、河北省扶贫开发办公室关于修订《河北省扶贫部门政府购买服务指导性目录》的通知	冀财农〔2019〕136号	2019.11.29

续表

地区	文件名称	发文字号	发布日期
山西	山西省人民政府办公厅关于印发《山西省政府购买服务实施办法》的通知	晋政办发〔2021〕12号	2021.02.04
内蒙古	内蒙古自治区财政厅、内蒙古自治区民政厅《关于做好社会组织承接政府购买服务有关事宜的通知》	内财综〔2015〕1689号	2015.10.26
辽宁	辽宁省财政厅、辽宁省民政厅关于印发《辽宁省财政厅辽宁省民政厅关于通过政府购买服务支持社会组织培育发展的实施意见》的通知	辽财综〔2017〕405号	2017.08.08
辽宁	辽宁省财政厅、辽宁省民政厅、辽宁省工商行政管理局关于印发《辽宁省政府购买服务暂行办法》的通知	辽财综〔2015〕945号	2015.12.08
吉林	吉林省财政厅《关于进一步做好政府购买服务工作有关问题》的通知	吉财综〔2020〕311号	2020.04.28
吉林	吉林省民政厅、吉林省机构编制委员会办公室、吉林省财政厅等部门《关于积极推行政府购买服务加强基层社会救助经办服务能力的实施意见》	吉民发〔2018〕21号	2018.03.23
黑龙江	黑龙江省民政厅《关于落实政府购买服务强化基层社会救助经办服务能力的实施意见》	黑民规〔2018〕6号	2018.03.27
江苏	江苏省财政厅《关于贯彻落实〈政府购买服务管理办法〉规范做好政府购买服务工作的通知》	苏财购〔2020〕34号	2020.05.11
浙江	浙江省财政厅《关于进一步加强和规范政府购买服务管理的通知》	浙财综〔2021〕19号	2021.05.12
浙江	浙江省财政厅关于印发《浙江省深化政府购买服务第三方绩效评价工作试点实施方案》的通知	浙财综〔2019〕19号	2019.04.15
安徽	安徽省财政厅关于印发《安徽省政府购买服务绩效管理办法》的通知	皖财综〔2022〕274号	2022.03.22
福建	福建省民政厅、中共福建省委机构编制委员会办公室、福建省财政厅、福建省人力资源和社会保障厅《关于积极推行政府购买服务加强基层社会救助经办服务能力的实施意见》	闽民保〔2018〕58号	2018.04.12
山东	山东省财政厅《关于进一步加强政府采购和政府购买服务监管工作的意见》	鲁财采〔2022〕3号	2022.04.29
山东	山东省财政厅关于印发《山东省政府购买服务管理实施办法》的通知	鲁财采〔2021〕10号	2021.05.21

续表

地区	文件名称	发文字号	发布日期
山东	山东省财政厅关于印发《山东省政府购买服务竞争性评审和定向委托方式管理办法》的通知	鲁财采〔2020〕8号	2020.02.27
湖南	湖南省财政厅关于印发《湖南省政府购买服务管理实施办法》的通知	湘财综〔2020〕6号	2020.07.12
湖南	湖南省财政厅《关于行业协会商会经费支持方式改革和承接政府购买服务工作有关问题的通知》	湘财综〔2016〕4号	2016.03.03
湖北	湖北省民政厅、湖北省财政厅、湖北省人力资源社会保障厅、湖北省机构编制委员会办公室《关于积极推行政府购买服务加强基层社会救助经办服务能力的实施意见》	鄂民政发〔2018〕7号	2018.04.09
广东	广东省财政厅关于印发《省本级政府购买服务指导性目录》的通知	粤财行〔2022〕111号	2022.10.26
广东	广东省财政厅关于印发《省直机关政府购买服务信息公开管理暂行办法》的通知	粤财行〔2019〕10号	2019.01.27
广东	广东省民政厅、中共广东省委机构编制委员会办公室、广东省财政厅、广东省人力资源和社会保障厅《关于积极推行政府购买服务加强基层社会救助经办服务能力的实施意见》	粤民发〔2018〕170号	2018.12.07
广西	广西壮族自治区人力资源和社会保障厅关于印发《广西壮族自治区人力资源和社会保障系统政府购买服务指导目录》的通知	桂人社发〔2021〕17号	2021.05.07
广西	广西壮族自治区财政厅关于印发《政府购买服务信息公开管理暂行办法》的通知	桂财综〔2017〕29号	2017.03.28
四川	四川省财政厅关于印发《四川省政府购买服务管理办法》的通知	川财规〔2021〕15号	2021.12.17
四川	四川省财政厅《关于进一步做好乡镇政府购买服务工作的实施意见》	川财综〔2021〕28号	2021.12.16
四川	四川省财政厅关于印发《四川省省级决策咨询政府购买服务管理办法（暂行）》的通知	川财综〔2020〕1号	2020.01.06
贵州	贵州省民政厅、贵州省编委办、贵州省财政厅、贵州省人力资源社会保障厅《关于积极推行政府购买服务加强基层社会救助经办服务能力的实施意见》	黔民发〔2018〕3号	2018.02.09

续表

地区	文件名称	发文字号	发布日期
贵州	贵州省财政厅《关于进一步完善政府购买服务信息报送机制的通知》	黔财综〔2017〕7号	2017.02.15
陕西	陕西省财政厅关于印发《省本级政府购买服务指导性目录》的通知	陕财办综〔2021〕33号	2021.11.02
青海	青海省人民政府办公厅关于印发《青海省政府购买服务实施办法》的通知	青政办〔2020〕82号	2020.11.14
海南	海南省民政厅、海南省机构编制委员会办公室、海南省财政厅、海南省人力资源和社会保障厅《关于积极推行政府购买服务加强基层社会救助经办服务能力的实施意见》	琼民发〔2018〕4号	2018.01.05

资料来源：根据地方人民政府、地方财政部门、地方民政部门等官方网站的公开文件搜集整理所得，搜集截至2023年8月21日。

三、对现有政府购买公共服务监督制度体系的基本评价

由前述可概悉我国政府购买公共服务监督制度体系的一般性全貌，可以预见的是，随着我国政府购买公共服务制度体系的日渐完善，我国政府购买公共服务监督机制的建立和运行可以依法依规遵照执行的制度依据也必将更加全面具体。但截至目前，我国政府购买公共服务监督制度体系仍未健全，亟须继续加紧完善。

（一）现有制度体系为开展政府购买公共服务监督提供了基本遵循

从整体上看，我国现有政府购买服务的法律法规和制度文件，在明确政府购买公共服务的主管部门、购买主体、承接主体、监督主体、需求决策、预算管理、方式程序、合同管理和绩效管理等方面构成了体系化的制度规范，为开展政府购买公共服务监督提供了比较可靠的法律和制度依据。其中，《中华人民共和国预算法》《中华人民共和国政府采购法》《中华人民共和国民法典》等法律，为政府购买公共服务进行全过程监督提供了坚实的法律基础。而《中华人民共和国预算法实施条例》《中华人民共和国政府采购法实施条例》《中华人民共和国政府信息公开条例》《政府购买服务管理办法》《政府采购需求管理办法》等法规制度，统领了全国政府购买公共服务制度的运行

要求，指引了各级政府主管部门的政策制度相继建立，最终形成了我国政府购买公共服务的基本制度体系，为构建多元主体共同参与的政府购买公共服务全过程监督机制和开展实际监督工作提供了基本制度遵循。

（二）现有监督制度规定大多属于原则性制度条款

从现有制度的内容上看，无论哪一级政府部门出台的政府购买服务相关政策制度，在政府购买公共服务监督方面，基本均为原则性规定，更具操作性的制度条款比较缺乏，对如何构建更加行之有效的政府购买公共服务监督机制并保证其有效运转缺少明确规定。虽然在部分领域的政府购买服务制度中规定了财政部门、主管部门、市场监管部门、审计部门等应当协调配合的条款，但这些条款更多体现在如何完成政府购买服务过程，而对这些政府职能部门在购买服务全过程中各自应当承担的监督职责以及如何相互配合则较少涉及。应当说，这种原则性规定给各级政府实施政府购买公共服务监督留下了较大灵活创新的余地，但在各方面尚未高度重视监督工作的情形下，缺少实质性监督就成为比较普遍的现象。

（三）政府购买公共服务监督的相关规定权威性不足

现有制度对各类主体的监督职能和监督范围缺少明确规定，除财政部门外的其他各类主体在监督权方面未加确认，导致各类主体在选择监督或者不监督之间的自主空间较大，再加上法律制度中亦没有充分的法律条款作为指引和参照，致使各方监督主体在监督博弈实践中底气不足。特别是对于作为政府购买公共服务对象的社会公众，由于在掌握信息和资源分配中的话语权最为弱势，甚至不愿或难以公开提出异议，其对其他参与政府购买公共服务的各方主体行为的监督往往处于虚置状态。即便是《政府购买服务管理办法》（财政部令第102号）规定了"有关部门应当建立健全政府购买服务监督管理机制。购买主体和承接主体应当自觉接受财政监督、审计监督、社会监督以及服务对象的监督"这样的条款，但其中使用的两个"应当"，决定了对监督主体参与监督和被监督主体接受监督的强制性不足，对未做到"应当"建立健全政府购买服务监督管理机制，以及未做到"应当"自觉接受监督的购买主体和承接主体将受到怎样的处罚也并未提及。这种制度条款中使用的词语，虽然体现了制度的灵活性和可塑性，但也说明我国尚未建立规范有序的政府购买公共服务监管机制。综合来看，现有政府购买公共服务的法律和制度规定各主体之间所获得的监督权力资源并未形成明显的监督势能，导致规则上的两个"应当"往往在实际监督活动中难以得到真正的落实。

（四）尚未形成与全过程预算绩效管理相互融合的政府购买公共服务监督机制

在财政管理上，政府购买公共服务通常是以项目支出的形式进行的。同一般项目管理过程一样，政府购买公共服务项目也包括立项决策、项目实施和实施结果等几个环节，因此，对其进行监督也应该按照项目管理全过程分为事前监督、事中监督和事后监督。根据《中共中央、国务院关于全面实施预算绩效管理的意见》，要将绩效理念和方法深度融入各类财政支出项目的预算编制、预算执行和执行结果的全过程，构建事前、事中和事后绩效管理的闭环系统。但当前我国政府购买公共服务项目监督存在的主要问题，是尚未形成与财政的全过程预算绩效管理缺乏相互融合机制。现实中，政府购买公共服务监督工作更加侧重于非连续性的专项监督检查和惩治性的事后监督，监督的重点主要是影响面大的重大或重点项目，而众多分散、小额、涉及公众范围不大的项目尚未真正纳入监督范围，监督内容主要注重的是购买主体在购买过程中程序的合法合规，承接主体的履约行为是否合法合规，事后是否暴露出违法违规行为等，而对于政府购买公共服务的需求决策是否合理、购买服务预算是否更具社会效益、财政资金的使用是否更加经济、公共服务的提供方式是否更具效率、公共服务的提供质量是否更高水平、对社会产生的影响力是否更加具长久性等关键性问题则缺乏全过程监督。虽然现阶段财政的事前预算评估已经得到越来越多的重视，但其监督的主体主要来自第三方和专家，并且因为项目众多，无法实现每个政府购买公共服务项目，不论规模大小，全部聘请第三方机构由专家进行事前评估，导致现实中绝大部分政府购买公共服务项目并没有进行事前绩效评价，多数购买主体往往也没有开展事中的绩效监控，使政府购买公共服务出现供给与需求错位，以及项目在实施过程中出现一定程度的目标偏移就难以避免，公共服务提供的效果也会随之大打折扣，甚至一些违法违规问题在成为事实后才被发现，没有做到早发现、早治理、早防范，给公共利益造成了损失。可以看出，由于常态化监督与绩效管理之间缺乏相互融合，就很难达到两种工具相互配合共同维护公共利益的良好效果。

第四章 政府购买公共服务的主体关系辨析

纵观整个政府购买公共服务活动，其所涉及的各方主体主要包括购买主体（政府部门）、承接主体（企业、事业单位和社会组织等，本书统称为各类社会组织）、服务对象（社会公众）以及监督主体（权力部门、各类监管部门及第三方机构）。在政府购买公共服务过程中，各方主体之间存在着复杂的关系，由于各方主体的目标追求不完全一致，各方既要彼此合作又存在相互冲突。其中，作为购买主体的政府部门希望通过政府购买公共服务减轻原应由自身承担的公共服务供给压力，在缺乏监督的情形下，其对公共服务供给质量和效率的提升期望并不强烈；作为承接主体的社会组织目标在于通过承接政府购买公共服务项目获取收益，在缺乏监督的情形下，其追求自身利益最大化的冲动是难以抑制的；社会居民作为政府购买公共服务的原始购买者和最终受益者，自然希望政府部门或者承接主体能够提供更多更优质的公共服务，但由于公共服务的非竞争性和非排他性特征所形成的"搭便车"现象，使其参与监督的动力不足；监督部门关注的是财政支出的效率问题作为财政支出效率的载体，公共服务的质量和效率自然就是其关注的对象。正是由于政府购买公共服务中各主体目标不同，各方的行为动机各不相同。作为购买主体的政府部门倾向于获取更多的财政支持，以便进行更多的政府购买公共服务以减轻自身负担；社会组织则倾向于利用较低的报价或者其他手段来承接政府购买公共服务项目，且仅仅维持合同最低水平提供公共服务；以财政部门为代表的监督部门和居民的目标相对一致，二者之间也存在一定的偏差，监督部门并不会完全按照居民的要求进行尽责监督。由于独立性、监督成本等问题的影响，监督部门对实施政府购买公共服务的政府部门和作为承接主体的社会组织实施监督，但是监督并不一定是有效的；而社会居民缺乏监督的动力，则会导致其监督权的"虚置"。为进一步分析各方主体在监督问题上的行为动机，我们通过构建政府购买公共服务各方博弈模型，分析和判断购买主体、承接主体、监督主体以及社会公众之间存在的合作与冲突关系，充分识别政府购买公共服务过程中存在的各种风险，揭示构建政府购买公共服务全过程监督机制的必要性和紧迫性。

一、政府购买公共服务的多元主体构成

如上所述，政府购买公共服务过程中，购买主体、承接主体、监督主体和社会公众四方都是参与者。其中，政府购买公共服务的购买主体是各级国家机关。承接主体是依法成立的企业、社会组织（不含由财政拨款保障的群团组织），公益二类和从事生产经营活动的事业单位，农村集体经济组织，基层群众性自治组织，以及具备条件的个人。[1] 从理论上讲，监督主体包括了社会公众，但是由于监督权限的来源和监督责任的不同，一般认为，购买主体和承接主体应当接受财政监督、审计监督、社会监督以及服务对象的监督[2]，此外，由于涉及财政预算等，政府购买公共服务还要受到各级人大的监督。社会公众作为政府购买公共服务的原始付费者和最终的消费者，天然拥有监督权力。从理论上讲，由于主体目标和行动意图存在冲突，在政府购买公共服务活动中，各方主体不断博弈，寻求通过改变博弈均衡使自己的处境更好。

（一）购买主体

政府购买公共服务中，各级国家机关作为购买主体，提出政府购买公共服务具体需求。一般而言，政府购买公共服务范围应当根据政府部门的职能任务和履职范围确定，并与经济社会发展水平相适应。开展政府购买公共服务工作，应当根据购买公共服务的内容特点、市场条件等因素，按照方式灵活、程序合法、公开透明、竞争有序、物有所值的原则组织实施。从实际购买需求看，购买的服务需求主要通过确定为社会公众服务的项目来体现。一旦由于政府部门不能完全准确掌握公众的公共服务偏好或者出于特殊目的的选

---

[1] 《政府购买服务管理办法》（财政部令第102号）第五条、第六条，2020年1月3日。
[2] 《政府购买服务管理办法》（财政部令第102号）第三十条，2020年1月3日。

择性忽略公众偏好，那么为社会公众服务项目的需求完全由政府部门单方面设置，便会出现最终购买者偏好被不准确替代的问题。

（二）承接主体

社会组织作为承接主体，承担了公共服务的具体生产与供给。一般而言，承接主体除了具备政策法规规定的承接主体资格之外，还需要满足一定的条件才能参与政府购买服务活动①。拥有"经济人"属性的社会组织，在参与政府购买公共服务过程中是天然逐利的，必然为获取承接主体资格展开一系列竞争。在政府购买公共服务实际工作中，参与政府购买公共服务采购竞标的社会组织数量众多，如果监督缺位或者监督力度较弱，将难以遏制政府购买公共服务承接主体选择过程中社会组织之间的无序竞争，甚至有可能诱发寻租等行为。当通过不正当竞争手段上位的社会组织大量存在于政府购买公共服务市场时，必然会让真正合格且有社会责任感的优质社会组织黯然离场，最终极有可能在政府购买公共服务市场中出现"劣币驱逐良币"的现象。

（三）监督主体

根据《政府购买服务管理办法》（财政部令第102号），直接参与政府购买公共服务活动的购买主体和承接主体应当接受财政监督、审计监督、社会监督以及服务对象的监督，因政府购买资金来自公共财政，显然各级人大也成为监督主体。因此，各级人大、财政部门、审计部门和社会公众即为监督主体。其中，社会公众作为原始的付费者和最终的消费者，其与法定必须对政府购买公共服务履行监督职责的财政部门和审计部门存在天然的差异，所以我们将对社会公众在政府购买公共服务中的地位单独论述。

从政府内部监督主体来看，现行制度明确规定的政府购买公共服务主管部门——财政部门的监督应该是全面的，贯穿政府购买服务的需求确定、预算编制、购买决策、购买方式、合同管理和绩效评价等各阶段和环节，以确保监督依据明确、监督程序完善以及监督内容全面，促使政府购买公共服务

---

① 《政府购买服务管理办法》（财政部令第102号）第七条规定："政府购买服务的承接主体应当符合政府采购法律、行政法规规定的条件。""购买主体可以结合购买服务项目的特点规定承接主体的具体条件，但不得违反政府采购法律、行政法规，以不合理的条件对承接主体实行差别待遇或者歧视待遇。"

制度的平稳运行。审计部门则要对政府购买公共服务的决策程序和资金使用进行专业监督。在对离任官员开展经济责任审计过程中，关注其在政府购买公共服务过程中决策、审批等的合法合规性；在政府部门内部审计和预算执行外部审计过程中，关注政府购买公共服务的程序、预算执行以及委托代理合同的合法合规性的合法性，并广泛开展政府购买公共服务绩效审计和评价，合理评估政府购买公共服务绩效。从政府外部监督主体来看，人大是国家最高权力机关，是代表广大人民的根本利益对政府购买公共服务行使监督权力的最高权威机关，各级人大常委会机关对政府购买公共服务的决策机制、预算管理、购买程序、服务质量、效益效果等实施的权力监督，既是行使宪法赋予的对政府行为监督的权力，又是人大维护公众利益的具体体现。在我国，所有党员领导干部都要接受党章党纪的监督，所有公职人员和有关人员都要接受国家监察监督。因此，党的纪律检查机关和国家监察机关也都是政府购买公共服务的监督主体，都要对各方博弈展开各自角度的监督。为保证监督更加客观有效，现实中财政部门往往会委托第三方机构对政府购买服务项目进行预算绩效监督，所以第三方机构也是政府购买公共服务的外部监督主体，能够帮助财政部门、人大等监督机构开展专业化的监督。

（四）社会公众

随着民主法制的深入人心，社会公众的参与意识逐渐提升，特别是在当前我国高度重视发展全过程人民民主的大背景下，人民群众越来越多地主动参与到各项社会治理活动之中，在国家的民主政治生活中扮演着越来越重要的角色。作为政府购买公共服务的原始付费者和最终消费者，社会公众天然就应该是重要的监督者角色。让政府购买公共服务全过程在阳光下运行，接受社会公众的监督，能够有效防范与遏制权力腐败和滥用，对政府和提供公共服务的供应商能够形成有效的约束机制，促进提高政府购买的实际效果，推动实现政府购买公共服务的效益目标。此外，通过社会公众对政府购买公共服务的监督，有助于政府更好地树立公共责任意识，使整个购买过程形成各个利益主体相互博弈和相互制衡的格局，促使政府部门在进行公共服务购买活动时，要充分考虑作为公共服务消费者的社会公众的利益诉求，确保公共服务的提供是符合公众需求的，从而达到供给与需求之间的均衡。

二、政府购买公共服务的多元主体关系

(一) 多元主体之间的合作与冲突

在政府购买公共服务实践过程中,购买主体、承接主体、监督主体和社会公众之间形成了错综复杂的关系。基于研究的需要,我们对政府购买公共服务中的多元主体之间的相互关系进行了必要的推演和抽象之后,形成了下述关系网络,即多元主体间的合作与冲突关系(见图4-1)。

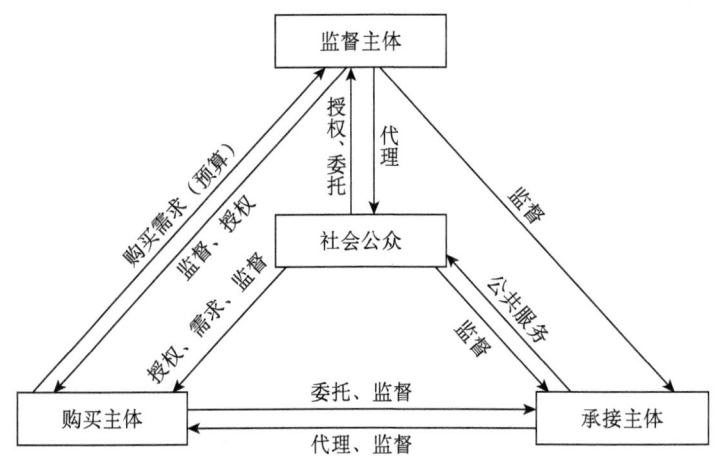

图4-1 政府购买公共服务多元主体关系网络

第一,购买主体和承接主体之间主要体现为委托代理关系,即购买主体为履行政府向公众提供公共服务职能向社会力量购买公共服务,而社会组织作为承接主体接受委托承担公共服务供给任务,由此,购买主体与承接主体之间就达成了委托代理的合作关系。但是,由于购买主体进行公共服务购买活动的根本目的,是向社会公众提供公共服务,为不以营利为目的的公益性目标,而社会组织参与政府购买公共服务的出发点是为了获取收益,两者追求目标的差异性,使它们之间存在着天然的矛盾冲突。一方面,根据委托代理理论,在信息不对称的前提下,承接主体极有可能出现"道德风险"和"逆向选择",因此,作为委托人的购买主体为防止代理人因趋利动机在公共服务的生产和提供中出现行为偏差,就必须加强对作为代理人的承接主体的监督。另一方面,各个社会组织为了在承接政府购买公共服务的竞争中胜出,

防止购买主体与其他竞争者利用行贿受贿等手段达成某种暗箱交易破坏公平竞争,必然也会监督购买主体的购买行为是否公正公平,以及其他竞争者的竞争行为是否破坏市场规则,从而反向监督购买主体和其他承接主体。由此可见,购买主体与承接主体之间由各自立场出发所形成的利益冲突。

第二,人大、财政等监督主体作为政府购买公共服务的监督者,对购买主体和承接主体都负有监督职责。其中,监督主体对承接主体提供公共服务的数量、质量和效率进行监督,与购买主体的监督共同构成对承接主体的官方监督,由此形成了监督主体与购买主体间的合作关系。监督主体对购买主体的监督职责主要体现在监督购买主体是否按照公开、公正、公平的原则规范地选择承接主体,是否最大限度行使了对承接主体的监督职责,是否有效保证了公共服务的有效供给等。此外,在购买主体提出购买需求和相应的预算之后,监督主体还对购买主体进行授权①,授权其向承接主体购买公共服务。可以看出,由于监督主体与购买主体之间也存在委托代理关系,面对监督与被监督的关系,作为代理人的购买主体也可能利用信息不对称的优势,从预算安排、过程监管、质量效益等方面尽量减轻监督主体对自己监督的力度,以保持自身最大限度的自由裁量权,由此监督主体与购买主体之间也存在着监督与被监督之间的相互冲突。

第三,作为政府购买公共服务的原始付费者和最终消费者,社会公众作为承接主体提供公共服务的受益者,对公共服务提供的优劣程度具有最为直接的感受和发言权,因而具有天然的监督权力。作为最初的付费者,社会公众可以通过各种渠道向购买主体表达公共服务需求,同时对政府购买主体进行赋权并监督其在购买公共服务过程中的行为。人民代表大会制度是我国人民民主专政的政权组织形式,是我国的根本政治制度,社会公众作为原始的付费者,和监督主体之间本质上也是委托代理关系,即委托财政部门等监督主体作为其代理人对政府购买公共服务购买主体和承接主体进行监督。此时,购买主体和监督主体与社会公众之间存在着委托代理的合作关系。但由于监督主体出于时间、精力、监督难度和自身动力等原因而缺乏监督的主观能动性时,社会公众希望监督主体加强监督的愿望就可能被敷衍或落空,由此形成了愿望达成与回应诉求之间的冲突。

---

① 包括财政部门批准预算和各级人大审查预算等。

（二）各类主体内部关系及风险分析

在政府购买公共服务实践中，由于同类参与主体内部还存在着相互关系，共同影响着政府购买公共服务活动的实施效果。为此，我们将进一步对政府购买公共服务活动主要参与主体展开内部分析，以判断它们在缺少监督的情形下可能出现的行为偏差。

1. 对购买主体内部的分析

各级国家机关作为购买主体，提出政府购买公共服务的具体需求，是政府购买公共服务的发起者。由于政府部门有天然的扩张冲动，因此，与政府职能相关的政府购买各项服务也就有自动谋求扩大的冲动，各政府机关都会谋求更多的财政预算支持进而达成政府购买公共服务规模的扩大。为分析政府部门在政府购买公共服务过程中的行动和相互之间的关系，本书假设政府部门内部参与政府购买公共服务决策的为决策者 A 和决策者 B①，二者都有权影响招投标的最终结果。假设将公共服务供给责任转嫁给社会组织（或者因为社会组织承担辅助性工作而减轻自身压力）而获得的可衡量收益为 μ。由于该收益仅为责任转嫁的收益，其不会因为可能的违规行为（寻租、利益输送等可能改变承接主体资格的行为）的存在而受损。在选择第三方组织决策过程中，如果某一方存在上述违背公平公正原则的行为，那么决策者将获得 l 的收益②，其总收益为 $\mu+l$，不采取违规行为的一方收益为 μ。如果两位决策者都不存在违规行为，那么二者的收益均为 μ。假设在同一项政府购买公共服务过程中，违规的一方将主导投标的结果，其他未违规决策者对投标的结果并无倾向性③。通过上述分析，在监管缺位的情况下，政府部门决策者在政府购买公共服务中的支付矩阵见表 4-1。

表 4-1　　　　　　　　监督缺失条件下决策者支付矩阵

		决策者 B	
		违规	不违规
决策者 A	违规	$(\mu+l,\ \mu+l)$	$(\mu+l,\ \mu)$
	不违规	$(\mu,\ \mu+l)$	$(\mu,\ \mu)$

---

① 假设政府部门内部实行集体决策。
② 等于社会组织的行贿金额或者由于利益输送交换等行为获得的收益。
③ 假定参与政府购买公共服务竞争的社会组织在过往业绩以及报价方面是同质的，不存在实质性的区别，且在其获得公共服务供给权利之后，所采取的行动和产生的效果可以预计是一致的。

通过重复剔除占优均衡的方法求解上述矩阵，可以发现只要满足 $l \geqslant 0$ 的条件，那么上述博弈的均衡必然是（违规，违规）。由于违规收益 l 即为社会组织行贿成本，显然 $l \geqslant 0$ 的条件是一定满足的。所以在缺乏强有力监督的情形下，政府部门决策者违规极有可能是一种必然的选择①。

通过以上分析可以发现，从购买主体的角度看，在缺乏必要监督的情形下，政府部门作为预算单位，都有天然扩大政府购买服务规模的冲动。从部门内部看，如果缺乏必要的监督和惩戒措施，那么按照理性"经济人"假设，具有决策权的政府部门负责人可能会选择利用寻租、利益交换等方式在实现部门效益的同时谋求个人效益最大化。此外，从购买主体之间看，由于预算资源有限，作为购买主体的政府部门必然存在因公共服务购买权力进而开展对预算资源的竞争，在现实中更多地体现为政府部门之间管辖权范围的争夺。

2. 对承接主体内部的分析

社会组织作为承接主体，承担了公共服务的具体供给任务。《政府购买服务管理办法》规定，"购买主体应当根据购买内容及市场状况、相关供应商服务能力和信用状况等因素，通过公平竞争择优确定承接主体"，其中包括公开招标、邀请招标、竞争性谈判、单一来源采购等方式。在部分情形下，特殊的选聘方式导致某些购买服务的竞争者数量不足，一般是由于公共服务的某些特殊性，但是在大部分情况下，政府购买公共服务的招标项目都会吸引相当数量的社会组织参与竞争。

在政府购买公共服务实际工作中，参与政府购买公共服务采购竞标的社会组织数量众多。虽然通过竞争性方式选择政府购买公共服务承接主体是引入市场机制的最重要表现，但是如果监督缺位，也会带来较大风险。一方面，监督缺位可能会导致政府购买公共服务招投标过程中社会组织之间的无序竞争，特别是在低价中标的情形下，最后会由于供给成本的限制，中标单位提供的公共服务效率较低或者质量缩水；另一方面，承接主体在选择过程中，专业组织之间激烈的竞争还会诱发行贿受贿等乱象的出现。

为了分析的需要，我们将参与政府购买公共服务竞标的社会组织简化为两家，二者为成为政府购买公共服务承接主体进行竞争。其竞争的手段除了

---

① 这里的结论基于理论推导得出的，不涉及价值判断，现实中要受到较多制约。

过往业绩的陈述以及降低报价外,欺诈①、行贿、利益输送等不正当竞争手段都可能是行之有效的。同时,本章假设对政府购买公共服务缺乏必要的监督,所以社会组织违规竞标②行为不会被发现进而引致处罚。根据以上条件,假设参与政府购买公共服务的社会组织为组织 A 和组织 B,二者为争夺某项公共服务的供给权利而展开竞争。上述两个组织在过往业绩以及报价方面是同质的,不存在实质性的区别。假设社会组织为中标而对购买主体进行行贿(或者采取利益输送等其他不正当竞争手段)成本为 l,获得的公共服务供给权利带来的收益③为 a。如果社会组织 A 和社会组织 B 中一方采取不正当竞争手段而另一方不采取不正当竞争手段,那么采取不正当竞争手段的一方将获得政府购买公共服务的承接主体地位,其收益为 $a-l$,而另一方的收益为 0。如果组织 A 和组织 B 同时采取行贿等不正当竞争手段进行竞争,发标方会随机在二者之间做出选择。由于之前假定参与竞争的社会组织是同质的,所以二者获得承接主体地位的概率都是 $\frac{1}{2}$,那么在本博弈中,二者的收益如下:

$$\frac{1}{2} \times (a-l) + \frac{1}{2} \times (-l) = \frac{1}{2}a - l$$

如果组织 A 和组织 B 双方都不采取不正当竞争手段,与同时采取不正当竞争手段时的情形类似,购买主体将在二者之间随机选择,两个组织获得承接主体地位的概率都为 $\frac{1}{2}$,那么二者的收益均为 $\frac{1}{2}a$。依照上述分析,在本博弈中,二者的支付矩阵见表 4-2。

表 4-2　　　　　　　　监督缺失条件下社会组织支付矩阵

		社会组织 B	
		不正当竞争	正当竞争
社会组织 A	不正当竞争	$\left(\frac{a}{2}-l, \frac{a}{2}-l\right)$	$(a-l, 0)$
	正当竞争	$(0, a-l)$	$\left(\frac{a}{2}, \frac{a}{2}\right)$

---

① 过度粉饰其过往业绩或者夸大其承接能力等。
② 政府购买委托过程可能采取招投标、竞争性谈判等多种形式,但是招投标是最为常见的形式。
③ 社会组织参与政府购买公共服务的获利。

参与政府购买公共服务采购竞标的社会组织都是理性的,二者的策略选择将基于经济上是否合算进行。求解上述博弈,只要为获得承接主体资格而采取不正当竞争手段所付出的成本 l 不超过获得政府购买公共服务承接主体地位收益 a 的一半,那么博弈的均衡就是二者都采取不正当竞争手段的策略,即(不正当竞争,不正当竞争)[1]。反之,如果公共服务供给主体资格带来的收益 a 小于等于为采取不正当竞争手段所付出的成本 l,该博弈的均衡将变为二者都不采取不正当竞争手段,即(正当竞争,正当竞争)。如果组织 A 和组织 B 都不采取不正当竞争手段行为,二者的收益都为 $\frac{a}{2}$,显然比选择采取不正当竞争手段均衡条件下均衡收益 $\frac{a}{2-l}$ 要大。

政府购买公共服务每年都会进行多轮次,领域内参与竞标的社会组织会进行反复竞争。如果社会组织达成默契,不再为争夺政府购买公共服务承接主体地位而采取不正当竞争手段,而是达成协议让购买主体自由选择,会在一定程度上改善其收益状况。那么这种默契的稳定性如何,参与竞争的社会组织是否有足够的动力维持这种默契,取决于多次重复博弈收益的现值对比。为了简化分析,假设参与竞标的社会组织在首次竞争就达成了某种默契,在之后的竞争中双方都不打破这种默契,这种默契将一直持续。如果某一方单方面打破这种默契转而采取不正当竞争手段进行竞标,那么这种默契将不复存在。在无限博弈中,假设贴现率为 ρ 并且保持不变。如果双方保持默契并且维持这种关系,假设在第 n 期仍然维持合作,那么双方的收益见表 4-3。

表 4-3　　　　　　　　社会组织保持默契的收益

时期	收益值	收益现值
第一期	$\frac{a}{2}$	$\frac{a}{2}$
第二期	$\frac{a}{2}$	$\frac{a}{2}\rho$
第三期	$\frac{a}{2}$	$\frac{a}{2}\rho^2$
……	……	……
第 n 期	$\frac{a}{2}$	$\frac{a}{2}\rho^{n-1}$

---

[1] 随着国家法制的健全以及监督检查机制的完善,招投标领域的行贿受贿行为并非常态。

如表4-3所示，如果选择保持默契都不采取不正当竞争手段，第一阶段博弈的结果是（不正当竞争，不正当竞争），那么双方的收益均为$\frac{a}{2}$，收益现值也是$\frac{a}{2}$。第二阶段博弈的结果依然是（不正当竞争，不正当竞争），收益是$\frac{a}{2}$，收益现值是$\frac{a}{2}\rho$。一直到第n阶段，其收益为$\frac{a}{2}$，现值是$\frac{a}{2}\rho^{n-1}$。保持默契的总现值如下：

$$\frac{a}{2} + \frac{a}{2}\rho + \frac{a}{2}\rho^2 + \cdots + \frac{a}{2}\rho^{n-1}$$

$$= \lim_{n \to \infty} \frac{a}{2} \cdot \frac{1-\rho^n}{1-\rho}$$

$$= \frac{a}{2} \times \frac{1}{1-\rho}$$

$$= \frac{a}{2(1-\rho)}$$

如果合作双方有一方选择打破这种默契而采取不正当竞争手段，在另一方没有打破默契的时候采取了不正当竞争手段的竞争策略，其第一阶段的收益为$a-l$，现值为$a-l$。随后双方都选择打破默契，那么首先选择采取不正当竞争手段的社会组织的收益见表4-4。

表4-4　　　　　　　　社会组织打破默契的收益

时期	收益值	收益现值
第一期	$a-l$	$a-l$
第二期	$\frac{a}{2}-\frac{l}{2}$	$\left(\frac{a}{2}-\frac{l}{2}\right)\rho$
第三期	$\frac{a}{2}-\frac{l}{2}$	$\left(\frac{a}{2}-\frac{l}{2}\right)\rho^2$
……	……	……
第n期	$\frac{a}{2}-\frac{l}{2}$	$\left(\frac{a}{2}-\frac{l}{2}\right)\rho^{n-1}$

如表4-4所示，如果选择打破默契，第一阶段博弈的结果是（正当竞争，不正当竞争），那么采取行贿策略的社会组织收益为$a-l$，现值也是$a-l$，另一方的收益和现值都是0。第二阶段博弈的结果变为（正当竞争，正当竞争），收益变为$\frac{a}{2}-\frac{1}{2}$，现值是$\left(\frac{a}{2}-\frac{1}{2}\right)\rho$。一直到第$n$阶段，其收益为$\frac{a}{2}-$

$\frac{1}{2}$，现值是$\left(\frac{a}{2}-\frac{1}{2}\right)\rho^{n-1}$。首先选择打破默契的社会组织的收益总现值如下：

$$(a-l)+\left(\frac{a}{2}-\frac{l}{2}\right)\rho+\left(\frac{a}{2}-\frac{l}{2}\right)\rho^2+\cdots+\left(\frac{a}{2}-\frac{l}{2}\right)\rho^{n-1}$$

$$=(a-l)+\lim_{n\to\infty}\left(\frac{a}{2}-\frac{l}{2}\right)\times\frac{1-\rho^n}{1-\rho}$$

$$=(a-l)+\left(\frac{a}{2}-\frac{l}{2}\right)\times\frac{1}{1-\rho}$$

$$=(a-l)+\frac{a}{2(1-\rho)}-\frac{l}{2(1-\rho)}$$

当保持默契的收益总现值大于不保持默契的总现值时，双方均不会采取不正当竞争手段，即满足：

$$(a-l)+\frac{a}{2(1-\rho)}-\frac{l}{2(1-\rho)}>\frac{a}{2(1-\rho)}$$

求解上述不等式，即满足$(a-l)(1-\rho)>\frac{1}{2}$时，社会组织才会选择保持默契，而非采取行贿的竞争策略。从上述分析可以发现，即使参与竞标的社会组织意识到双方都不行贿更加有利，但是这种默契的达成受到了一定条件限制。如果上述条件不满足，采取不正当竞争依然是最优的选择[①]。

通过以上分析可以发现，从承接主体的角度看，在缺乏必要的监督的情形下，如果存在不正当竞争或者单一来源采购等限制竞争因素的存在，那么政府购买公共服务的购买阶段可能会出现缺乏竞争的情形。但是在大多数情形下，政府购买公共服务的招标会吸引大量社会组织参加竞争，在缺乏必要监督的情形下，社会组织采取不正当竞争手段谋求承接主体地位会带来较大风险。且从长期看，这种风险将持续存在。

3. 对社会公众内部的分析

社会公众作为政府购买公共服务的原始需求人、付费人和最终的受益人，自然对政府购买公共服务有监督的权力。为分析需要，现将社会公众简化为 A 和 B 两位居民，通过监督将会提升公共服务供给的质量和数量，假设折算的收益为 r，但是监督要付出时间、精力等成本，假设监督的成本为 c，那么居民对政府购买公共服务进行监督的收益为 $r-c$。由于公共服务的非竞争性

---

① 如果从单一社会组织的角度看，理性的选择必然是从第一期开始就选择行贿。

和非排他性特征，只要有一方进行监督，另一方无论监督与否都会享受监督的收益 r。区别在于，如果另一方也进行监督，那么也将承担监督成本 c，总收益同样为 $r-c$。如果另一方不进行监督，那么其不用承担监督成本，但可以通过"搭便车"的行为获取监督收益。如果双方都选择不监督，那么成本和收益都为0，总收益也为0。通过上述分析，两位居民在政府购买公共服务监督中的支付矩阵见表4-5。

表4-5　　　　　　　　　社会公众监督支付矩阵

		居民 B	
		监督	不监督
居民 A	监督	$(r-c, r-c)$	$(r-c, r)$
	不监督	$(r, r-c)$	$(0, 0)$

监督本身对于社会公众来说属于具有正外溢性的公共物品，采取监督和不采取监督行为的居民都会获得监督带来的同等收益，监督成本却由采取监督行为的居民单独承担，理性的居民最终都会选择自己不监督而等待其他居民监督，博弈的均衡解必然是（不监督，不监督），可见在现有制度下，社会公众的监督权实际上是虚置的。这种监督缺位的主要原因在于公共服务的公共物品属性，所以是天然的。但是从制度设计角度看，社会公众监督权的虚置可以认为是存在制度设计的缺陷，即现有的制度缺乏对市场缺陷的纠正，没有设计出有效的激励制度，鼓励社会公众行使监督权力。所以，落实社会公众在政府购买公共服务中的监督权力，需要依靠制度设计的完善。

此外，其他监督主体包括人大监督、监察监督、财政监督、司法监督等，各级政府各环节职能的履行都需要接受人大监督，监察监督、财政监督和司法监督等相对独立，但是他们又会在重大违法违规案件等特定情形下形成监督合力。

（三）各类主体间关系及风险分析

1. 购买主体与监督主体关系分析

在其他条件不变的情况下，监督主体的监督使存在违规行为的决策者可能招致严厉的处罚。同时，由于政府购买公共服务项目较多，一般可以认为，并不是所有的政府购买公共服务主体的违规行为都会被发现并受到处罚，假设这一事件发生的概率为 p，处罚的方式为没收违规所得 l 并对该决策者进行一定的附加惩罚①，并假定该惩罚的可衡量值为 d②。在这一假设条件下，购买主体违规所获得的期望收益如下：

$$-dp + (\mu+l)(1-p) = (\mu+l) - (\mu+l+d)p$$

如前所述，现行政府购买公共服务政策要求购买主体和承接主体应当接受财政监督、审计监督和人大监督。为分析需要，假设财政监督或者审计监督的成本为 E。进一步假设在政府购买公共服务条件下，监督主体对购买主体的监督有利于改善公共服务供给，且公共服务供给的改善可能会为监督部门带来可衡量值为 R 的收益③。那么在监督主体对购买主体监督的情形下，其收益为 $R-E$。那么在这种情形下，监督部门面临支付矩阵简化为表4-6。

表4-6　　　　　监督主体对购买主体进行监督支付矩阵

		购买主体	
		违规	不违规
监督主体	监督	$[R-E, (\mu+l)-(\mu+l+d)p]$	$(-E, u)$
	不监督	$(0, \mu+l)$	$(0, u)$

求解上述支付矩阵，如果监督主体的监督不是法定义务，单纯从理性人的角度进行分析，可以轻易地求解出上述支付矩阵的均衡解便是（不监督，违规）。如果监督主体的监督职责是法定且必须履行的，那么需要进一步分析 $(\mu+l)-(\mu+l+d)p$ 和 u 之间的关系，如果 $l>(u+l+d)p$，那么均衡解便为（监督，违规），否则均衡解便为（监督，不违规）。进一步可以发现，$l>(u+l+d)p$ 条件的满足主要依赖于概率 p 的大小，直观地说，概率 p 越大，$l>(u+l+d)p$ 条件越难以满足，那么支付矩阵均衡解越倾向于（监督，不违规）；概率 p 越大，均衡解倾向于（监督，违规）。如前所述，为分析简化需要，本书假设监督主体的监督是法定的，监督行为需要承担成本 E，显然，越严格的监督，成本 E 越高，概率 p 越大，均衡解越倾向于（监督，不违规），越有利于监督职能的发挥。

---

① 财政监督发现违法违规线索，移交司法机关进行相应处罚。
② 真实的处罚要复杂得多，这里做了简化处理。
③ 这种收益可能来自直接的奖励、社会公众的认可等，为分析需要，这里进行了必要的简化，假设这种收益可以量化。

综上所述，由于监督成本的存在，如果监督主体的监督职责不是法定的，那么监督主体可能没有足够的动力进行监督。如果监督主体的监督职责是法定的，那么强力的监督有利于纠正购买主体的违规行为，有助于提升政府购买公共服务的质量。

2. 购买主体与承接主体关系分析

就政府购买公共服务购买阶段，对承接主体而言，假设承接主体中标获得收益 a。假设监督主体[①]发现其在政府购买公共服务招投标阶段违规并进行处罚的概率为 p。如果采取不正当竞争行为被监督部门发现，不仅会失去中标资格，还会被惩罚金额为 f 的罚金。如前所述，如果参与投标的组织都采取不正当竞争手段，购买主体将会随机选择中标对象，各方获得承接主体资格的概率都为 $\frac{1}{N}$。在上述假设条件下，承接主体的预期收益如下：

$$\left[\frac{1}{N}\times(-l)+\frac{1}{N}\times(-l)-f\right]\times p+\left[\frac{1}{N}(a-l)+\frac{1}{N}\times(-l)\right]\times(1-p)$$

$$=\frac{1}{N}a(a-p)-fp-l$$

如果承接主体都没有采取不正当竞争手段，那么政府部门会随机选择，此时承接主体的期望收益如下：

$$\frac{1}{N}\times a+\frac{1}{N}\times 0=\frac{a}{N}$$

在以上分析的基础上，承接主体的支付矩阵见表 4–7。

表 4–7　　　　购买主体与承接主体购买阶段博弈支付矩阵

		承接主体	
		不正当竞争	正当竞争
购买主体	违规	$\left[\mu+l,\ \frac{1}{N}a(a-p)-fp-l\right]$	$(\mu,\ 0)$
	不违规	$\left[\mu,\ \frac{1}{N}a(a-p)-fp-l\right]$	$\left(\mu,\ \frac{a}{N}\right)$

求解上述支付矩阵，如前所述，如果不存在对购买主体约束的情况下，

---

① 这里的监督主体包括购买主体和监督主体。

购买主体的选择可能会倾向于违规。从承接主体的角度看,如果$\frac{1}{N}a(a-p)-fp-l>0$,那么承接主体的选择便倾向于采取不正当竞争手段。如果存在对购买主体的强力监督,那么购买主体便会倾向于采取不违规的行为,承接主体的选择便会相对复杂,即需要对比$\frac{1}{N}a(a-p)-fp-l$和$\frac{a}{N}$的大小。如果$\frac{1}{N}a(a-p)-fp-l>\frac{a}{N}$,那么承接主体便会选择不正当竞争手段,反之相反。进一步分析可以发现,随着监督的强力(即 p 的增大)和处罚力度的加大(即 f 的增大),上述条件成立的概率将会大幅度下降,承接主体采取不正当竞争的概率也会下降。

从实施阶段看,为分析需要,假设存在 A 和 B 两个政府部门分别通过政府购买方式提供公共服务,双方都可以自行对承接主体进行监督或者不进行监督。假设政府部门对承接主体实施监督的成本为 e。在监督缺失的情形下,政府部门对承接主体的监督对自身而言不会产生实质性的效用,仅仅增加了监督的成本。在这种情形下,政府部门面临支付矩阵见表 4-8。

表 4-8　　　　监督缺失条件下购买主体自行监督支付矩阵

		政府部门 B	
		监督	不监督
政府部门 A	监督	($\mu-e$, $\mu-e$)	($\mu-e$, μ)
	不监督	(μ, $\mu-e$)	(μ, μ)

求解上述收益矩阵,只要满足 $e>0$ 条件,那么上述博弈的均衡必然为(不监督,不监督)。由于 e 为政府部门进行自行监督的成本,所以 e 必然大于 0,所以上述博弈的均衡是稳定的,政府部门没有动力对政府购买公共服务项目自行进行监督。

如前所述,在现实条件下,监督主体的监督职责一般是法定的,所以可以认为监督主体的监督是必然和有效的。在这种条件下,随着监督主体监督的力度加大,作为购买主体的政府为保证公共服务供给的原始权利,必然会更为关心公共服务供给的质量和效率,进而会对承接主体进行监督,以保证其按照政府意愿行事。假设购买主体对承接主体实施监督的成本为 e。监督收益主要体现为公共服务质量和数量的提升,进而获得更多的财政预算等方面支持①，假设收益的价值为 s。那么购买主体监督收益便为 $s-e$。从承接主体的角度看，在不存在监督的条件下，必然选择以最小的成本完成政府购买公共服务合同规定的公共服务供给，假设这时候的供给成本为 C。如果存在强力的监督，那么承接主体公共服务供给成本便会上升，为简化分析，这里设定成本加成比例为 θ ，即存在监督的条件下成本为 $(1+\theta)C$。进一步假设，如果购买主体发现承接主体存在偷工减料的行为并对其进行处罚的概率为 p，处罚的可衡量值为 D，那么在这一假设条件下，承接主体偷工减料所获得的期望收益如下：

$(a-C-D)p + (a-C)(1-p) = a-C-Dp$

购买主体所获得的期望收益如下：

$(s-e)p + e(1-p) = sp-e$

在这种情形下，双方面临支付矩阵见表 4-9。

表 4-9　　　　购买主体与承接主体实施阶段博弈支付矩阵

		承接主体	
		保质保量	偷工减料
购买主体	监督	$[-e, a-(1+\theta)C]$	$(sp-e, a-C-Dp)$
	不监督	$[0, a-(1+\theta)C]$	$(0, a-C)$

求解上述支付矩阵，如前所述，在存在监督主体监督的条件下，购买主体大概率会选择对承接主体进行监督，那么，求解本支付矩阵的关键就在于比较 $a-(1+\theta)C$ 和 $a-C-Dp$ 的大小，即对比 θC 和 Dp 的大小，如果 $\theta C < Dp$，那么承接主体倾向于保质保量地提供公共服务，否则承接主体便会选择偷工减料。进一步分析，监督越强力（即 p 越大），处罚越重（即 D 越大），上述条件满足的可能性越大，即承接主体越能够保质保量地提供公共服务。

综上所述，从政府购买公共服务购买阶段看，如果缺乏对作为购买主体政府的强力监督，那么购买主体可能会出现违规行为，承接主体也会采取不正当竞争手段。在实施阶段，如果购买主体不进行监督，那么承接主体便倾向于偷工减料。上述行为随着监督主体的强力监督而逆转，购买主体倾向于

---

① 外部监督的结果是下一步预算安排的重要依据。
② 显然 $\theta \geq 0$，且成本加成率 θ 与监督成本 e 成正比例关系，即购买主体的监督力越强，承接主体供给成本加成比例越高，公共服务供给水平越高。

合规并对承接主体进行主动监督，而承接主体也倾向于采取正当竞争且保质保量地提供公共服务。

3. 监督主体与承接主体关系分析

监督主体与承接主体的关系类似于实施阶段购买主体与承接主体的关系，所以在分析购买主体与承接主体关系时候的假设依然有效。假设监督主体对承接主体实施监督的成本为 E。监督收益依然主要体现为公共服务质量和数量的提升，可量化的价值为 S。那么监督主体监督收益便为 $S-E$。同样，从承接主体的角度看，在不存在监督的条件下，必然选择以最小的成本完成政府购买公共服务合同规定的公共服务供给，假设这时候的供给成本为 C。如果存在强力的监督，那么承接主体公共服务供给成本便会上升，为简化分析，这里设定成本加成比例为 θ①，即存在监督的条件下成本为 $(1+\theta)C$。进一步假设，如果监督主体发现承接主体存在偷工减料的行为并对其进行处罚的概率为 p，处罚的可衡量值为 D，那么在这一假设条件下，承接主体偷工减料所获得的期望收益如下：

$(a-C-D)p + (a-C)(1-p) = a-C-Dp$

购买主体所获得的期望收益如下：

$(s-e)p + e(1-p) = sp-e$

在这种情形下，双方面临支付矩阵见表 4-10。

表 4-10　　　　　　　　监督主体与承接主体博弈支付矩阵

		承接主体	
		保质保量	偷工减料
监督主体	强力监督	$[-E, a-(1+\theta)C]$	$(Sp-E, a-C-Dp)$
	一般监督	$[-\theta E, a-(1+\theta)C]$	$[(Sp-E)\theta, a-C]$

求解上述支付矩阵，从监督主体的角度看，监督存在成本，且监督越强力，监督成本越高。从承接主体的角度看，随着监督主体监督的强力，偷工减料的收益越来越小。支付矩阵的均衡解的关键依然在于 θC 和 Dp 的大小对比，如果 $\theta C < Dp$，那么承接主体倾向于保质保量地提供公共服务，否则承接主体便会选择偷工减料。进一步分析可以发现，监督主体可能会选择一种介

---

① 显然 $\theta \geq 0$，这里同时假设 θ 为监督成本以及概率的缩减比例，即需要同时满足 $\theta \leq 1$。

于强力监督和一般监督之间的监督力度,而承接主体会倾向于以一定的折扣提供公共服务。

此外,还存在购买主体与社会公众、承接主体与社会公众、监督主体与社会公众之间的关系。其中,购买主体与社会公众之间主要是一种委托代理关系,即社会公众作为最终的付费者和公共服务需求者,委托购买主体进行公共服务购买,且对购买主体具有监督权力。监督主体与社会公众之间更多的也是一种委托代理关系,即监督主体代替社会公众行使监督权。社会公众与承接主体之间是一种监督与被监督的关系,即社会公众作为公共服务的享用者和付费者,天然具有监督权,但是由于上述分析的公共物品的因素,社会公众的监督权存在虚置的倾向。

三、基于主体责任构建全过程监督机制的必要性分析

从购买主体、承接主体、监督主体和社会公众的角度看,如果缺乏必要的监督,政府购买公共服务各个阶段都会出现不同程度的风险,影响公共服务最终供给的效率和质量。如何从体制机制的角度进行优化,实现对上述情形的改善是目前亟须解决的问题,而构建基于主体责任的政府购买公共服务全过程监督机制是必由之路。

(一)决策阶段

从作为购买方的政府部门看,我们仍然假设参与政府购买公共服务决策的为决策者 A 和决策者 B。在其他条件不变的情况下,监督使存在违规行为的决策者可能招致严厉的处罚。由于政府购买公共服务项目繁多,并不是所有的违规行为都会被发现并受到处罚,而是依一定的概率 p 被发现的,假设处罚的方式为勒令退回违规所得 l 并对该决策者进行一定的附加惩罚①(假定该惩罚的可衡量值为 d)②。在新的假设条件下,决策者违规所获得期望收益如下:

$$-dp + (\mu + l)(1 - p) = (\mu + l) - (\mu + l + d)p$$

其他情形下的收益与监督缺位情形下一致,则二者的支付矩阵见表 4-11。

---

① 监督发现违法违规线索,移交司法机关进行相应处罚。
② 真实的处罚要复杂得多,这里做了简化处理。

表4-11　　　　　　　存在监督条件下政府部门决策支付矩阵

		决策者B	
		违规	不违规
决策者A	违规	$[(\mu+l)-(\mu+l+d)p, (\mu+l)-(\mu+l+d)p]$	$[(\mu+l)-(\mu+l+d)p, \mu]$
	不违规	$[\mu, (\mu+l)-(\mu+l+d)p]$	(μ, μ)

求解上述博弈的关键在于确定以下关系：

$(\mu+l)-(\mu+l+d)p < \mu$

$p > \dfrac{l}{\mu+l+d}$ 或 $p > 1 - \dfrac{\mu+d}{\mu+d+l}$

如果存在有效监督，决策者在招投标过程中的违规行为被发现并处罚的概率 p 大于 $\dfrac{l}{\mu+l+d}$，那么博弈的均衡将变为（不违规，不违规）。此外，通过上述分析可以发现，随着违规收入 l 的增加，满足条件的概率 p 的值将不断增大，即所需更为强力的监督才能杜绝寻租行为。随着处罚金额 d 的增大，满足条件的概率 p 的值将减小。对于政府部门决策者而言，监督的强度和处罚力度的增加都能在一定程度上减少违规行为。

（二）购买阶段

就政府购买公共服务购买阶段而言，监督的存在确实改变了博弈均衡，在一定程度上规范了政府购买公共服务行为。对承接主体而言，如果社会组织A和社会组织B中有一方采取不正当竞争而另一方不采取不正当竞争，采取不正当竞争的一方将中标①，获得收益 a。假设监督部门发现其在政府购买公共服务招投标阶段违规并进行处罚的概率为 p。如果采取不正当竞争行为被监督部门发现，不仅会失去中标资格，还会被惩罚金额为 f 的罚金。在存在强有力的监督的情形下，社会组织投标过程中采取不正当竞争的收益如下：

$(a-l) \times (1-p) + (-l-f) \times p = a - l - (a-f)p$

在政府购买公共服务采购过程中没有采取不正当竞争的社会组织不会受到处罚，也不会中标，其收益为0。如果社会组织A和社会组织B都采取不

---

① 在存在监督的情形下，政府购买公共服务决策者的权力将受到制约，但是一旦出现寻租成功，还能左右招投标的结果。

正当竞争,由于二者是同质的,如前所述,政府部门将会随机选择中标对象,所以社会组织 A 和社会组织 B 获得承接主体资格的概率都为 1/2。在上述假设条件下,二者的收益如下:

$$\left[\frac{1}{2}\times(-l)+\frac{1}{2}\times(-l)-f\right]\times p+\left[\frac{1}{2}(a-l)+\frac{1}{2}\times(-l)\right]\times(1-p)$$

$$=\frac{1}{2}a(a-p)-fp-l$$

如果社会组织 A 和社会组织 B 都没有行贿,那么政府部门会在两者之间随机选择,此时二者的收益如下:

$$\frac{1}{2}\times a+\frac{1}{2}\times 0=\frac{a}{2}$$

在以上分析的基础上,承接主体的支付矩阵见表 4-12。

表 4-12　　　　存在监督条件下社会组织投标支付矩阵

		社会组织 B	
		不正当竞争	正当竞争
社会组织 A	不正当竞争	$\left[\frac{1}{2}a(a-p)-fp-l,\right.$ $\left.\frac{1}{2}a(a-p)-fp-l\right]$	$[a-l-(a-f)p,\ 0]$
	正当竞争	$[0,\ a-l-(a-f)p]$	$\left(\dfrac{a}{2},\ \dfrac{a}{2}\right)$

求解上述博弈的关键在于确定以下关系:

$a-l-(a-f)p<0$

$p>\dfrac{a-l}{f-a}$ ①

在存在监督的情形下,只有上式满足,(正当竞争,正当竞争)才能成为博弈均衡。进一步分析可以发现,随着处罚金额 f 的增加,满足条件的概率 p 的值不断减小,即处罚力度的增大会降低对监督强度的要求。所需行贿金额

---

① 计算结果为 $p>\dfrac{a-l}{a-f}(a>f)$ 或 $p<\dfrac{a-l}{a-f}(a<f)$,由于 $a>l$ 即预计收益大于行贿金额在一般情况下成立,为分析简单,这里进一步假设 $a<f$,即处罚是获利的数倍,所以结果为 $p>\dfrac{a-l}{f-a}$。

l 的增大同样会使满足条件的概率 p 的值不断减小,即理性的社会组织不会让成本大于收益。

(三) 实施阶段

就实施阶段而言,监督的存在一方面提升了政府部门合同管理力度,有效促进了承接主体高效提供公共服务,另一方面也促进了更多的主体参与监督。如果监督缺位,承接主体理性的选择必然是以最小的成本完成合同约定的任务,致使公共服务质量和数量无法保障。假设在公共服务供给过程中,承接主体并未尽职尽责,其所付出的成本为 h。如果存在有效的财政监督,假设承接主体被监督到没有尽职尽责,那么下一期开始将失去政府购买公共服务承接主体资格,预期收益将会变为 0,依然假设被监督到并处罚的概率为 p,贴现率为 ρ。其条件保持不变,承接主体公共服务供给收益见表 4-13。

表 4-13　　　　存在监督条件下承接主体公共服务供给收益

时期	无监督		有监督	
	收益值	收益现值	收益值	收益现值
第一期	$a-h$	$(a-h)$	$(a-h)$	$(a-h)$
第二期	$a-h$	$(a-h)\rho$	$(a-h)(1-p)$	$(a-h)(1-p)\rho$
第三期	$a-h$	$(a-h)\rho^2$	$(a-h)(1-p)^2$	$(a-h)(1-p)^2\rho^2$
……	……	……	……	……
第 n 期	$a-h$	$(a-h)\rho^{n-1}$	$(a-h)(1-p)^{n-1}$	$(a-h)(1-p)^{n-1}\rho^{n-1}$

在监督缺位的情形下,承接主体公共服务供给收益现值如下:

$$a-h+(a-h)\rho+(a-h)\rho^2+\cdots+(a-h)\rho^{n-1}$$
$$=\lim_{n\to\infty}(a-h)\frac{1-\rho^n}{1-\rho}$$
$$=(a-h)\times\frac{1}{1-\rho}$$
$$=\frac{a-h}{1-\rho}$$

在存在有效监督的情形下承接主体公共服务供给收益现值如下:

$$a-i+(a-h)[(1-p)\rho]+(a-h)[(1-p)\rho]^2+\cdots+(a-h)[(1-p)\rho]^{n-1}$$
$$=\lim_{n\to\infty}(a-h)\frac{1-[(1-p)\rho]^n}{1-(1-p)\rho}$$

$$= (a-h) \times \frac{1}{1-(1-p)\rho}$$

$$= \frac{a-h}{1-(1-p)\rho}$$

对比监督缺位和存在有效监督情形下承接主体公共服务供给现值可以发现，$\frac{a-h}{1-\rho} > \frac{a-h}{1-(1-p)\rho}$ 必然是成立的，即由于政府购买公共服务有效监督的存在，降低了承接主体总体收益。进一步分析发现，随着监督力度的不断增大，承接主体在公共服务供给过程中没有尽职尽责的收益趋近于第一期的收益①，即承接主体从第二期便失去了公共服务供给权利。如果监督力度不断减小，承接主体的收益将趋近于监督缺位情形下的收益②。因此，有效的监督通过降低没有尽职尽责承接主体收益的方式促进其改善公共服务供给质量和数量，有利于公共服务的优质高效供给。

在存在财政部门进行有效监督条件下，政府部门为保证公共服务供给的原始权利，必然会更为关心公共服务的供给的质量和效率，必然会对承接主体进行监督，以保证其按照政府意愿行事。假设政府部门对承接主体实施监督的成本为 e。收益主要体现为公共服务质量和数量的提升，进而获得更多的财政预算等方面支持③，假设收益的价值为 s。如果政府部门不进行监督，承接主体存在问题将不能及时被发现并纠正，导致财政监督部门对其展开的预算绩效评价结果较差，该项预算可能被缩减，政府部门收益减少的价值假设同样为 s。假设预算总量不变，财政监督部门只是会根据财政支出绩效评价的结果在不同政府部门之间进行分配。为分析需要，仍然假设存在 A 和 B 两个政府部门分别提供公共服务。双方都进行监督，或者不进行监督但是没被发现，预算将不做调整。监督部门以 p 的概率发现实施政府购买公共服务的政府部门是否有效实施了自行监督。如果一方监督另一方不监督，不监督一方的期望收益如下：

$$(\mu - s)p + \mu(1-p)$$

$$= \mu - sp$$

---

① $\lim\limits_{p \to 1} \frac{a-h}{1-(1-p)\rho} = a-h$。

② $\lim\limits_{p \to 0} \frac{a-h}{1-(1-p)\rho} = \frac{a-h}{1-\rho}$。

③ 外部监督的结果是下一步预算安排的重要依据。

监督一方的期望收益如下：

$(\mu-e+s)p+(\mu-e)(1-p)$

$=\mu+sp-e$

如果双方都采取不监督的方式，那么二者的收益如下：

$\mu(1-p)(1-p)+(\mu-s)p(1-p)+(\mu+s)p(1-p)$

$=\mu-\mu p^2$

政府部门面临支付矩阵见表4-14。

表4-14　　　　存在监督条件下政府部门自行监督支付矩阵

		政府部门 B	
		监督	不监督
政府部门 A	监督	$(\mu-e,\mu-e)$	$(\mu+sp-e,\mu-sp)$
	不监督	$(\mu-p,\mu+sp-e)$	$(\mu-\mu p^2,\mu-\mu p^2)$

求解上述博弈的关键在于确定以下关系：

$\mu+sp-e>\mu-sp$

以及 $\mu-e>\mu-sp$

即 $p>\dfrac{e}{s}$ ①

如果存在财政监督，政府部门被监督到的概率 $p>\dfrac{e}{s}$，那么博弈的均衡将变为（监督，监督）。进一步分析发现，监督收益或者不监督损失 s 的增大会降低概率 p，而监督成本 e 的增大会增大概率 p。在存在有效的财政监督情形下，政府部门对政府购买公共服务承接主体实施自行监督成为大概率事件②。

如前所述，在监督缺位，仅仅授予社会公众监督权力的情形下，社会公众的监督权由于监督收益的公共物品特性会出现虚置。由于政府购买公共服务项目众多，仅靠政府部门自行监督或者财政监督，不仅成本高，且不可能做到对所有项目有效监督。改变社会公众监督虚置问题是破解上述问题的途径之一。在之前假设不变的前提下，进一步假设社会公众对政府部门以及承

---

① 实际上，求解上述两个不等式的结果分别为：$p>\dfrac{e}{2s}$ 和 $p>\dfrac{e}{s}$。

② 相对于预算调整带来的收益或者损失 s 在一般情形下会显著大于监督成本，所以 $p>\dfrac{e}{s}$ 较为容易达成。

接主体监督发现问题并向监督部门反映,将会获得奖励 h。① 仍然将社会公众简化为居民 A 和居民 B 两位居民,在上述假设条件下,选择进行监督并发现问题的居民收益变为 $r+h-c$,不进行监督的居民的收益依然为 r。如果双方都选择监督,那么奖励将在二者之间平均分配,即每位居民获得 $h/2$。由于奖励的存在,在一定程度上改变了监督的收益分配,弥补了实施监督正外部效应的成本。其他情形的收益与之前保持不变,两位居民在政府购买公共服务监督中的支付矩阵见表 4-15。

表 4-15　　　　存在监督条件下社会公众监督支付矩阵

		居民 B 监督	居民 B 不监督
居民 A	监督	$(r+\frac{h}{2}-c, r+\frac{h}{2}-c)$	$(r+h-c, r)$
居民 A	不监督	$(r, r+h-c)$	$(0, 0)$

求解上述博弈可以发现,只要满足 $h>2c$,博弈的均衡变为(监督,监督),即两位居民均会对政府购买公共服务行为进行监督。以上分析说明,改变目前政府购买公共服务社会公众监督权虚置的途径有很多,但是最终的途径都是改变社会公众实施监督的激励约束机制,使监督成为居民最优策略。居民的有效参与不仅会提升监督效率,同时会降低政府部门自行监督以及财政部门监督的成本。

(四) 评价阶段

就绩效评价阶段而言,严格的监督是支出绩效的保证,而有效的绩效评价在一定程度上也反映了监督的有效性。财政部门实施绩效评价并重视结果应用,促使政府部门更加重视政府购买公共服务项目自评。社会公众满意度是其中重要的参考因素,有利于建立基于需求管理的政府购买公共服务决策机制,反过来促进政府购买公共服务的发展。人大通过对财政部门的绩效评价结果的监督,则进一步增强了财政监督对购买主体行为的约束力度,促使其在政府购买公共服务活动中加强对承接主体的监督以确保自身在财政绩效评价时能够获得好的评价结果和好的评价结果运用。

---

① 这里假设监督必然会发现问题,实际中这是一种概率事件,这里进行了简化。

第五章　对政府购买公共服务监督问题的各方观点调查

为了更好地开展问题导向的研究，课题组运用了问卷调查和实地走访的方法，比较深入地开展了各方观点的调查，使本书不是仅仅停留在理论探讨的层面，而是更加贴近现实，从而把握当前政府购买公共服务监督中的各方认识与地方主管部门的困扰，以便后续提出的构建基于主体责任的政府购买公共服务全过程监督机制的制度设计能够有的放矢，所提方案能够更具实用价值。

一、面向社会公众、购买主体和承接主体的调查问卷结果

为了解社会公众对政府购买公共服务的认识、购买主体开展政府购买公共服务情况、承接主体承接政府购买公共服务情况以及上述三方对加强监督的态度，课题组拟定了面向上述三方的调查问卷（见附录）。问卷调查采用问卷星、面对面发放等形式进行。问卷调查虽受新冠疫情影响和其他客观条件限制有相当难度，但仍然取得了比较可靠的样本数据，具有代表性价值。为更加直观地反映调查结果，本书对调查数据进行了统计汇总分析。

（一）向社会公众问卷调查的统计结果

课题组以网络（使用微信问卷星 App）为主，同时配合深入社区向居民发放调查问卷的方式开展调查，共向社会公众随机发放问卷 1104 张，回收问卷 1104 张。由于网络调查问卷对填写问卷的遗漏、重复等填选问题有自动检测和规制等作用，因此收回有效问卷率为 100%。在此次调研中，调查问卷主要通过微信群、朋友圈，采用随机发放，逐人、逐圈扩散的形式，包含的群

体较为广泛。被调查者包括：在校大学生362人，占比32.79%；事业单位工作人员232人，占比21.01%；企业工作人员233人，占比21.11%；公务员136人，占比12.32%。此外，私营企业主、自由职业者、外来务工人员、其他等也都有涉及（见表5-1）。

表5-1　　　　　　　　　　受访人员职业构成

选项	小计	比例
公务员	136人	12.32%
事业单位工作人员	232人	21.01%
企业工作人员	233人	21.11%
私营企业主	21人	1.9%
自由职业者	30人	2.72%
外来务工人员	5人	0.45%
在校大学生	362人	32.79%
其他	85人	7.7%
合计	1104人	

在关于社会公众"是否在意公共服务的提供者是政府还是企业或社会组织"的调查中，62.68%的被调查者表示在意，而37.32%的被调查者表示不在意（见表5-2）。可以看出，当前大多数公众对公共服务提供者身份的关注，反映出其对非政府的企业和社会组织提供公共服务的信任存在隐忧，而当公众忽视提供者身份时，其关注的重点就会转移到公共服务本身。

表5-2　　　　　　　　受访人员对公共服务的提供者的态度

选项	小计	比例
在意	692人	62.68%
不在意	412人	37.32%
合计	1104人	

在回答"是否享受过政府购买公共服务"时，被调查者中68.39%的人认为享受过政府购买的公共服务，31.61%的人认为没有享受过（见表5-3）。这个结果反映出有相当一部分公众并不清楚自己享受到的公共服务有哪些是通过政府购买方式提供的，从而进一步说明政府购买公共服务工作的宣传工作尚不到位，公众对其了解还不够充分。

表 5-3　　　　　　　　受访人员是否享受过政府购买公共服务

选项	小计	比例
是	755 人	68.39%
否	349 人	31.61%
有效填写人次	1104 人	

在回答"政府购买公共服务的必要性"时，94.84%的人认为政府有必要购买公共服务，5.16%的人认为无必要（见表5-4）。这一结果反映出公众对实行政府购买公共服务方式的认可度比较高。

表 5-4　　　　　　　　受访人员认为政府购买公共服务有无必要

选项	小计	比例
是	1047 人	94.84%
否	57 人	5.16%
有效填写人次	1104 人	

在关于社会公众"是否会主动关心和了解政府购买公共服务的有关内容"的回答中，26%的人表示非常关心，45.11%的人表示会关心与自身利益相关的内容，23.73%的人表示会偶尔关心，5.16%的人表示不关心（见表5-5）。对此问题的调查结果反映出多数公众关注度比较高的是与自身利益直接相关的政府购买公共服务项目，而对其他政府购买公共服务内容的关注度较低，从侧面也说明了政府购买公共服务项目种类繁多、服务群体多样的特点。

表 5-5　　　　　　　　受访人员对政府购买公共服务的关心程度

选项	小计	比例
非常关心	287 人	26%
关心与自身利益相关的内容	498 人	45.11%
偶尔关心	262 人	23.73%
不关心	57 人	5.16%
有效填写人次	1104 人	

在关于社会公众"了解政府购买公共服务相关信息渠道"的调查中，被

调查者中通过报纸、新闻了解的人最多,占比77.08%,56.52%的人会通过公共场所的信息公开栏了解,62.59%的人会通过浏览市政府信息公开网站了解,26%的人会通过便民材料了解,8.33%的人会通过热线电话了解,还有5.71%的人会通过其他渠道了解(见表5-6和图5-1)。调查结果说明,当前社会公众了解政府购买公共服务的渠道越来越多,在一定程度上提高了公众的知晓率。

表5-6　受访人员了解政府购买公共服务相关信息的渠道

选项(多选)	频率	个案百分比
浏览市政府信息公开网站	691	62.59%
报纸、新闻	851	77.08%
公共场所的信息公开栏	624	56.52%
热线电话	92	8.33%
便民材料	287	26%
其他渠道	63	5.71%
有效填写人次	1104	

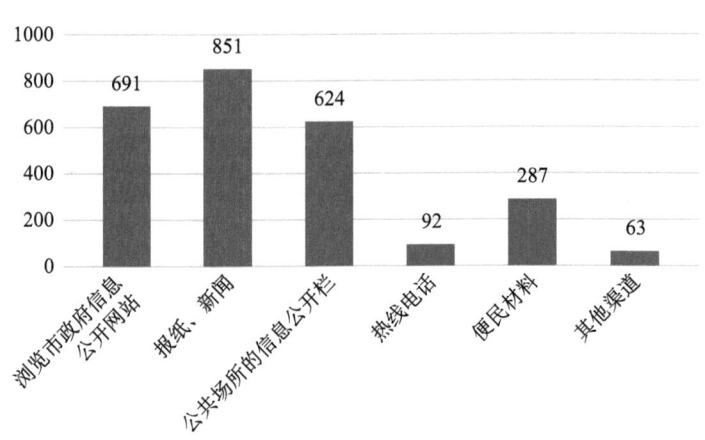

图5-1　受访人员了解政府购买公共服务相关信息的渠道

在关于社会公众认为"政府购买公共服务的有关信息公开程度如何"的回答中,52.17%的人认为公开程度一般,10.24%的人认为公开程度较低,只有9.33%和28.26%的人认为公开程度很高和较高(见表5-7)。由此看出,多数被调查者对政府购买公共服务信息公开程度的满意度不高。

表 5-7　　　　　　　　政府购买公共服务的有关信息公开程度

选项	小计	比例
很高	103 人	9.33%
较高	312 人	28.26%
一般	576 人	52.17%
较低	113 人	10.24%
有效填写人次	1104 人	

在关于社会公众认为"政府购买公共服务做得较好的方面"的回答中，58.33%的人认为教育方面包括基本公共教育做得比较好，55.25%的人认为一般公共服务（如法律服务、会议展览、咨询、技术业务培训等）做得比较好，40.22%的人认为医疗卫生做得较好，31.34%的人认为科学技术包括科技的规划、宣传、交流合作、科普等较好，29.62%的人认为社会保障与就业做得较好，27.26%的人认为文化体育与传媒做得较好，32.07%的人认为市政管理较好，28.8%的人认为环境保护做得较好（见表5-8和图5-2）。以上调查结果从一定程度上体现了公众对政府在这些领域开展购买公共服务活动的认可。

表 5-8　　　　　　　　受访者认为政府购买公共服务做得较好的方面

选项（多选）	频率	个案百分比
一般公共服务（如法律服务、会议展览、咨询、技术业务培训等）	610	55.25%
教育（基本公共教育）	644	58.33%
科学技术（科技的规划、宣传、交流合作、科普等）	346	31.34%
文化体育与传媒	301	27.26%
社会保障与就业	327	29.62%
医疗卫生	444	40.22%
环境保护	318	28.8%
市政管理	354	32.07%
其他	21	1.9%
有效填写人次	1104	

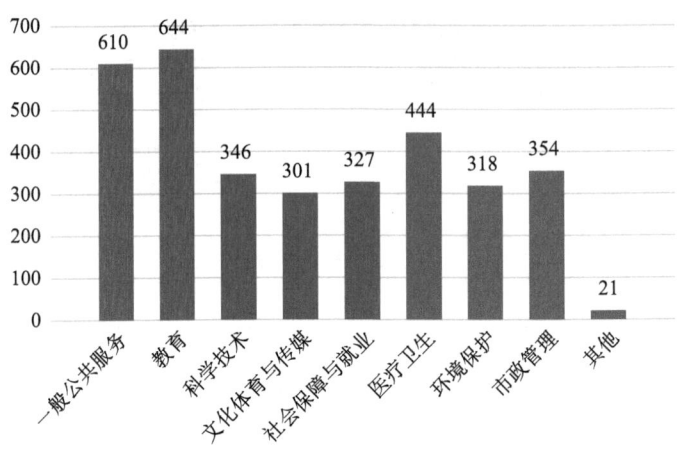

图 5-2　受访者认为政府购买公共服务做得较好的方面

在关于社会公众认为"应当在政府购买公共服务的哪些方面加强投入"的回答中，在医疗卫生、社会保障与就业、环境保护、科学技术方面的比例较高，分别占比 62.32%、55.07%、43.66%、47.37%（见表 5-9）。这体现了社会公众对医疗、民生、环保、科技方面的重视，也体现了政府对这些领域的投入还需要进一步统筹安排，增强投入力度，以更好地回应公众诉求。

表 5-9　政府购买公共服务应加强投入的方面

选项（多选）	频率	个案百分比
一般公共服务（如法律服务、会议展览、咨询、技术业务、培训等）	536	48.55%
科学技术（科技的规划、宣传、交流合作、科普等）	523	47.37%
文化体育与传媒	421	38.13%
社会保障与就业	608	55.07%
医疗卫生	688	62.32%
环境保护	482	43.66%
工业、商业、金融等事务	316	28.62%
市政管理	352	31.88%
其他	31	2.81%
有效填写人次	1104	

在关于社会公众认为"行政权力在政府购买公共服务中被滥用的可能性"

的回答中，只有2.63%的人认为完全不可能被滥用，5.98%的人认为不太可能被滥用，43.57%的人认为有较高可能被滥用，21.74%的人认为有极大可能被滥用，26.09%的人认为一般可能被滥用（见表5－10）。对这一问题的回答，可以看出绝大多数被调查者对政府购买公共服务中的行政权力被滥用明显担忧，需要对此问题高度重视。

表5－10　受访者认为行政权力在政府购买公共服务中被滥用的可能性

选项	小计	比例
有极大可能	240人	21.74%
有较高可能	481人	43.57%
一般可能	288人	26.09%
不太可能	66人	5.98%
完全不可能	29人	2.63%
有效填写人次	1104人	

在关于社会公众认为"采用购买公共服务这种方式是否会提高政府公共服务供给水平"的调查中，40.22%的人认为会显著提高供给水平，51.81%的人认为会小幅度提高，5.43%的人认为无影响，2.54%的人认为会降低服务水平（见表5－11）。调查结果表明，绝大部分被调查者认为政府购买公共服务方式会促进政府公共服务供给水平的提高，但仍然有少部分人认为这种方式作用不大，甚至会降低公共服务水平。这体现出部分公众对政府购买公共服务方式仍然持怀疑或不信任的态度。

表5－11　受访者认为购买公共服务对提高供给水平的影响

选项	小计	比例
显著提高	444人	40.22%
小幅度提高	572人	51.81%
无影响	60人	5.43%
会降低服务水平	28人	2.54%
有效填写人次	1104人	

在关于"作为需求方和被服务对象，政府部门在进行公共服务购买活动之前，是否征询过您的意见或者向您进行过访问调查工作"的回答中，75.72%的人表示没有征询或者访谈，24.28%的人表示有征询意见或者访谈

（见表 5-12）。这说明政府购买公共服务需求管理中，公众参与的程度较低，可能会造成公共服务供给与需求之间存在错位现象。

表 5-12　政府是否就购买公共服务征询过社会公众的意见

选项	小计	比例
是	268 人	24.28%
否	836 人	75.72%
有效填写人次	1104 人	

在关于"您是否会将您所享受的政府购买公共服务质量反馈给政府有关部门或者提供服务的企业、社会组织"的回答中，56.61%的人表示会反馈，而有43.49%的人表示不会反馈（见表 5-13）。这表明公众对政府购买公共服务质量的关注度还有待提高，部分公众尚未意识到政府用财政资金购买公共服务花的钱，实际上是包括自己在内的全体纳税人缴纳的税款，花钱买服务是否做到了物有所值，是每一位社会公众应当关心的问题。

表 5-13　受访者是否会反馈意见给有关部门

选项	小计	比例
是	625 人	56.61%
否	479 人	43.39%
有效填写人次	1104 人	

在关于社会公众认为"是否应当加强社会各界对政府购买公共服务活动的监督"的调查中，94.38%的人认为应当加强监督，5.62%的人持无所谓或不应当的态度（见表 5-14）。这表明加强对政府购买公共服务的监督，是绝大多数社会公众的意愿，必须加强这方面的工作以回应公众要求。

表 5-14　受访者认为是否应当加强社会各界对政府购买公共服务活动的监督

选项	小计	比例
应当	1042 人	94.38%
不应当	28 人	2.54%
无所谓	34 人	3.08%
有效填写人次	1104 人	

第五章　对政府购买公共服务监督问题的各方观点调查

在关于"您认为政府部门是否会邀请公众参与对企业、社会组织提供的公共服务质量及资金的使用情况进行监督"的调查中，83.15%的人认为政府部门会邀请公众参与对企业、社会组织提供的公共服务质量及资金的使用情况进行监督，16.85%的人认为不会邀请（见表5－15）。可以看出，虽然被调查者中的绝大多数人从未被邀请参与政府购买公共服务活动的监督，但他们还是相信政府会邀请其他公众参与监督，这在很大程度上反映出公众对政府工作的信任。

表5－15　　　　受访者认为政府部门是否会邀请公众进行监督

选项	小计	比例
是	918人	83.15%
否	186人	16.85%
有效填写人次	1104人	

在关于社会公众认为"政府采用购买公共服务方式的出发点"的调查中，88.41%的人认为是为了满足人民群众日益多样化的公共服务需求，70.2%的人认为是为了动员各种社会力量参与公共服务的提供中来，42.39%的人认为是为了让行政权力在更多领域发挥作用，26.45%的人认为是为了转嫁政府公共服务责任，5.71%的人不知道或其他（见表5－16和图5－3）。这个结果说明绝大多数公众认可政府运用购买公共服务方式的初衷，但在执行过程中，部分公众对政府部门的工作存在一定疑问。这需要进一步改进政府工作作风，增强服务意识，增强公众认可程度。

表5－16　　　　政府采用购买公共服务方式的出发点

选项（多选）	频率	个案百分比
满足人民群众日益多样化的公共服务需求	976	88.41%
转嫁政府公共服务责任	292	26.45%
动员各种社会力量参与公共服务的提供中来	775	70.2%
让行政权力在更多领域发挥作用	468	42.39%
不知道	31	2.81%
其他	32	2.9%
有效填写人次	1104	

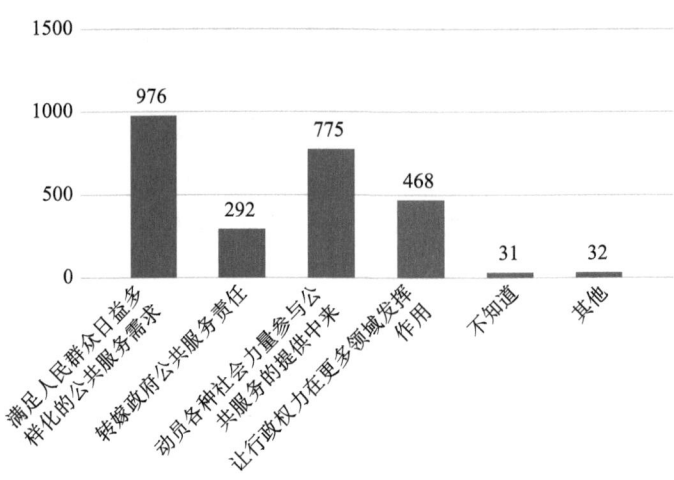

图 5-3　政府采用购买公共服务方式的出发点

在关于"加强对政府购买公共服务哪些方面的监督"的调查中，政府购买公共服务项目的立项过程、政府购买公共服务的预算控制、采用的购买方式和购买过程、政府购买信息的公开透明程度、政府购买公共服务的质量情况等方面均占60%以上（见表5-17）。这体现出社会公众在知晓推行政府购买公共服务制度的出发点后，更加关心对制度执行过程和质量的监督。

表 5-17　受访者认为应当在哪些方面加强对政府购买公共服务的监督

选项（多选）	频率	个案百分比
政府购买公共服务项目的立项过程	736	66.67%
政府购买公共服务的预算控制	684	61.96%
采用的购买方式和购买过程	715	64.76%
政府购买信息的公开透明程度	872	78.99%
政府购买公共服务的质量情况	797	72.19%
其他	27	2.45%
有效填写人次	1104	

在关于"参与政府购买公共服务项目的监督工作的意愿"的调查中，58.25%的人认为只要可以提升服务质量均愿意参与政府购买公共服务项目的监督工作，41.39%的人作为服务接受者时愿意参与监督，0.36%的人选择了其他，并说明自己无意愿或没有时间（见表5-18）。这说明虽然其中一部分人只愿意参与到与自己直接相关的公共服务监督之中，但愿意参与监督工作

的仍然是绝大多数，体现出公众参与监督的总体意愿是比较强烈的。

表5–18　　　　　　　受访者对政府购买公共服务的监督意愿

选项	小计	比例
监督政府购买公共服务活动是我的权利，只要可以提升服务质量均愿意参与	643 人	58.25%
作为公共服务的接受者时，我愿意参与监督	457 人	41.39%
其他	4 人	0.36%
有效填写人次	1104 人	

在关于公众"在什么情况下不愿意或无法参与政府购买公共服务项目的监督评价工作"的调查中，29.62%的人表示平时很忙，没时间关注这些事，37.95%的人表示没有参与监督的途径，32.43%的人表示反映意见没有作用，2.54%的人表示公共服务的好坏影响的是大家，自己不愿意费时费力去监督（见表5–19）。这个结果反映出要吸收公众参与对政府购买公共服务的监督工作，需要提升公众参与的便利程度，拓展公众参与渠道，对公众监督形成的意见要及时反馈和整改。同时也要加强对公众的引导，使部分居民改变"搭便车"的认识。

表5–19　受访者不愿意参与政府购买公共服务项目的监督评价工作的原因

选项	小计	比例
平时很忙，没时间关注这些事情	327 人	29.62%
没有参与监督的途径	419 人	37.95%
反映意见没有作用	358 人	32.43%
有效填写人次	1104 人	

（二）向购买主体问卷调查的统计结果

为了解作为购买主体的政府部门的态度，虽受疫情影响和其他客观条件限制，无法进行大面积问卷发放，但课题组还是克服了重重困难，成功向多地的数十家政府部门的主管领导和业务负责处（科、股）室发放了调查问卷。此次向政府购买公共服务的购买主体调查问卷共55份，涉及中央、省、市、县（区）四级政府机关，其中，中央部门5份、省级（包含直辖市）部门9

份、市县级41份，涵盖我国东、中、西部地区。此次问卷发放保证作为调查对象的每一个国家机关只收到一份问卷，且均由政府机构中的业务骨干填写，由于其对本部门的政府购买公共服务监督情况具备深入的实践认识，因此本次问卷统计结果具有较高代表性。在关于受访者"所在地区（部门）开展政府购买公共服务时间"的调查中，18%的地区（部门）为1年，5%的地区（部门）为2年，2%的地区（部门）为3年，75%的地区（部门）为3年以上。

在关于受访者"所在地区（部门）开展政府购买公共服务的范围"的调查中，10%的地区（部门）为教育领域，15%的地区（部门）为医疗卫生领域，22%的地区（部门）为社会保障领域，21%的地区（部门）为民政服务领域，15%的地区（部门）为民生领域。

在关于受访者"所在地区（部门）的政府购买公共服务规模变化情况"的调查中，67%的地区（部门）政府购买公共服务规模在逐年平稳增加，25%的地区（部门）基本保持不变，4%的地区（部门）快速增长，4%的地区（部门）有所降低。可以看出，大部分地区（部门）的政府购买公共服务规模都保持了逐年增长或规模不变，仅有极少数地区规模有所下降。由此体现出政府购买公共服务在我国社会治理中的应用在不断扩大。

在关于受访者"所在地区（部门）推行的政府购买公共服务项目主要采购方式"的调查中，46%的地区（部门）采用竞争性招投标，18%的地区（部门）采用竞争性谈判，17%的地区（部门）采用直接委托，15%的地区（部门）采用协议供货，4%的地区（部门）采用其他方式。可以看出，各地区、各部门都能够依照《政府采购法》的规定采用相应的方式履行政府购买公共服务程序。

在关于受访者"所在地区（部门）已实施的政府购买公共服务项目运行效率"的调查中，66%的人认为效率很高，29%的人认为效率一般，5%的人认为"不好说"，无人认为效率很低或基本无效率。由此反映出不同地区或部门的政府购买公共服务项目运行效率存在较大差异，项目管理水平参差不齐。

在关于受访者"所在地区（部门）已经实施的政府购买公共服务项目是否使公众更加受益"的调查中，87%人认为是更加受益的，13%的人认为很难说，无人认为政府购买公共服务项目无法使公众更加受益。由此说明各地区、各部门对政府购买公共服务方式的认可度较高，但仍有待进一步地提高水平。

在关于"采用政府购买公共服务的方式是否能够真正节约财政资金"的调查中，67%的人认为能够真正节约财政资金，31%的人认为很难说，2%的人认为不能真正节约财政资金。从整体上反映出在政府购买公共服务的投入产出管理中，仍然存在较大的提升空间。

在关于受访者"是否担心在政府购买公共服务中发生腐败问题"的调查中，56%的人表示不担心，22%的人表示担心，20%的人表示"不好说"，2%的人表示非常担心。从这个比例可以看出，近半数的工作人员对腐败问题存在较大担忧，需要通过强化监督加以防范。

在关于"政府主管部门应当在政府购买公共服务监督中承担责任"的多选项调查中，78.18%的人认为应制定相关制度规则，72.73%的人认为应划清各部门和购买主体的职责范围，进一步强化预算监督和资金使用管理，61.82%的人认为应规范和监督公共服务购买流程，50.91%的人认为应监督招标代理中介机构行为和加强政府购买公共服务合同管理，52.73%的人认为应监督承接主体公共服务供给行为，58.18%的人认为应该委托第三方机构对购买公共服务项目进行绩效评价（见表5-20和图5-4）。可以看出，作为购买主体对政府购买公共服务制度的认识更加清晰，认为应当从制度建设、明确主体责任和规范过程等各个方面强化监督。

表5-20　政府主管部门应当在政府购买公共服务监督中承担责任

事项	频率	百分比	个案百分比
制定相关制度规则	43	15.69%	78.18%
强化预算监督和资金使用管理	40	14.60%	72.73%
划清各部门和购买主体的职责范围	40	14.60%	72.73%
规范和监督公共服务购买流程	34	12.41%	61.82%
监督招标代理中介机构行为	28	10.22%	50.91%
监督承接主体公共服务供给行为	29	10.58%	52.73%
加强政府购买公共服务合同管理	28	10.22%	50.91%
委托第三方机构对购买公共服务项目进行绩效评价	32	11.68%	58.18%
其他	0	0.00%	0.00%
合计	274	100%	

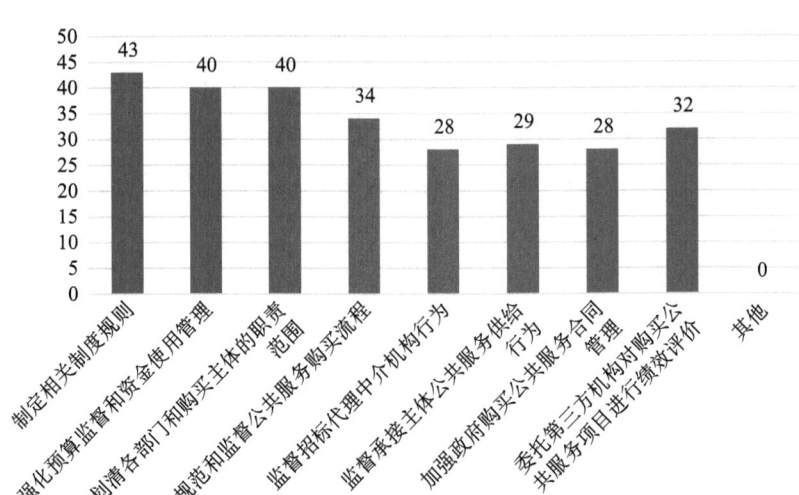

图 5-4 政府主管部门应当在政府购买公共服务监督中应承担责任

在关于受访者认为"在政府购买公共服务过程中加强监督的效果评价"的调查中,55%的人认为效果良好,27%的人认为效果非常好,16%的人认为效果一般,2%的人认为效果很差。可以看出,绝大多数地区和部门通过过程监督取得了良好的成效,但也存在过程监督不力导致效果不佳的情况。

在关于受访者认为"本地区(部门)在开展政府购买公共服务的过程中遇到的突出问题"的多选项调查中,58.18%的人认为政府购买公共服务的范围过窄、项目太少以及社会组织承接能力不足、履约能力有限,54.55%的人认为缺乏政府购买公共服务的绩效评价办法,47.27%的人认为社会公众的参与度太低,36.36%的人认为确定服务范围和项目之前未征求服务对象的意见,21.82%的人和9.09%的人分别认为资金监管不严格和存在不公开透明导致暗箱操作等情况(见表5-21和图5-5)。这一调查数据反映出在政府购买公共服务活动的开展过程中还存在不少问题,这些问题在不同地区(部门)表现的程度不同,但都是影响政府购买公共服务制度健康发展的阻碍因素。

表5-21 受访者认为政府购买公共服务过程中的突出问题

事项	频率	百分比	个案百分比
容易滋生腐败	7	4.27%	12.73%

续表

事项	频率	百分比	个案百分比
资金监管不严格	12	7.32%	21.82%
政府购买公共服务的范围过窄,项目太少	32	19.51%	58.18%
不公开透明导致暗箱操作等	5	3.05%	9.09%
社会组织承接能力不足,履约能力有限	32	19.51%	58.18%
确定服务范围和项目之前未征求服务对象的意见	20	12.20%	36.36%
社会公众的参与度太低	26	15.85%	47.27%
缺乏政府购买公共服务的绩效评价办法	30	18.29%	54.55%
其他	0	0.00%	0.00%
合计	164	100%	

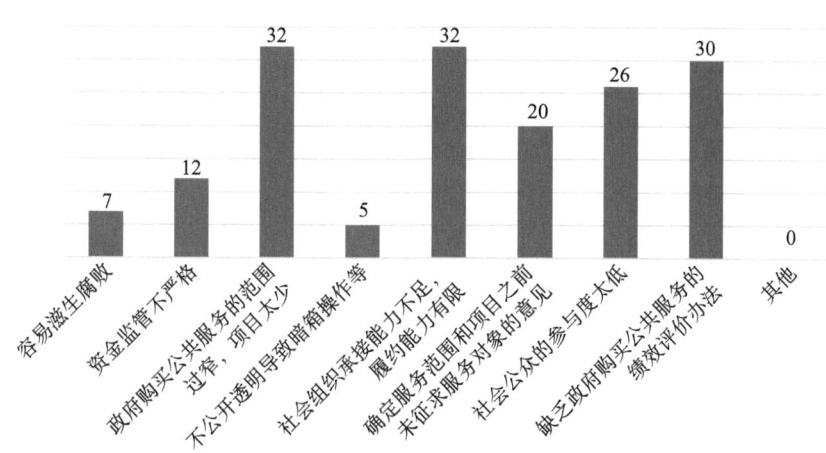

图 5-5 受访者认为政府购买公共服务过程中的突出问题

在关于受访者认为"政府主管部门应当如何保证政府购买公共服务更好地发挥为公众服务作用"的多选项调查中,50%以上的人认为应强化政府责任,加强需求管理,严格预算管理,提高透明度,完善公共服务标准,进行绩效评价,规范购买方式;49%的人认为应严格控制供应商资质(见表5-22和图5-6)。可以看出,问卷提出的这些措施基本覆盖政府购买公共服务若干重点问题,而被调查对象选择的比例基本全部超过50%,说明这些问题是购买主体工作人员关注的重点。

表 5-22　　　　　更好发挥政府购买公共服务作用的措施

事项	频率	百分比	个案百分比
强化政府责任	33	11.22%	60.00%
加强需求管理	36	12.24%	65.45%
严格预算管理	34	11.56%	61.82%
规范购买方式	31	10.54%	56.36%
提高透明度	34	11.56%	61.82%
完善公共服务标准	41	13.95%	74.55%
严格控制供应商资质	27	9.18%	49.09%
进行绩效评价	37	12.59%	67.27%
追究违约责任	21	7.14%	38.18%
合计	294	100%	

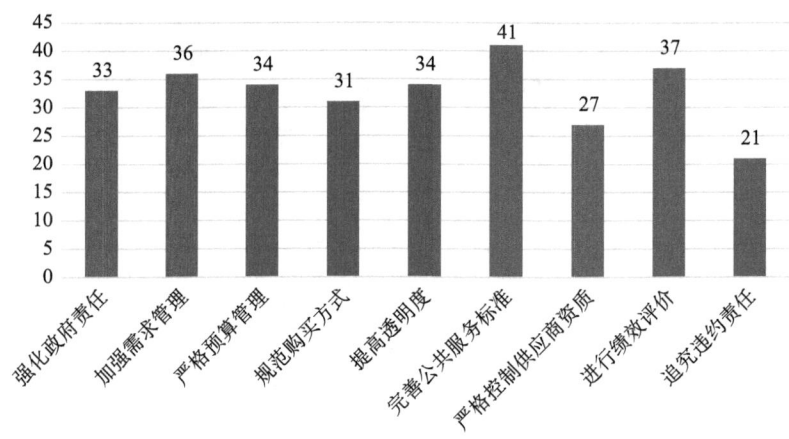

图 5-6　更好发挥政府购买公共服务为公众服务作用的措施

在关于受访者认为"政府主管部门在政府购买公共服务过程中的哪种监督方式效果更好"的多选项调查中，50%以上的人认为应该进行全流程监控和绩效评价，43.64%的人认为应进行专项核查和预算控制，32.73%的人认为应日常督促检查（见表5-23和图5-7）。对不同监管方式选择的比例不同，说明购买主体工作人员在实际工作中对监督方式运用的时间、精力、成本和效果等看法各不相同。但对全过程监管和绩效评价的选择占比最高，反映出多数购买主体工作人员对这两种方式有较高认可度。

表 5-23　　政府购买公共服务过程中监督方式有效性调查

事项	频率	百分比	个案百分比
全流程监控	29	19.08%	52.73%
日常督促检查	18	11.84%	32.73%
专项核查	24	15.79%	43.64%
预算控制	24	15.79%	43.64%
事中事后监督检查	28	18.42%	50.91%
绩效评价	29	19.08%	52.73%
其他	0	0.00%	0.00%
合计	152	100%	

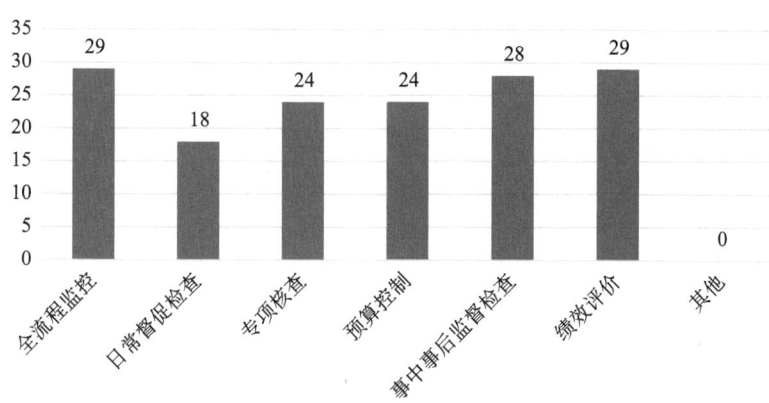

图 5-7　政府购买公共服务过程中监督方式有效性调查

（三）向承接主体问卷调查的统计结果

因疫情影响，此次向政府购买公共服务的购买主体进行的问卷调查范围仅限于在某直辖市某区参与面向社区居民提供部分公共服务的承接主体。本次调查问卷发出 70 份，实际回收 62 份，主要通过社区街道工作人员向承接政府购买公共服务的企业或社会组织发放，涉及教育、医疗、科技、社保、民政、养老、心理咨询、物业管理、环卫等公共服务领域。此次问卷调查已确保作为调查对象的每家单位只收到一份问卷，且均由其业务骨干填写，因此本次问卷统计结果具有较高真实性。据统计，在 62 家受访者所在企业或提供服务的组织中，有 8 家事业单位、37 家企业、17 家社会组织，其中有 53 家机构曾经主动申请过政府购买服务项目，9 家未主动申请过。

在关于受访者"所在机构申请购买公共服务动机"的多选项调查中,72.58%的受访者为扩大服务范围、54.84%的受访者为获得稳定的服务收入、40.32%的受访者为获得社会声誉、45.16%的受访者为回应社会或政府需求、37.1%的受访者为获得政府资源(见表5-24和图5-8)。这个结果说明大多数企业和社会组织参与政府购买公共服务活动的目标比较明确,也比较真实可信。同时也反映出他们愿意承担社会责任,回应社会和政府需求,共同参与社会治理过程的愿望。

表5-24　　　　　受访者所在机构申请购买公共服务动机

事项	频率	百分比	个案百分比
获得社会声誉	25	16.13%	40.32%
扩大服务范围	45	29.03%	72.58%
获得稳定的服务收入	34	21.94%	54.84%
获得政府资源	23	14.84%	37.10%
回应社会或政府需求	28	18.06%	45.16%
合计	155	100%	

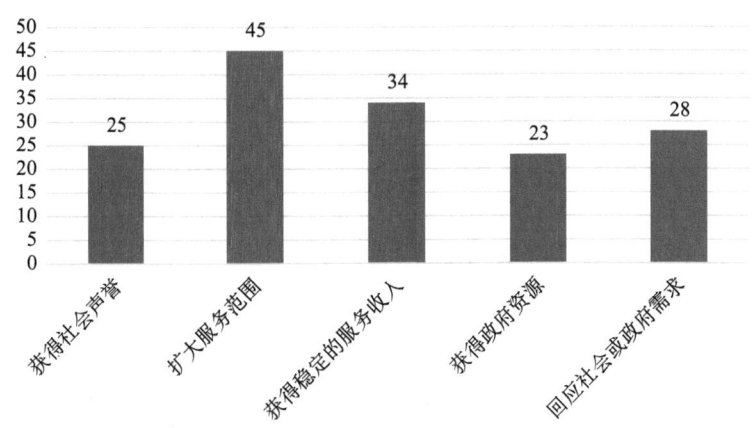

图5-8　受访者所在机构申请购买公共服务动机的频率

在关于受访者"所在机构获取政府购买公共服务的信息渠道"的多选项调查中,70.97%的受访者通过浏览市政府信息公开网站了解相关信息,46.77%的受访者通过公共场所的信息公开栏,27.42%的受访者通过报纸或新闻,4.84%的受访者通过热线电话,17.74%的受访者通过便民材料,

12.9%的受访者通过熟人关系（见表5-25和图5-9）。这在一定程度上反映出企业和社会组织愿意参与政府购买公共服务竞争的主动性以及获取信息渠道的多元化。但信息渠道较为分散，在一定程度上增加了获取信息的时间成本，影响了信息取得的及时性。

表5-25　　受访者所在机构获取政府购买公共服务信息渠道

事项	频率	百分比	个案百分比
浏览市政府信息公开网站	44	39.29%	70.97%
报纸、新闻	17	15.18%	27.42%
公共场所的信息公开栏	29	25.89%	46.77%
热线电话	3	2.68%	4.84%
便民材料	11	9.82%	17.74%
熟人关系	8	7.14%	12.90%
合计	112	100%	

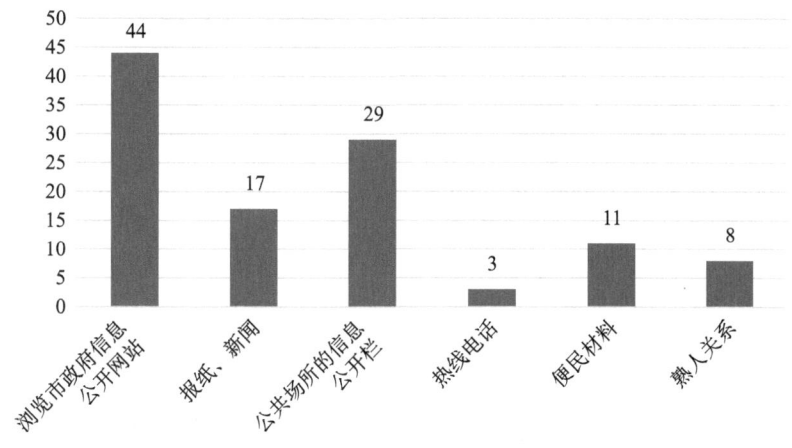

图5-9　受访者所在机构获取政府购买公共服务信息渠道频率统计

在关于受访者"所在机构提供政府购买的公共服务时面临的主要困难"的多选项调查中，20.97%的受访者提出资金使用困难，一些财务规定不符合实际，22.58%的受访者提出与购买方关系不平等，只是政府的伙计而非伙伴，32.26%的受访者提出与接受服务方缺少信任，活动开展受阻，43.55%的受访者提出经费不足，37.10%的受访者提出人手紧张，14.52%的受访者提出缺少同类机构或行业的业务支持（见表5-26和图5-10）。由此数据可以比较真实地反映出当前承接主体在实际活动中仍然面临的窘境，需要通过其自身组织建设和良好环境营造加以改善。

表 5-26　受访者所在机构提供政府购买公共服务面临主要困难

事项	频率	百分比	个案百分比
一些财务规定不符合实际	13	12.26%	20.97%
与购买方关系不平等	14	13.21%	22.58%
与接受服务方缺少信任，活动开展受阻	20	18.87%	32.26%
经费不足	27	25.47%	43.55%
人手紧张	23	21.70%	37.10%
缺少同类机构或行业的业务支持	9	8.49%	14.52%
合计	106	100%	

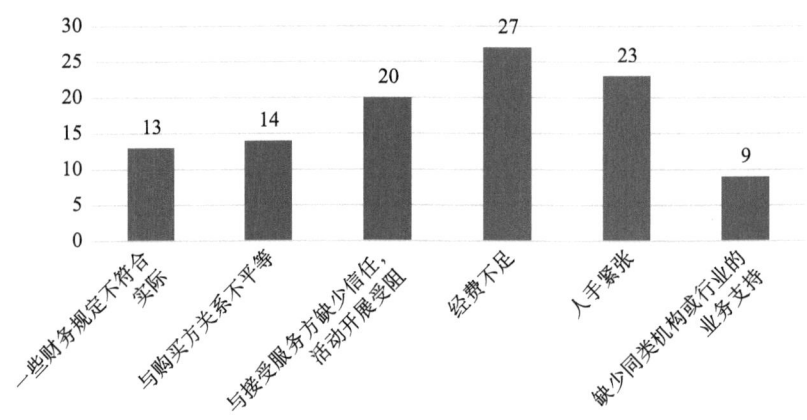

图 5-10　受访者所在机构提供政府购买公共服务面临主要困难频率统计

在关于受访者"认为当前政府购买公共服务信息透明程度"的调查中，13%的受访者认为很高，72%的受访者认为一般高，13%的受访者认为不高，2%的受访者认为基本不透明。这说明当前的信息透明度还需要进一步提高，通过提高信息透明度，促进更多优质承接主体参与市场竞争。

在关于受访者"认为当前推行政府购买公共服务竞标公平性"的调查中，65%的受访者认为基本公平，16%的受访者认为很公平，13%的受访者认为很不公平，6%的受访者认为不好说。此数据说明总体上来讲，承接主体认为竞争是比较公平的，但仍然存在不公平情况，需要通过加强监督提高竞争的公平性。

在关于受访者认为"哪些监督主体对其所在机构提供服务的质量和效率影响最大"的调查中,38.71%的受访者认为是政府及政府各相关部门,27.42%的受访者认为是各级财政部门,38.71%的受访者认为是服务受益者,14.52%的受访者认为是第三方机构。这说明承接主体对政府部门和服务对象的监督比较认可,对第三方机构的认可度有待提高。

在关于受访者认为"现行政府购买公共服务的监管是否严格"的调查中,27%的受访者认为非常严格,47%的受访者认为比较严格,24%的受访者认为不太严格,2%的受访者认为没有什么监管行为。这一方面反映了承接主体对购买主体对自己监督程度的感受,另一方面也反映出有相当一部分购买主体对监督职责的履行并不到位。

在关于受访者认为"政府购买服务制度推进中存在的主要问题"的多选项调查中,67.74%的受访者认为购买服务的范围有限,58.06%的受访者认为公共服务质量标准难以衡量,40.32%的受访者认为部门各自为政、缺少统一实施规划,33.87%的受访者认为政府部门对社会组织的培育力度小,分别有27.42%、22.58%、25.81%的受访者认为购买流程不规范,容易滋生腐败,政府部门对购买的公共服务项目管理能力弱以及缺少有效的公共服务绩效评估(见表5-27和图5-11)。数据反映出承接主体对政府购买公共服务现存问题的主观认识,这些问题为承接主体参与政府购买服务活动带来了一定的困扰。

表5-27　受访者认为现行政府购买公共服务存在的主要问题调查

事项	频率	百分比	个案百分比
部门各自为政、缺少统一实施规划	25	14.62%	40.32%
购买服务的范围有限	42	24.56%	67.74%
公共服务质量标准难以衡量	36	21.05%	58.06%
购买流程不规范,容易滋生腐败	17	9.94%	27.42%
政府部门对购买的公共服务项目管理能力弱	14	8.19%	22.58%
缺少有效的公共服务绩效评估	16	9.36%	25.81%
政府部门对社会组织的培育力度小	21	12.28%	33.87%
合计	271	100%	

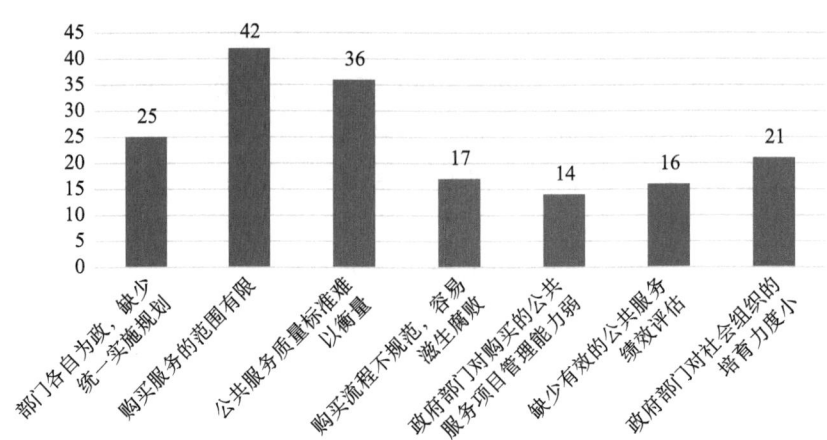

图 5–11 受访者认为现行政府购买公共服务存在的主要问题

在关于"完善政府购买公共服务的建议"的多选项调查中，75.81%的受访者建议建立统一的各部门购买服务需求信息发布平台，56.45%的受访者建议公开招标、公平竞争，53.23%的受访者建议建立多维评标制度，考虑综合社会效益而非单看价格，46.77%的受访者建议完善承接方准入的资质评估制度，30%~40%的受访者建议签订合同，契约管理购买双方的权利义务，完善过程管理和监督，确保服务质量；加强评估反馈工作，促进政社互动；建立社会组织信用评价体系，维护行业环境（见表5–28和图5–12）。从本题的调查结果可以看出，承接主体对政府购买公共服务制度的完善寄予较大的希望，且对制度完善的具体内容有较大的关注。

表 5–28　　　　　完善政府购买公共服务制度的频率统计

事项	频率	百分比	个案百分比
建立统一的各部门购买服务需求信息发布平台	47	19.92%	75.81%
完善承接方准入的资质评估制度	29	12.29%	46.77%
公开招标、公平竞争	35	14.83%	56.45%
建立多维评标制度，考虑综合社会效益而非单看价格	33	13.98%	53.23%
签订合同，契约管理购买双方的权利义务	22	9.32%	35.48%
完善过程管理和监督，确保服务质量	23	9.75%	37.10%
加强评估反馈工作，促进政社互动	24	10.17%	38.71%
建立社会组织信用评价体系，维护行业环境	23	9.75%	37.10%
合计	236		

第五章 对政府购买公共服务监督问题的各方观点调查

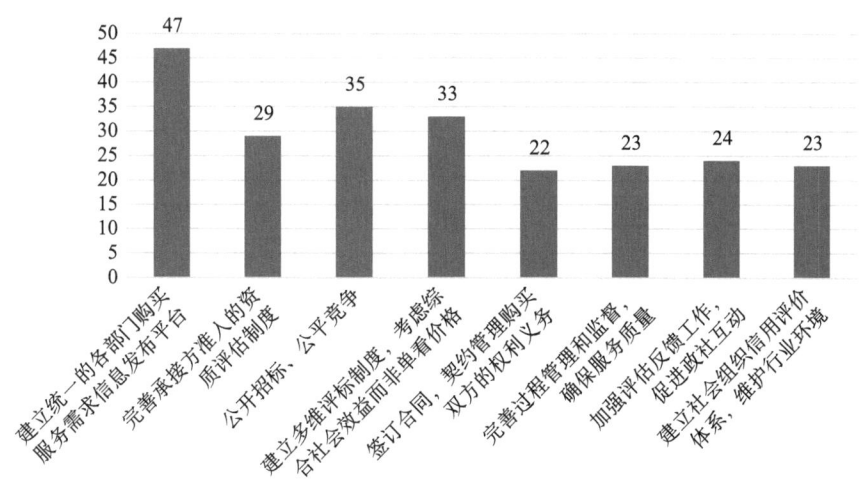

图 5-12 完善政府购买公共服务制度的建议频率统计

（四）问卷调查分析结论

本次调查涵盖了政府购买公共服务中涉及的购买主体、承接主体以及社会公众三类受访群体。在问卷设计中不仅根据调查对象的异质性设计不同的问题，旨在对我国政府购买公共服务监督的实际情况进行全面了解，而且对不同受访群体提出了若干相同的问题，以考察处于政府购买公共服务过程中不同受访群体对同一问题的态度和看法，以下我们也将分三个部分对三类被调查对象分别统计分析。当然，在任何一个以广泛的劳动分工和不确定性存在为标志的社会里，信息成本毫无疑问地因人而异。[1] 事实上，大部分被调查对象对政府购买公共服务相关制度持积极主动的态度，但也有些是被动的或困惑的，甚至在发放问卷过程中有些人对政府购买公共服务一无所知。而且，限于大部分被调查对象了解政府购买公共服务信息的低收益无法弥补其时间和其他稀缺资源的成本，所以在做统计分析前不能排除这样一种可能：有不少受访者在填写问卷时不愿劳神去发现他们自己最真实的观点。尽管如此，以问卷调查的形式研究政府购买公共服务及其监督的实际情况仍然非常必要和具有意义，因为统计问卷的意义不在于某个数字本身，而在于洞察其背后的真相，这也是我们开展调查研究目的所在。比如，当某些服务承接主体作

---

[1] 安东尼·唐斯. 民主的经济理论 [M]. 姚洋, 邢予青, 赖平耀, 译. 上海：上海人民出版社, 2017.

为受访者被问到"对政府购买公共服务及其监督的改进和提高建议"时，有50％以上的受访者强调了要公开招标、公平竞争，但是当他们被问及政府购买公共服务的公平程度时，65％以上的受访者认为基本公平或非常公平。因此，虽然人们可能会不完全真实地反馈某种认识，但会在回答问卷中透露出某种真实的意愿，这能够为下一步提出具体制度建议的研究提供参考。

从问卷调查的统计情况来看，我国政府购买公共服务规模总体上呈现逐年增加的趋势，购买公共服务范围在教育、医疗、社保、民政、民生等诸多公共服务领域均有涉及。作为被调查对象，从受益对象、购买主体、承接主体三类视角看待政府以购买方式提供公共服务的效率问题，有90％以上的社会公众认为政府购买公共服务会提高供给水平以及政府通过购买方式提供公共服务确有必要，有66％和29％的购买主体分别认为政府购买公共服务项目运行效率很高和效率一般。可见推行政府购买公共服务制度获得了社会各层面广泛的支持和认同。但各方面通过问卷反馈提出了政府购买公共服务可能存在的问题和诸种顾虑。主要问题是社会公众参与度较低，信息公开程度不高，导致各方面受访者对权力滥用的担心程度较高。有43.57％和21.74％的社会公众认为行政权力在政府购买公共服务开展过程中有较高和极可能被滥用；有22％的政府机关工作者担心政府购买公共服务开展过程中存在腐败问题，有20％的人不好说，2％的人非常担心；有75.81％的承接主体建议建立统一的各部门购买服务需求信息发布平台，说明信息获取的不便，56.45％的承接主体建议公开招标、公平竞争。以上情况一方面由于公众自身主动参与的积极性不够，另一方面由于政府的信息发布和沟通机制不畅。从作为服务对象的社会公众来看，在"关于政府部门在进行公共服务购买活动之前，是否征询过意见或者进行过访问调查工作"的调查中，75.72％表示没有征询或者访谈；在关于"是否会将所享受的政府购买公共服务质量反馈给政府有关部门或者提供服务的企业、社会组织"的调查统计中，43.49％的人表示不会反馈；在关于"对政府购买公共服务的建议"的调查中，78.99％的受访者认为应加强政府购买公共服务信息公开度。从作为购买主体的各级政府机关反馈来看，47.27％的人认为社会公众对政府购买公共服务项目的开展参与程度不够，36.36％的人认为确定服务范围和项目之前未征求服务对象的意见。

此外，问卷调查中还反映出政府购买公共服务范围与内容需进一步扩大和增加、社会组织承接能力不足、履约能力有限、承接主体与服务对象相互缺乏信任等问题。同时,三类被调查对象在问卷反馈中对细化制定相关制度办法、建立多维评价制度、统一信息发布平台以及加强政府购买公共服务项目的立项过程、政府购买公共服务的预算控制、采用的购买方式和购买过程、政府购买信息的公开透明程度、政府购买公共服务的质量情况等方面的监督均提出了期望。

二、S省政府购买公共服务及其监督情况的访谈分析

在课题研究过程中,课题组成员曾经走访过北京、天津、广东、浙江、宁夏、山西、江西等地,与财政部主管司局,地方财政厅局,教育、民政、社保、残联、交通等部门的领导和工作人员,以及部分城市的基层社区和承接购买服务的公益二类事业单位、民非组织、企业负责人等进行了走访或座谈,了解到当前政府购买公共服务领域存在的很多共性问题,这些问题已在本报告的第二部分进行了汇总、提炼和阐述。为更加深入系统地了解一个地方政府购买公共服务监督的现实情况以及实际监督工作中面临的困境,课题组成员于2021年利用假期选择在政府购买公共服务方面处于中等水平的我国中部某省进行了一个月左右的实地走访调查,在省级层面和县级层面进行了比较广泛、深入的访谈,获取了比较丰富的一手资料。

由于财政部门是我国政府购买服务的法定监督管理职能部门,因此,此次为期一个月的深入走访,主要针对的是中部某省的省级财政部门、县级财政部门,同时,我们对该省的部分县级购买服务主管部门以及承接购买服务的相关企业也进行了走访,以了解基层政府购买公共服务的实际情况。

此次调查采用的是访谈方式,主要形式包括一对一的半结构访谈和焦点小组访谈。访谈对象涉及S省级财政部门综合处[①]副处长及相关业务骨干,S省Z县财政局主管副局长及相关业务骨干,S省Z县某购买服务主管部门负责人及相关业务骨干,S省Z县某购买服务承接企业负责人及相关业务骨干。通过访谈,辅之以参阅Z县推行政府购买公共服务印发的相关文件,课题组可以概悉基层政策执行者对于上级政策的认识以及政策执行中遇到的困难和改进建议,以期对我国政府购买公共服务及其监督现状有更加深入地了解。借

---

① 财政部内部负责政府购买服务管理的是综合司,相应地,地方省财政厅为综合处。

鉴分析性叙述的研究策略①，将工具性的理论框架与具体情境相结合，打破为追求理论演绎而忽略现实情境和机制的局限性，在访谈的叙述中生成有情景边界的中层理论②。在具体访谈叙述中发现课题组访谈之前未觉察到的感性认识，进而形成更完整的解释机制，为提供政策建议作出贡献。

（一）对省级和县级财政部门干部访谈内容

根据财政部于2020年新颁布的《政府购买公共服务管理办法》，财政部负责制定全国性政府购买服务制度，指导和监督各地区、各部门政府购买服务工作。县级以上地方人民政府财政部门负责本行政区域政府购买服务管理。财政部门在政府购买公共服务的有效规范实施中起着关键指导作用。因此，在对S省财政部门有关领导的访谈中，涉及的内容包括对政府购买公共服务基本概念和意义的理解、购买决策的影响要素、政府购买公共服务的边界和购买原则与购买方式、公共服务购买过程中存在的问题、凭单制的使用条件、绩效评价与政府购买公共服务及其监督之间的关系、绩效评价的量化标准、政府购买公共服务监督机制的运行和有效性、在财政监督中发现购买公共服务的典型案例等。访谈提纲见表5-29。

表5-29　　　　S省省级和县级财政部门干部访谈提纲

序号	访谈预设问题	访谈中补充问题
1	为什么实施政府购买公共服务？具体实例	政府购买公共服务方面的制度办法有哪些？存量公共服务转为购买方式提供的有哪些？涉及财政的责任、采购主体的责任、承接主体的责任、受益群众的责任
2	购买服务决策的做出考虑了哪些因素？与原来财政拨款模式有何区别	是否采用政府购买公共服务方式是以财政部门为主还是以主管部门为主？如何服务承接主体与购买主体的去市场竞争化和管家关系化
3	政府选择购买的公共服务职能的标准是什么，哪些可购买？哪些不可购买	政府购买公共服务政策实施中遇到的困难有哪些

---

① Batesrh, Greifa, Levim, et al. Analytic narratives [M]. Princeton：Princeton University Press, 1998：10-13.

② Levim. Producing an analytic narrative [M]. //Bowen J R, Petersen R. Critical comparisons in politics and culture. Cambridge：Cambridge University Press, 1999：152-172.

续表

序号	访谈预设问题	访谈中补充问题
4	在购买的实施过程中，政府、企业、社会组织及公众等利益相关者分别扮演着怎样的角色？具有怎样的态度与行为？他们之间怎样互动？对购买过程与绩效有何影响	政府购买公共服务过程中存在哪些困难
5	政府购买公共服务的绩效如何？与购买过程有何关系	政府购买公共服务是否做过绩效评价
6	政府购买公共服务具体如何操作，过程怎样	凭单制的应用场景
7	如何理解对政府购买公共服务的监督与购买公共服务的关系，监督机制如何运行	政府购买公共服务监督过程中采取哪些手段，如何对服务承接机构进行奖惩
8	目前形式上（纸面上）的监督主体有哪些，实质上的监督主体有哪些	
9	政府购买公共服务监督是否有效以及有效的举措有哪些	人大监督对于政府购买公共服务的影响有哪些
10	政府购买公共服务绩效和监督绩效能否以及如何量化	
11	在购买公共服务中和监督检查中有哪些成功案例和失败案例，已经获得了哪些经验？有何不足	

1. 关于政府部门对政府购买公共服务的基本认识

从访谈内容来看，S省财政部门和S省Z县对于国家推行政府购买公共服务政策的方向性把握清晰、准确，受访干部提到了政府购买公共服务的意义和目的在于：

（1）提升公共服务供给质量，保障群众多样化公共需求。随着我国社会主义市场经济制度的日趋完善和发展，公共服务供给从原来计划经济中单一主体承担向多元主体供给的转变至关重要，这是由社会结构和层次的复杂性以及社会成员增加了日趋多样和优质的公共服务需求所决定的。

省级财政部门干部JW表示："我国开始设立社会组织，后面扩充到了企业，再到后面的社会力量（所有非政府的都是社会力量），社会力量的演变过程就是从一开始的社会机构逐渐到现在包含了社区、自治组织以及自然人，充分体现了公共服务的提供主体越来越多样化。多样化的原因,是由于我们(政府机关)有这个需求,他们(社会力量)提供的服务就是船小好调头,灵活多样,更能体现老百姓对于公共服务的多样化需求。虽然事业单位就本身定位来说是完全的服务主体,但受制于几十年来人员僵化、下海思潮等各种情况的影响,事业单位结构已经逐步不适应我们现在公共服务的生产需要,所以才产生了购买服务的需要。它的核心(政府购买服务)就是通过市场机制的方式把政府应当提供的公共服务中适合社会力量承担的部分交由社会来办。"(20211013 – S 省财政部门综合处 – JW)

(2)降低公共服务供给成本,提升公共资源配置能力。在原有政府单一供给模式下,政府以巨额财政供养着数千万计的事业单位员工,并且通过这些员工生产和供给社会所需要的公共服务。多年来,这种独特的供给机制在取得特定成效的同时,也产生了严重的负面影响,缺乏竞争的垄断性供给,使事业单位成为铁饭碗而长期依赖财政拨款,使之逐渐丧失核心竞争力,其供给的为数不少的公共服务和公共产品质量、品种、水平和数量日渐低下和萎缩,不仅难以满足社会公众基本需求,而且使国家财政低效甚至无效配置。①

省级财政部门干部 JW 表示:"五六十年代,当初的面粉厂前身都是事业单位,政府来集中组织一帮人和队伍,集中体现政府公益职能给老百姓提供公共服务。但在那个年代,老百姓的公共服务需求相对单一,在这种情况下我们的事业单位基本可以圆满承接基本的公共服务提供。所以政府既是公共服务生产者又是提供者。这个概念其实也不是完全准确,准确地说,事业单位是生产者,政府是提供者。改革开放以后这种(基本公共服务)多样化怎么办,政府再组织一支新的队伍?如果这个公共服务是阶段性公共服务怎么办?或者你想象的某个公共服务解决不了的情况下怎么办?""政府在办事时,机制落后,船大不好掉头。改革开放以来,人民群众多样化,他们的需要随着社会的发展渐进而渐进,在这个时候对政府提出来新的考验。"(20211013 – S 省财政部门综合处 – JW)

(3)激发市场社会组织和涉改事业单位活力,促进就业,助力经济社会

---

① 王浦劬. 政府向社会力量购买公共服务的改革意蕴论析[J]. 吉林大学社会科学学报,2015(7).

平稳发展。在当前疫情反复、国际贸易环境恶化、经济下行压力增大的状况下，政府通过事业单位改革和向社会力量购买公共服务的方式成为实施积极的财政政策激活市场的有力抓手。通过市场机制将财政资金导入社会力量生产和供给公共服务，为社会力量注入极大的激励动力。通过社会力量提供大量公共服务的同时，培育发展优质企业，倒逼公益二类事业单位在市场竞争的大潮中"强身健体"，在此基础上推动公共服务供给结构改革，使社会组织主动参与公共服务的生产和供给，能够在保就业保增长的同时，助力经济的平稳发展。

省级财政部门干部 JW 表示："我省从 2017 年开始推动事业单位政府购买服务改革，就是把一些存量的服务转为以购买服务的方式来走。由于公益二类事业单位改革的五年过渡期，五年之内以改革前一年的财政预算数支持。这样就我们的整体政策来说，公益二类事业单位以后慢慢地与企业和其他社会组织同台竞技了。为啥要同台竞技？因为事业单位的核心业务是提供公共服务，如果没有办法与其他社会组织进行媲美的话，就已经被社会淘汰了，其公共服务大家不需要了，所以我们通过这种方法来促进事业单位'健身'，提高自己公共服务的提供能力，避免了事业单位体制僵化的问题。""如送戏下乡，这些院团戏所一般是公益二类事业单位，或者文化体制改革转企的一些单位，所以我们通过这种方式一是促进单位能活下来，二是保证老百姓的公共文化需求。购买服务的好处是我可以用更好的或者同样的价钱买到更多更好的服务。"（20211013 - S 省财政部门综合处 - JW）

2. 关于政府购买公共服务实践中存在的问题

S 省财政部门受访者谈及关于政府购买公共服务政策实施相关问题时，大致可分为明确提出的问题和诉求以及不愿提及但确实存在的问题。对于尚未提及的问题可能有两种情况，一是作为财政部门的官员尚未意识到某些问题的存在，二是意识到问题存在但无法解决故避而不谈或浮于表面谈论导致问题产生或无法解决问题的某些客观因素，此类问题由邀访者在谈话中提出。尽管如此，无论是受访者明示的问题，还是我们通过进一步分析得出的问题，都值得我们重视和研究。具体而言，政府购买公共服务实践中存在的问题主要包括：

（1）实践中政府购买公共服务边界的划定。政府购买公共服务边界划定的正确性和合理性，是由政府职能的行使范围、政府购买公共服务质量控制以及社会公众的真实需求所决定的。对于本次受访的省级和县级财政部门官员，均对政府购买公共服务边界的划定以及划定原则的认识不够清晰，且政府购买公共服务的决策在于各预算主管部门，主要决策依据是上级主管部门印发的文件要求，财政主要负责预算资金的安排。

省级财政部门干部JW表示："从现有财政管理体系来说，决策层面不在财政部门。按照预算法规定，部门提出公共服务的支出范围和方向，然后安排预算。现在要求事前评估，就是从决策角度考虑的。水利考虑水利，教育考虑教育，财政只是看有没有预算安排。政府购买服务是政策性导向，政府采购走了多少年了，政府购买服务才走了几年，政策还在不断完善，单从这几年来说把它当成成熟的东西来落下去，我觉得不大现实。""与政府采购目录不同，购买服务目录是可以进行购买服务，不是必须，但采购目录是必须进行采购。购买服务决策的考虑主要是以中央相关部委的依据为准和一些新生的事物或服务项目，而且不同意成立新的单位，现有力量不足了只能通过政府购买服务来走。""公共服务边界的问题，从中央到地方，再到市县区，是没有明确的边界。现在的边界制定是根据财力和社会事业发展的程度建立的。举个例子，我们偏远的山区县与深圳市的一个区买的服务不是一个样子，一个有钱，一个没有钱；深圳的一个区有更多的社会组织，我们的山区县就是一些老百姓和农民或手工业者，但如果想要别的省的社会组织来这个县提供公共服务，还要考虑时间成本和价值成本的问题。在深圳可能1元钱的成本，到偏远地区可能就需要10元钱。社会组织的发展必须是自发的，慢慢的。所以范围没法准确确定。购买公共服务标准这块就是我们要买什么的问题，一个观点就是应买尽买，所有公共服务可以由社会力量承接的都可以承接。"（20211013－S省财政部门综合处－JW）

县级财政部门干部WK表示："政府采购中心划转到行政审批局了，财政对于政府购买服务主要是拿钱，对于资金的使用绩效（进行监管）。出的文件参考上级，购买服务是很深的东西，我们根据上级文件办。比如说前段时间县里主要领导问局长，县里的消防能否进行购买服务，局长说我感觉不行，消防本来就是政府的职能，怎么能购买服务，所以说有些东西也把握不准。实际上就是消防队人员不足，因为不能以购买服务名义变相用工。"（20211020－S省Z县财政部门－WK）

（2）政府购买公共服务及其监督制度的实施受限于财力和人力的短缺。

政府通过购买的方式提供公共服务的一个重要原因，是依靠更加节俭高效的私营部门来降低政府运营的成本，缓解财政压力，同时私营部门能够提供专业技术，而这些在政府内部可能是无法做到的。①② 但是从访谈中发现，某些政府购买公共服务项目的开展及其监督的实施并未达到预想的降低财政压力的目的，且受限于财力和人力的短缺，政府购买公共服务项目的实施可能达不到预期。

省级财政部门干部 JW 表示："我国政府公共服务提供能力能延伸到哪里？延伸就是我们政府提供，但是后面还有一个回溯，回溯是什么概念，就是政府提供还有一个'基石'的问题。基石问题就两件事，一是财力的问题，二是社会承接主体的问题，有多大的承接能力。""对于财政收入这块主要靠两块，一个是非税收入、一个是税收收入。非税收入现在基本已经减得差不多了，那就主要靠税收收入，税收主要是产业制造，制造是靠人来制造，人口净流出很难保证收入。我省是人口净流出省份，乡村的跑到城市，城市的跑到省会城市，省会城市向大城市集中，大城市向一线城市集中。我们属于人口被虹吸的地区。人口多的省份需求就多，有需求就能带动经济发展。对于政府购买公共服务，比如妇女两癌筛查，原理上购买服务走这个项目非常适合，但实际上走不通，原因是这项服务由医院承担，医院大部分都是事业单位，都是政府的医院，我们会给医院分配任务，但是医院获得的财政补贴可能低于医疗服务的成本，所以还是财力的问题。"（20211013 - S 省财政部门综合处 - JW）

县级财政部门干部 WK 表示："实际上，政府购买服务这个工作首先得有财力，单位安排年初要有预算，政府采购中心给我们采购。但年初我们的财力很有限，所以年初就安排不出来，有些项目就不能规范地推进。""咱们县环境卫生服务工作主要依靠五六十岁的农村的劳动力，一个月每个人支付几百块钱工资，但是通过政府购买服务的方式，测算下来需要财政负担 7000 万元，目前采用临时用工的方式只需要 2000 万元。"（20211020 - S 省 Z 县财政部门 - WK）

（3）政府购买公共服务过程中是否存在权力寻租与腐败行为。政府职能

---

① Morrs M. Medicaid managed care for children with special health care needs: examining legislative and judicial constraints on privatization [J]. Public Administration Review, 1999, 64 (2): 234 - 242.

② 刘波，崔鹏鹏，赵云云. 公共服务外包决策的影响因素研究 [J]. 公共管理学报，2010 (4).

的界定是以国家和社会需求为前提,并随着国家和社会需求的改变而发生变化。而且,政府职能行使的强弱程度取决于行政权力的大小,如果政府行使权力超出了法定的内容和要求,将导致政府职能的异位并容易诱发权力寻租等腐败问题。受访的财政部门官员并未否定政府购买公共服务过程中可能存在此问题,但也未从财政的角度提出具体防范对策,仅是明确政府购买公共服务是正向政策,在政府购买的实现过程中出现类似寻租的问题应由纪检、监察、审计等部门来干预,且此类问题的主要原因是党性问题。由此可见,如何通过制度防范权力行使中的腐败风险尚有很长的路要走。

省级财政部门干部JW表示:"政府购买服务的实现程序是政府采购,政府采购这么多年的弊病解决不了但还在沿用,说明它有存在的道理。这个问题从政策的角度是没有问题的,你说的问题应该是纪检、监察、审计部门去查找的。所以说我们的政策是正向政策,但是走歪的话是监督部门去管理的。这个漏洞在政策层面,如果官员和承接组织有寻租行为,那么纪检监察部门就会进行干预。这么多年大家说的权力寻租,纪检部门也打了很多老虎拍了很多苍蝇,更多的问题还是坚持社会主义理念的问题,党性的问题。"(20211013 - S省财政部门综合处 - JW)

(4) 政府购买公共服务监督机制有待完善。2021年2月S省按照财政部购买服务办法出台了《S省的购买服务管理办法》,提出:"有关部门应当建立健全政府购买服务的监督管理机制。购买主体和承接主体应当自觉接受财政监督、审计监督、社会监督以及服务对象的监督。"S省财政部门受访官员在访谈中指出,财政监督的主要举措是开展政府购买公共服务项目的全过程绩效评价,对人大监督、政府监督、审计监督做出了一般性解释,但是就群众监督渠道是否畅通、相关预算信息公开程度、人大监督是否流于形式、各监督主体在监督过程中遇到的阻碍等特殊性问题并未提及,导致访谈内容过于空泛。因此,无论受访官员是否意识到政府购买公共服务监督过程中存在的问题,相关监督机制的发挥作用有待进一步研究。

县级财政部门干部WK表示:"这(政府购买公共服务制度建设)一块是短板……这个(监督)平常就是没有精力和时间去检查,最准的就是通过绩效评价,平常检查就是看看资金使用情况和进展情况,对于工作质量我们就没法去持续跟进。"(20211020 - S省Z县财政部门 - WK)

省级财政部门干部JW表示:"人大是对当级人民政府、省委的监督,也是全面监督，行使了人民的权力。对于购买服务监督包括财政监督、审计监督、公众监督，实际操作层面也是如此。监督是具体环节性的流程，每年审计按照政府购买服务管理办法进行审计。审计就是审计监督，财政监督就是每年财政预算绩效评价，也进行了实际上的监督。监督不可能对政府购买公共服务单独出监督规定，这只是我们财政业务的一小块内容。社会公众监督的渠道是我们的举报、投诉、信访，渠道是畅通的，可以打政府的主要投诉热线。""人大监督是全面监督，但购买服务是一方面问题。人大的关注点不应是某个项目是否应该通过购买服务走，关注点应该是服务项目的结果。我们往前延，预算是人大批复的，这件事更多体现的是决策的问题，监督购买服务首先应该监督政府决策，换句话说预算草案是人大审核过的，这一过程人大已经行使了监督的权力，人大的监督权力已经得到了彰显。"（20211013 - S省财政部门综合处 - JW）

（5）政府购买公共服务绩效评价标准难以科学量化导致监督缺乏依据。对政府购买服务项目进行绩效管理的难点之一，就是缺乏明确的服务质量标准和支出标准。服务质量标准的模糊，导致财政支出无法准确判断投入成本的合理性，也就无法科学评价承接主体提供服务的投入产出水平和效益情况。而之所以存在这一难题，归根结底，是因为政府购买服务存在"软""硬"两种服务标准。所谓"硬标准"，通常体现在可标准化测度的硬件设置等的建设投入上，这种标准可以参考国家、行业等制定的标准直接确定；但"软标准"则更多地反映在服务本身的内涵质量上，应当由谁来制定标准、按照什么标尺进行衡量、是否能成为公认的标准等。① 政府购买公共服务质量难以量化的特殊性导致监督主体将监督的关注点主要集中于政府购买公共服务实施过程中的合规性、合法性，对于服务效果的监督主要依赖于专业机构出具的绩效评价报告。

省级财政部门干部JW表示："绩效评价指标由主管部门或者服务的购买主体来确定，财政是鼓励量化。量化也不是唯一的指标，不是单纯地凭数字量化，服务还有无形的东西。比如老年人理发，剪得好不好，还是由个人体验为准，难以量化。老百姓对公共服务还有自己的认知。我们的政府不是全

---

① 杨燕英，周锐，陈少杰，等. 政府购买服务全过程预算绩效管理：一个典型案例的研究 [J]. 中央财经大学学报，2021（4）.

能的政府，这个是跟我党执政理念有关，百姓所需是我所想，但是这个要考虑现代国家治理的问题，我解决到什么程度就可以，这就是政府来衡量公共服务边界的问题。这个又回到产业和公共服务水平相匹配。这个极容易掉入国家'福利陷阱'的问题，养懒人，如希腊每天工作四个小时，高福利。但我们的人民是勤劳的，我们的社会阶级主要是工人阶级，工人阶级是主体，是创造价值的。包括医保体系慢慢地在扩面，是不断调整的，根据社会需要调整的。在一个偏远山区县的需求不如深圳的需求那么高，是由社会发展水平的差异，地理位置差异，人口结构差异，知识层次、道德素质的差异造成的，这是综合差异。""第三方机构绩效评价的核心问题是第三方要具备一定资质和水平，主要还是在制定绩效评价指标的时候，绩效指标是评价的依据，购买服务的指标由购买主体制定。对于指标的制定要做前期的论证和调研，这个依靠购买主体本身能力的问题。主管部门内部也有自己的内控来纠错。"（20211013 - S 省财政部门综合处 - JW）

（二）对县级购买主体的访谈内容分析

受访购买主体是 S 省 Z 县残联的主要领导和业务骨干，对基层购买主体采取焦点小组访谈的形式，主要了解在政府购买公共服务实践中的具体困难以及改进的建议。

在访谈中了解 Z 县残联购买公共服务内容、预算安排、采购方式、服务对象、支出标准、绩效监控等情况时，Z 县残联主任提到："我们是通过竞争性磋商的方式，提供十几种服务，每户 3000 元标准，每年 100 户，钱数不能减，提供服务方面谁家提供得更好，三家商量。具体服务有：家政服务、健康监测、康复训练、心理疏导；被服务范围：项目要求就业年龄段（男 16 ~ 59 周岁，女 16 ~ 54 周岁）的智力残疾、重度残疾等。"（20211020 - S 省 Z 县残联 - ZB）

通过访谈发现县级购买主体遇到的主要问题包括：财力约束导致受益群体较少，受益个体服务持续性不足；预算安排与公共服务项目实施衔接不顺畅，导致项目实施周期被严重挤压；公共服务项目评价指标僵化，唯"任务"论、唯"数量"论，忽略了公共服务的基本宗旨；绩效评价主观性较强，缺少客观可量化指标；经济欠发达地区的社会专业服务组织缺乏等。具体访谈内容见表 5 - 30。

表5-30　对S省Z县残联关于政府购买公共服务访谈内容分析

序号	问题设置	受访者反馈情况	问题分析
1	购买公共服务过程中激励机制有哪些	我们是做完以后，对残疾人回访，如果满意就全款给他，如果不满意再研究怎样处理。对于现在来说3000元有点少，去家里服务十几次，开车下去，虽然不够也是一种帮助。现在没有专门的机构来集中服务残疾人。我们县残疾人有点多，这是我们自己筹集的资金	财力约束导致受益群体较少，服务持续性较低
2	购买公共服务过程中存在哪些困难（1）	项目中限制就业段，从省到县要求就业段的群体受到服务。每年确定100户，有的人听说了就吵上来了，其实我们是一片一片筛选过的	财力约束导致受益群体较少，服务持续性较低
3	购买公共服务过程中存在哪些困难（2）	比如国家的彩票金（安排的项目）或者省里的项目，有的说是一年时间，有的说是一个服务周期，比方说这个钱是今年6月份下来的，要求是今年年底将项目全做完，所以说就是半年时间。不管钱是几月份下来的，年底必须完成。每年六七月份下文件了，才定哪个县、哪一户。应该是前一年年底把任务数定下来	预算安排与公共服务项目实施衔接不顺畅，导致项目实施周期被严重挤压
4	购买公共服务过程中存在哪些困难（3）	今年项目享受过了，中央彩票金可能有个规定明年就不能享受了，实际上很多人今年享受了感觉效果比较好，如果继续服务会对家庭条件的改善和身体的康复有一定好处，但项目明文规定一个人只能享受一年，针对困难户应该有个延续	财力限制导致政府购买公共服务项目对受益个体服务持续性不足
5	购买公共服务过程中存在哪些困难（4）	现在基本上项目是指标性的问题，也属于要求的覆盖率，今年服务过的对象在下一年享受不到服务了。应该是针对性的，这家人确实困难，应该是延续项目。因为有些地方这一拨人托养项目结束（服务）了，再换一拨人，可能这里面就筛不出比他困难的或者条件正好的。应该是中国残联制定的规定。而且他们享受一次心理肯定有落差了	公共服务项目评价指标僵化，唯"任务"论、唯"数量"论，忽略了公共服务的基本宗旨

续表

序号	问题设置	受访者反馈情况	问题分析
6	绩效评价措施有哪些	项目做完以后，派人下去看看，残疾人满意不满意，服务到位不到位。基本上是随机回访，不可能全部都回访到。服务过程中也会去随机访问。每个乡镇有公示，服务哪几个对象。建了一个群（微信群），每次服务发照片，什么时候去的，服务什么项目	绩效评价主观性较强，缺少客观可量化指标
7	提供服务的组织是哪里招的	Z县也没有这个机构，一直用的我们这里的医院。还能带动一批服务的残疾人，医院去了后会教轻度残疾人简单的按摩，让他来为重度残疾人服务，适当给点费用，他们还能有点收入。因为轻残也不好找工作	社会专业服务组织缺乏，但"以残助残"的做法值得推广，通过财政政策帮助残疾人就业，也符合国家实现共同富裕的方向
8	招标过程中有什么困难	没什么困难。就是一个服务招标，谁服务得好，谁来服务，一年招一次标	服务"好"的标准评价主观性较强

（三）对Z县承接主体的访谈内容

Z县受访的政府购买公共服务承接主体，是负责全县域集中供热的运营维护企业G，通过焦点小组访谈的方式了解企业G在参与政府购买公共服务过程中所遇到的问题和相关建议。列席本次小组访谈的还有购买主体Z县住建局的相关负责人、Z县财政局的相关负责人。通过访谈了解到企业G的最大诉求就是希望政府上调付费额度，解决企业运营支出压力大的问题。

企业G相关负责人表示："困难主要是企业的问题……虽说是给老百姓做基础服务，对于我们来说政府要多支持，给我的钱呢……就是收益不太行。今年面临的供热面积继续扩大，锅炉运行什么的都多了，管理难度是越来越大，但是我们的运营服务费是一直没有变，80多万元运营费用确实不足。虽然我们××集团（外省××集团是其母公司）也是为民惠民，但是很多工作都要做，相对还是不足吧。诉求就是钱太少，今年财政上与去年比有些困难，力度没去年大，很多事情受资金的约束相对滞后了，比如技术改造，一直到10月份才开始。冬天还有小插曲，今年的气候条件要求比去年早点，去年11月开始送气，今年政府着急了，要求15日（10月）供热。如果是去年也能完成，但今年相对来说凸显了这个矛盾。对我们来说，今年外部市场环境也不好，原材料价格一天一个价。"（20211020－S省Z县企业G－JR）

在访谈会中，Z县财政部门相关负责人针对企业G上涨费用的诉求提出了财政的难处："Z县这两年城市改造以后，方方面面都要钱，这会儿财政越来越困难，现在很多国家提出的政策提供资金都是退坡政策，虽然文件上说的不能强制要求省市县配套资金，但是事情还得干，干事情就要花钱，县里财政很紧张，保工资保运转的钱都不够用，预算很难保平衡。"（20211020－S省Z县财政局－WK）

（四）访谈内容的分析小结

本次访谈并非以特定案例为研究对象，而是通过对中部经济欠发达的S省以普调性质的访谈了解各级政府购买公共服务及其监督过程中容易出现或普遍存在的问题，进一步分析政策导向与实际执行中出现的"断层"，达成对问题的基本共识，为下一步提出对策做好政策建议和现实空间的匹配衔接。本次访谈中暴露出来的问题从省级到县级均有不同程度的显现，具体包括：实践中政府购买公共服务边界的划定以及划定不准不够明细；政府购买公共服务及其监督的施行受限于财力和人力的短缺；受益群体较少，受益个体服务持续性不足；服务质量监控力度不足；政府购买公共服务过程中存在政府职能异位引致的权力寻租与腐败行为；政府购买公共服务监督机制有待完善；政府购买公共服务绩效评价标准难以科学量化，绩效评价主观性较强；公共服务项目评价指标僵化，唯"任务"论、唯"数量"论，忽略了公共服务的基本宗旨；经济欠发达地区的社会专业服务组织缺乏等问题。

在对省级和县级相关主体的访谈内容比较中发现，学界和高层政府政策制定者对政府购买公共服务的普遍认识与具体实践中的遇到的特殊问题有一定距离。如人们普遍认为政府购买公共服务可以降低公共服务供给成本，提升公共资源的配置能力，但是在实践中，严格按照政策文件中所规定的政府购买公共服务的方式可能并非最优选择。Z县环卫处通过雇佣五六十岁的农村的临时劳动力提供县城环境卫生服务，一年花费2000万元，且县域环境卫生维护状况获得了上级有关部门的嘉奖。相较于招标环卫企业测算支出7000万元，节省财政开支5000万元。此外，通过对县域主体的访谈发现上级财政对于基层政府购买公共服务状况调研不够，如果政策不符合实际，监督过程中以文件为标准会导致监督形式化、教条化。如Z县通过支出彩票公益金为残疾人服务的项目，上级资金管理规定和预算拨付与县级提供公共服务项目衔接不顺畅，导致每年服务执行期被压缩到半年（具体内容见上文对Z县残联的访谈）。因此，执行政府购买公共服务不应"一厢情愿"，要因地制宜，具体问题具体分析，综合考量区域人口需求特点、市场成熟度、财力状况、公共服务类型特点等要素，这也为政府购买公共服务制度的有效推行和有效监督提出了挑战。

但从另一个方面也可以看出，基层政府购买公共服务的范围、规模和内容等均受制于地方财力的有限性。在当前严峻的国际形势和新冠疫情对国民经济的冲击下，我国各级财政稳经济、保民生的任务繁重，出台了大量减税降费优惠政策，同时保民生刚性支出也是财政支出的重要任务之一，因此各级财政都面临着巨大的资金保供压力。在此背景下，各级政府购买主体在坚持过紧日子的要求下，一方面要认真研究政府购买公共服务的范围以回应公众对公共服务的迫切要求，科学做好本地区本领域政府购买公共服务的顶层设计，另一方面要更加重视加强对政府购买公共服务运行的监督管理，防范各类风险，提高财政用于购买服务的资金使用效益。在财政部门难以对所有项目进行全面细致监督的客观现实面前，充分发挥政府购买公共服务各类主体的主观能动性，各司其职，各尽其责，将监督活动融入政府购买公共服务常态化工作的全过程就显得尤为必要。因此，我们提出的构建基于主体责任的政府购买公共服务全过程监督机制具有重要的现实基础。

第六章　政府购买公共服务监督的国际经验与借鉴

当今世界，政府购买公共服务已经成为全球政府公共治理的一项重要改革方式和实践内容。在西方，政府购买公共服务的实践和改革已经历了40年的历史，从20世纪70年代末起，面对社会大众服务需求的不断增长、公共服务开支的急速膨胀、政府在公共产品与服务提供方面的低效或无效，伴随着行政改革的浪潮在西方的兴起和西方新公共管理理念和社会服务理念的进一步发展，以英国、美国为代表的西方发达国家开始探索以公私合作的方式提供社会公共服务，随后这种公私合作模式经历了蓬勃发展和反思矫正两个阶段，强调综合运用计划和市场两种手段，提升政府公共治理水平和提供优质社会公共服务的能力。政府购买公共服务监督机制作为防范和解决购买过程中风险和隐患的必要措施，从各国实践来看，包括政府购买公共服务预算绩效管理、政府购买公共服务审计、购买公共服务信用管理等都是加强政府购买公共服务风险防控的重要手段。西方发达国家对政府购买公共服务监督进行了长期的实践，各国受其不同的历史发展、文化基因、社会发展、政治环境等因素影响，监督体制机制呈现不同的特点。本书选择英国、美国、日本的政府购买公共服务监督模式进行分析，力图从中汲取比较成熟的经验，为建立具有中国特色的政府购买公共服务全过程监督机制提供参考与借鉴。

一、典型国家经验

（一）英国政府购买公共服务监督经验

英国政府在20世纪70年代发起了公共服务供给改革，通过逐步完善制度和监督体系,打造政府购买公共服务监控网。英国公共服务的首要理念是公平,强调政府是保障全民公共服务的主体,具有公共服务质量高、覆盖面广、服务类型多等特点。英国公共服务监督制度的发展脉络,是基于英国的传统以及对于政府购买公共服务实践的渐进认识,经历了从开始对于推动民营化到强制性竞标的监督,到"最佳价值"实现的监督演进。英国政府对于市场竞标的僵化与社会服务民营化的反思,进一步明确了政府购买的公共服务,应该以最具经济、效率和效能的方式达到预设的品质标准要求。

1. 健全的制度和实施方案

1998年,英国颁布了《英国政府和志愿及社会部门关系的协议》,第一次以协议的形式确定了英国政府与社会组织之间的合作关系。1999年英国颁布了《地方政府法》,通过法律形式约束和规范包括政府购买公共服务绩效的管理活动,同时将公民作为政府所进行公共管理和公共服务的最终承受者,这也是公共服务绩效评价设计的最基本原则,包含了满足公民需要和提高公众满意度的绩效标准。2010年进一步提出了"大社会"计划,引入了严格的问责机制,强化了政府责任。2012年,英国上议院通过了《公共服务》提案,要求政府在公共服务购买中选择目标机制时更应该考虑其服务所带来的社会、经济和环境价值,做到以一个公平的价格购买真正造福于当地社区的服务。这也意味着英国正式以法律的高度规范政府购买公共服务的行为。2012年,英国内阁与政府采购局正式发布了政府精益采购的指导文件《政府采购:一种敬意应用的新方案》,为英国各级政府采购提供了一份完整的标准化操作程序,并对每个分流程进行了详细的描述,使购买公共服务的过程监督管理有据可循。为满足公民对高质量公共服务的要求,英国公共生活标准委员会于2014年出台了《公共服务提供者的道德标准》。该标准规定所有参与公共服务提供的人员在公共生活中应遵循具体原则,列出一切允许行为即"Do's",同时也列出一切禁止行为即"Don'ts"。[①] 2005年的《信息自由法案》专门设立了信息专员,向公众提供关于公共服务机构的相关信息。

2. 形成开放、多元的公共服务监督体系

在这种体系中,政府的主要任务则是做好分权治理、预算绩效评估以及

---

① 李晓艺,韩嘉琪. 我国公共服务工作者道德的标准化建设——基于英国政府对公共服务提供者道德的标准化要求 [J]. 现代营销, 2019 (3).

公开问责。英国政府购买公共服务监督体系分为横向监督和纵向监督。横向监督指地方政府与私人部门的合作，强调的是合作双方在平等的基础上通过谈判和协商确认为合作伙伴关系，在这样的合作组织框架中，地方政府主要运用制度设计和目标框架监督指导政府购买公共服务。英国财政部（HM Treasury）下专门设立英国基础设施局（Infrastructure）制定公私合作总体框架，并对其指导监督，确保公私合作制高效运行。[①] 纵向监督是在中央政府与地方政府合作的政府购买公共服务供给中，英国中央政府并未赋予地方政府完全的自主权，而是监管地方公共服务供给过程，评估地方公共服务绩效。审计署负责对英国各地区的综合绩效评估项目的持续评估，评估结果把地方议会划分为不同等级，评价最好的地区会获得额外的奖励且获得更大的财政自由，评价最差的地区要经历一个矫正过程，英国政府将依照法令干涉地方议会。在英国监督体系中，议会格外重视第三方评估机构的建议，其管理人员都是严格选拔出来的，还要经过议会的推荐或者任命，确保了第三方机构的稳定性、专业性和公信力。此外，英国从 20 世纪 90 年代发动"公民宪章运动"及其日后的持续推进，对公众能够广泛参与和监督公共服务质量的改进提出了更大的支持和更高的要求。

3. 建立一整套绩效评价指标

英国绩效评价管理制度围绕"3E"原则（经济 Economy、效率 Efficiency 和效益 Effectiveness）不断推进绩效管理政策，英国政府建立了一整套绩效评价指标，并由中央审计署和私营监察机构来实施完成对政府公共服务的绩效评价，每个指标都有四个计算维度（优秀、良好、合格、不合格）。[②③] 在政府购买公共服务的监督中，特别注重以消费者为导向的公共服务质量评估，具体做法包括：第一，中央政府制定"政府全面绩效考核"，审计署按照星级评定的方式对各地方政府的公共服务进行全方位评估和考核，为提升公共服务质量提出了硬性要求。第二，借助第三方评估机构，通过数据分析、实地

[①] 孙宏伟. 论元治理模式下英国地方公共服务供给的合作治理［J］. 上海行政学院学报，2021（5）.

[②] 张皓珏，张广钦. 国外政府公共文化服务绩效评价管理制度研究——对比英美日澳瑞五国［J］. 图书与情报，2021（3）.

[③] Kuhlmann S. Performance measurement in European local governments: a comparative analysis of reform experiences in Great Britain, France, Sweden and Germany［J］. International Review of Administrative Sciences, 2010, 76 (2): 331 – 345.

调查、居民意见收集等方式，对犯罪、教育、社会服务、住房、环境等公共服务的现状、问题和未来发展等开展独立、公平、全方位的评估，并在其网站上公开每个地方政府每项公共服务质量的评估结果，提出进一步改革和努力的方向和建议。[1] 第三，强调政府行为向社会和内部政府官员公开，设立专门的机构负责检查评估，利用电子信息化采购手段驱动项目计划、政务流水线、绩效评估、监督管理可视化。例如，伦敦市的照顾质量委员会（care quality commission）会对各养老服务机构进行政策制定、监督服务质量、接受处理投诉、发布年报消息。工作和养老金部门（the department of work and pension）负责对提供给再就业服务的各基层单位的质量监督和效率屏蔽，实行"优胜劣题"的模式，激励服务机构提供最优质最低价服务。[2]

（二）美国政府购买公共服务监督经验

美国公共服务体系相较于英国的公平主导，更倾向于公平与效率兼顾，强调社会团体和多元主体参与的市场主导型公共服务供给。美国公共服务外包始于20世纪60年代。美国幅员辽阔、国情复杂，政府购买公共服务是由各级政府进行的，涉及联邦政府、州政府和地方政府，而且购买形式多样。如针对老年人的国家医疗保险制度向提供医疗服务的营利和非营利组织返还费用，美国各级政府提供的不同补助金、代金券以及基于绩效与社会组织签订合同。因此，随着美国各级政府对社会组织的支持增加，为了使公共服务供给系统更加高效，政府机构对社会组织外包活动展开充分监管，对外包的指导更加严格。

1. 公共服务外包由"设计型"向"绩效型"转变

政府以绩效型外包的方式购买公共服务属于结果导向型的管理，具有计划、预测、监控、正负激励和资源优化等多项功能，通过评估绩效有助于改进监督机制，提升政府监督和评估的可视性、可行性和有效性。绩效型外包在1991年美国行政管理与预算局发布的政策信函中被首次提出，随后绩效外包的地位被联邦立法和一些州立法加强了，1993年的联邦《政府绩效与结果法》和1997年的《采购规则》中均纳入并强化了这一新要求。在此要求下，

---

[1] 陶希东. 英国大伦敦地区公共服务供给侧改革的经验与启示[J]. 国家行政学院学报，2018 (6).

[2] 黄燕芬，党思琪，杨宜勇. 英国伦敦市公共服务清单制度研究[J]. 行政管理改革，2018 (10).

美国政府责任委员会提出了衡量部门和个人服务质量的指标体系，包括投入指标、能力指标、产出指标、结果指标、效率和成本效益指标、生产力指标等，并且在实际操作过程中各州、各机构都根据自己的特点设置了具体的评估标准。

各州通过不同的途径实现绩效外包，如缅因州是通过立法的方式确定，伊利诺伊州从政府内部发起，明尼苏达州则参考联邦绩效衡量要求。① 在美国，绩效服务外包的基本模式是将费用的支付与绩效说明以及结果目标联系在一起，而非在仅有一个最优服务提供方案的理念下用规章制度约束社会组织行为且仅为投入和过程付费。美国公共生产力研究中心1997年发布的《地方政府绩效评估简要指南》中提出了实施绩效评估的七大步骤：鉴别要评估的项目、陈述目的并界定所期望的结果、选择衡量的标准或指标、设置业绩和结果（完成目标）的标准、监督结果、业绩报告、使用结果和业绩信息。这为美国政府管理和监督公共服务外包提供了基本的线索和规程。

2. 公共服务外包的全过程循证式监管

自20世纪80年代以来，美国政府公共服务外包的增量有所减少，但是质量却在不断地提升。这主要是得益于其循证式管理（Evidence – based Management）的应用。② 循证式监督寓于循证式管理中，监督本质就是一种管理，管理有效性的前提是监督的有效性，二者不可背离。按照循证式管理的逻辑，有效信息的供给与使用是提升政府外包公共服务监管的重要前提。③ 在美国 Pew 慈善信托（Pew Charitable Trusts）发起的"结果优先方案"中提到，基于证据管理美国政府公共服务外包的整个环节更加有效和经济。④ 美国地方政府的公共服务外包循证式监管模式包括对项目评估的监管、对预算编制的监管、对实施过程的监管、结果的评估。在项目实施前的评估和预算编制阶段，各国各州对先前已经实施过或者已通过测评的项目进行"证据评级"（绩效评

---

① 王浦劬，莱斯特·萨拉蒙. 政府向社会组织购买公共服务研究——中国与全球经验分析[M]. 北京：北京大学出版社，2010.

② 郭晟豪. 政府公共服务外包中的循证式管理——来自美国地方政府实践的启示[J]. 中国行政管理，2020（2）.

③ Vanlandingham G, Silloway T. Bridging the gap between evidence and policy makers: a case study of the Pew – MacArthur results first initiative [J]. Public Administration Review, 2016, 76 (4).

④ The Pew Charitable Trusts. Pew – MacArthur Results First Initiative. https://www.pewtrusts.org/en/projects/pew – macarthur – results – first – initiative.

级），包括项目具体的证据水平（可测性、可靠性、可理解性）、实施情况以及是否达到预期结果。这些公共项目的证据评级情况被汇总在各州共同建立的基于网络的"信息交换所"。为了避免各州政府对于证据评级理解上的差异，美国政府建立了一个综合的信息网站，地方政府可以直接访问其他地方政府证据信息，这些证据信息已按照类别统一命名和定义，通过这个网站可以直接连接和访问不同地方政府的证据信息，最终通过这些证据为公共服务外包项目的选择提供信息。在实施过程监管和结果评估阶段，为了使外包项目的结果与预先评估一致，需要对外包服务的执行过程和完成结果进行监督。例如，美国华盛顿州质量保证系统包括基于证据的过程监督、供应商资质和发展评估、纠正措施以及跟踪评估四个流程。①

3. 公法规则对公共服务外包的"嵌入"

美国传统的政府责任体系来源于宪法和行政法，且以预防性责任和保护性责任为主，致力于确保所有公民共享社会利益，其与公民自由行动、人身和财产安全以及团体利益属于平等关系。这种责任也称为公法责任。但在政府外包的公共服务领域，政府直接向公民提供服务，对公民做出某种类型的给付，这种责任属于建设性责任，这种责任仍然要受到宪法和行政法等法律约束。然而，自20世纪70年代开始，美国发起的新公共管理改革提倡效率优先，这直接影响了美国传统的行政体系，冲突发生在效率价值的单一性与公民价值标准的多样性难以调和。加之美国宪法所规定的政府行为标准不能约束外包服务的承接组织或个人，因此在其为公民提供服务免除政府应履行宪法义务（正当程序、平等保护等），结果使大量的外包游离于宪法的自由裁量权限制和行政法的问责机制之外。②

因此，相较于具体的市政服务领域（如垃圾清理、街道除雪等），诸如学校、监狱、福利机构、社会服务计划等，更为复杂的社会服务在公共服务外包的进程中取得的效果并不十分有效。这也促使美国政府在20世纪90年代重新将目光转向实现传统政府责任的有效手段——公法规则，进而将公法规则"嵌入"有附加价值的、合同目标难以界定、存在较大自由裁量空间的以

---

① The Pew Charitable Trusts. Better programs, better results. https // www. pewtrusts. org/en/research - and analysis / issue - briefs/2012/07/26/better - programsbetter - results.

② 杨欣. 公共服务外包中政府责任的省思与公法适用——以美国为例 [J]. 中国行政管理, 2020（6）.

及服务受众为弱势群体的政府外包服务领域，如未成年儿童的家庭援助、医疗服务等。美国公法规则嵌入服务外包实践途径主要有三种：一是完备的成文法律体系，除了宪法、行政法、联邦政府采购法案等，还包括公司法、合同法、侵权法；二是在外包合同中体现公法规则和义务，如信仰自由、反歧视等公法条规写入合同；三是直接管制或许可管制，通过政府资助或税收减免的硬性条件，强迫或激励营利或非营利组织遵守公法规则。

（三）日本政府购买公共服务监督经验

从现代行政体制的形成来看，日本是东亚国家中最早实现行政现代化的"先进"国家。但是较之西方现代管理思想的参照系，日本管理思想仍然受到东方哲学思想和伦理观念的统束，其经济体制属于"市场规制和直接规制的混合体"。[①] 因此日本政府于20世纪80年代末、90年代初开始的政府规制改革和"市场化试验"值得我们深入研究和借鉴。[②] 购买公共服务制度作为规制改革的产物，是在"市场化试验"基础上发展起来的，后来这一制度在专门的法律法规和专门的机构监管下，遵循严格的程序，逐渐形成政府购买公共服务制度。[③]

1. 监管以法规政策和成立专门机构先行

日本的公共服务体系中几乎所有领域都制定有法律，涵盖基本法、专门法、地方及部门法规等多个层次，且会因实践需要及时修订，进而为公共服务供给体系的演进提供制度性约束。日本政府于1997年开始构建PFI（Private Finance Initiative）法律体系，制定了《利用民间资金促进公共设施等整备先关法》，意在利用民间资金设计、建设、运行维护管理公共设施，提供公共服务。2000—2003年，日本政府先后制定了"利用民间资金等公共设施整备相关项目实施基本方针""合同指南""实施效果监测指南"等，同时日本内阁府设立了"利用民间资金事业推进办公室"，专门负责利用民间资金推动公共服务相关法律的基础研究和普及工作。2006年制定颁布了《关于导入竞争机制改革公共服务的法律》，由此奠定了官民共治型公共服务供给体系形成的制度基础，在监督方面对官民竞标等监督管理委员会的设置，公共服务实

[①] 植草益. 微观规制经济学[M]. 北京：中国经济发展出版社，1992.
[②] 魏中龙. 政府购买服务的理论与时间研究[M]. 北京：中国人民大学出版社，1994.
[③] 韩丽荣，盛金，高瑜彬. 日本政府购买公共服务制度评析[J]. 现代日本经济，2013（2）.

施当中的"合同""监督"等事项进行了规定。该法律还规定在内阁府中设置第三方机构"官民竞标监理委员会",委员会成员都是来自民间的企业家、经济学家等,他们负责审查供应商的资格,确定参加竞标者,确定中标的供应商。在整个采购过程中,日本政府通过公开发布信息,确保公共服务改革实施过程中的透明性、中立性和公正性。[①] 2007 年日本对基本法《民法》进行了修订,打破了原《民法》对于公益法人设立的诸多限制,进一步影响了公共服务体系的结构。日本政府对公共服务领域的相关专门法也进行了制定或修订,如在公益法人事项上颁布了《中间法人法》《公益社团法人和公益社团法人认定法》等,在公务员提供公共服务上将公务员伦理方面的规定编入《国家公务员法》中,并对服务基本准则、违法行为做出了明确详细的认定。此外,日本各行政机关会根据各自领域制定法规、规章、条例,并根据具体服务领域的特殊性制定实施举措和细则。同时,日本设有专门的国家伦理审查会。日本对公务员的伦理监督在人事院设立了国家伦理审查会,对防止公务员腐败发挥了积极的监督作用。

2. 提案型公共服务中的监督策略

提案型公共服务民营化是日本政府规制改革中的一个机制创新,主要做法是政府向社会公布公共服务信息清单(包括公共服务内容、人事费在内的总费用等),民间团体根据清单进行提案,经严格的程序审查后采用,连同民营化项目一起外包给提案的民间团体,同时通过提案的具体情况收集决策信息以重新审视政府业务的制度。日本政府还通过充分发挥民间活力提供优质的公共服务。在提案型服务民营化的运作过程中,作为服务购买主体的政府、服务承接主体的民间团体、服务接受主体的民众之间是相互监督的互动过程,而非单一机构贯彻政策目标的单方面行动,使公共服务民营化在决策阶段更加合理有效。总的来说,提案型公共服务属于"自下而上"的运行,使拟承接公共服务功能的社会组织与社会需求自主对接,较之以往政府单方规划后向社会公布信息的方式,更好地实现了社会需求、政府规划与民间组织自身优势的"三结合",从而形成政府和民间组织之间的平等互动和约束,使政府精明购买、提案者谨慎承包。[②]

[①] 韩丽荣, 盛金, 高瑜彬. 日本政府购买公共服务制度评析 [J]. 现代日本经济, 2013 (2).
[②] 邹东升, 张奇. 提案型公共服务:日本民营化运作模式 [J]. 日本问题研究, 2015 (1).

提案型公共服务分为政府发布信息、民间提案、三级审查、公布结果4个阶段。在政府发布信息阶段，民间提案团体可通过参加咨询会、查询招标公告、查阅官报和上网查询等方式获取信息，在咨询会上，民间团体申请政府公开相关必要信息，政府接到申请必须按照要求公开相关信息。在民间提案阶段，提案团体可以对正在进行或尚未进行的民营化公共服务项目提交民营化方案，方案内容包括项目可行性分析、成本收益测算、风险评估、提案团体资质等信息，以便下一阶段的审查。在三级审查阶段，初审由总务科负责，对所有提案进行分类后，形成意见书；再审按照初审的分类由不同部门组织审查委员会进行审查，审查委员会由领域专家、相关行业业务骨干和接受服务的民众组成，经审核后提出专家意见供终审使用；终审由终审委员会执行审核，其成员与再审委员会成员不同，不仅包括相关领域的专家，还包括某行业业绩卓越的企业总裁，终审参考再审意见、政府提供的相关资讯、提案团体的资质和业界口碑等信息做出最终决定。在公布结果阶段，若有异议者可申请委员会做出解释。

二、国际经验借鉴

我们从以上三国经验可以看出，在政府购买公共服务发展过程中，各国都因如何保障制度有效运行和维护公众利益而重视监督问题。虽然各国的做法各有不同，但其加强监管的主基调是相同的，其中的一些思路和做法也是值得我们参考和借鉴的。

（一）加强购买公共服务监督的法治性和权威性

英美日等发达国家的公共服务领域市场化程度较高，法治化特征明显。对政府购买公共服务的监督往往由国会、议会等权力机关授权并立法，予以充分的制度保障，极大地增强了监督的法制性和权威性。当然这些经验和做法的基础是建立在三权分立等资产阶级民主政治的基础之上，而创新我国政府购买公共服务全过程监督机制，必须从我国国情出发，在坚持党的领导的前提下，通过完善的法规体系和合理的制度安排，提高监督的严肃性和权威性。我国目前购买公共服务主要依据的法律是《中华人民共和国预算法》《中华人民共和国政府采购法》《中华人民共和国民法典》等，政府购买公共服务的各项内容都是在这些法律的框架内进行的，配套以这些法律的实施条例或实施细则，还有财政部颁发的《政府购买服务管理办法》《政府采购需求管理办法》等中央各部委文件以及各地区各部门依据上述政策规定制定的具体制度规则等,其中关于购买公共服务监督的制度规定主要是原则性的。然而,随着购买公共服务规模的日益扩大,其对经济发展、社会稳定、人民基本权利保障的影响力越来越大,加强政府购买公共服务监督的严肃性和权威性,已经成为确保政府购买公共服务不走偏的重要风险防范手段和纠错机制,必须予以高度重视。

(二) 实行职责明确的政府购买公共服务全过程监督

高度的法治化更加明确了各个监督主体的职责。各国的议会、财政部门、审计部门、社会公众等各司其职,实现了各领域的分层监督和全过程的实时监督,从而减少了监管失位、缺位和越位的情况,降低了监督的整体成本,提高了监督的系统性效率。监督的存在未必会杜绝所有违法、违规以及有损公共服务质量和效率的行为,但可以大概率地降低这些行为的明显发生,规避和防范政府购买公共服务的相关风险。例如,根据美国全过程循证式监管的案例,美国的政府购买公共服务有着非常规范且全面的流程,从规划方案的制定、预算的审议、供给方式的选定、服务提供者的考察和选择、服务过程中的监控,到服务绩效的考核,通过派监理机构或者工作小组实地审查、财务审计、绩效评估、投诉处理等方式进行严格全过程监督,确保了公共服务的供给质量和效率。鉴于此,政府购买公共服务绝不是"一包了之",必须要坚持完善购买公共服务全过程监督机制。

由于在美、英两国的地方公共服务民营化过程中都曾经出现了"逆向服务外包"现象①,说明引入市场机制提供公共服务并非改善政府绩效和提高公

---

① 逆向外包(Reverse Contracting),又称为逆向服务外包或回收外包(Contracting Backin),是指政府将以前外包的公共服务收回而重新由政府提供,是目前逆民营化最重要的形式。经过一定时期的民营化之后,对地方政府公共服务的挑战不仅是效率,地方政府和公民都认为还需要平衡多方目标:服务质量、公民参与和经济效率。ICMA(国际资本市场协会)2002—2007年对美国大量地方政府调查了逆向服务外包的原因,影响地方政府收回外包的六大因素排序为:对合同外包的服务质量不满意、服务外包没有带来明显的费用节省、地方政府效率提高了、强烈支持将服务回收政府、合同外包存在合同监督问题、合同说明难题。同时,社会选择理论也为逆向外包提供了理论支持。该理论将市场提供与公共提供结为一体,主张政府首先要关心的是确保公民协商与维护公共价值,这种平衡创造了一个能力更高、更加负责和更具弹力的机制,反映出政府改革中人们价值观的变化,即超越市场和计划的二元之争,从单纯追求政府效率转变为兼而关注公民表达权。杨安华(2010)认为,这说明政府只是掌舵还远远不够,公共服务合同不能一包了之,政府必须坚持全过程监管和动态调整,合同外包的成功离不开政府在合同制定招标与遴选、绩效监督、风险防范与决策评估等每一个环节的细心工作。

共服务质量的"万能良药",还需要在实施过程中加强全过程监督。因此,我国在政府购买公共服务项目的决策以及对决策的监督中要审慎地考虑和选择在特定市场环境、社会环境和制度环境下适宜我国"外包"的公共服务项目,在广泛听取民意的基础上制定明确的需求计划和购买计划。对公共服务供给方式的监督应当考虑公共服务需求特点、市场竞争程度、政府财力和服务管理能力、政府与政府之外的公共服务供给方的各自比较优势等因素,选择综合成本最低的供给方式,避免"一刀切"和一个模式风险。[①] 在公共服务绩效考核的监督中不仅要重视服务效率,还要考虑政府通过公共服务供给实现公平的目标。因此,相比纯粹的市场绩效考核,政府对于外包公共服务考核的监督,需要更加精细地设计,通过市场指标与社会指标、长远指标与短期指标结合的方式评估监督,确保公共服务供给在公平与效率上实现政府预期目标。具体而言,评估监督应当包括四个主要方面:公众基本诉求的满足、服务对象满意度调查、服务承接主体行为、公共服务的外部性研判等。

(三) 形成多元主体协同监督机制

与美、英、日等国家相比,我国政府购买公共服务监督主体之间的联系还比较少,缺乏相互之间的沟通、反馈机制,往往会造成在某些方面和流程上的监管缺失。发达国家的协同监督和全过程监督这一理念对我国政府购买公共服务监督有较大的参考价值。目前我国并未针对政府购买公共服务设立专门的监督机构,只是在制度文件中明确了财政部门是主管部门,政府购买公共服务应当接受财政监督、审计监督、社会监督以及服务对象的监督,但我国行政管理体系中并不缺乏监督部门,只不过对于购买公共服务监督的职能和意识相对较弱。随着购买公共服务规模的扩增,强调政府购买公共服务各参与主体的主体责任,并以此为基础强化各主体监督职责,建立起多元主体协同监督机制,形成有效的多主体、全过程的监督链条,是健全和完善政府购买公共服务制度的重要一环。多元主体监督,实际上是一个多维度、广覆盖的概念,既包括对参与到购买过程中的主体的监督,也包括对购买活动全过程各个环节运行的监督;既有主体内部的监督,也有来自外部力量的监督;既有上级组织对下级组织的监督,也有同级组织之间的相互监督;既有合同监督,也有财政监督和审计监督;既有事前监督、事中监督,也有事后

---

① 何晴. 美国地方政府公共服务供给机制改革趋势及其启示 [J]. 地方财政研究, 2019 (8).

监督。①

（四）加强政府购买公共服务信息公开的监督

英、美、日等国政府购买公共服务的电子政务平台发展较快，许多信息都是通过平台发布，使整个购买流程更加公开透明，保障了参与各方的知情权，既便利了竞争，又方便了监管，能更好地进行宏观层面的流程掌控。我国政府采购和政府购买公共服务的信息网络平台虽有较大发展，但信息覆盖度仍有待提高，很多平台数据的更新较慢，开放程度不高，很多数据仅供各部门内部使用，没有实现与其他部门及社会公众的开放共享。政府购买公共服务信息公开是公民知情权、参政权、监督权的体现，通过信息公开可以监督政府向社会力量购买公共服务中职权的行使、程序的履行、效益的实现等情况，防止政府权力腐败和不当行使，同时确保公民及时掌握大量有价值的公共服务信息，减少和避免信息资源的闲置和浪费。美国在公共服务外包的全过程循证式监管中对于政府外包服务信息公开的要求，以及日本在《关于导入竞争机制改革公共服务的法律》和提案型外包机制中对于政府外包服务信息公开的规定，就是让社会各界对购买主体和服务主体之间的互动过程所产生的信息进行公开，接受社会的监督，并在这一过程中得到来自社会的反馈意见。我国目前对于政府购买公共服务的信息公开的制度性约束力度还不够强，对公开内容未做全面具体的规定，在财政预算公开中也未将政府购买公共服务的信息单独列出。而在政府购买公共服务过程中应当坚持的是，产生的信息应以公开为常态，以不公开为例外的原则。

（五）坚持目标和结果导向开展政府购买公共服务绩效管理

美国通过推行《政府绩效与结果法案》（2010年后为《政府绩效与结果现代化法案》）从总体上监控所有公共项目的绩效，包括服务外包项目、公私合作项目等。② 我国在以往对政府购买公共服务运行的监督实践中，监督往往只注重的是过程、程序的符合规定以及是否存在寻租腐败等违法行为等，而对于政府决定的购买公共服务的方向和内容是否更加体现公共价值导向、财政投入的成本效益是否更具经济性、提供服务的方式是否更有效率、是否会

---

① 杨燕英，杨琼，雷德航. 构建政府购买公共服务的多元主体协同监督机制——基于SU‐CO监督模型的分析 [J]. 宏观经济研究，2020（8）.

② 宋世明. 美国政府公共服务市场化的基本经验教训 [J]. 国家行政学院学报，2016（4）.

产生更具长期性的社会效益等"元问题"缺乏评估和监督。政府购买公共服务监督要坚持结果导向，这是发挥绩效管理优势的必要条件，也是真正解决民生公共服务实际问题的必要前提。强化结果导向首先要强化绩效问题意识，政府购买公共服务不能仅是为了购买而购买，监督也不能是为了监督而监督，一切过程和程序的履行都应是为了绩效目标的达成和绩效问题的解决。因此，政府购买公共服务监督必须坚持和把握绩效目标，并在此方向引领下，通过包含绩效管理等在内的监督工具和方法，全方位监督政府购买公共服务全过程、绩效目标和结果的相符性与契合度，及时纠偏和校正偏离目标的行为，促使政府购买公共服务活动最终达成既定绩效目标，取得最佳结果。①

---

① 杨燕英，周锐. 构建绩效管理导向的政府购买公共服务全过程监督框架研究 [J]. 经济研究参考，2021（7）.

第七章 内外部监督场域下主体责任的 SU‑CO 模型分析

为更好地探究如何构建基于主体责任的政府购买公共服务全过程监督机制，本书选用 SU‑CO 模型，对内外部监督场域下的政府购买公共服务监督链条进行理论探讨，借此为后续开展具有可操作性的对策建议研究奠定基础。

一、SU‑CO 模型在政府购买公共服务监督中的适用性

SU‑CO 监督模型（subject‑cooperative supervision model），是一种基于主体责任，通过主体间的协同对产品或服务的生产管理活动实施监督的理论模型，其主体包含内部监督主体和外部监督主体。内部监督主体主要是生产活动的直接利益相关者，如生产管理活动的决策者、实施者、接受者等；外部监督主体主要为生产管理活动的社会影响、环境影响等辐射到的间接利益相关者或行使民主权利、发挥专业能力的公民个人与群体。内部与外部监督主体形成两大监督场域，通过相互之间的协作对生产管理过程的各个环节开展监督，从而更好地形成监督合力，提高生产管理活动的效率与质量。[①]图 7‑1 为 SU‑CO 监督模型分析框架，内外部监督主体发挥协同作用，监督生产管理活动的决策、实施、协调、控制、评估等各个环节。

在政府购买公共服务监督中，SU‑CO 监督模型具有极强的适用性。政府部门利用公共的财政资金，通过向社会力量购买公共服务来满足公众需求、促进社会和谐发展，是非常重要的公共事务。其所涉及的公共服务领域范围

---

① 杨燕英，杨琼，雷德航．构建政府购买公共服务的多元主体协同监督机制——基于 SU‑CO 监督模型的分析［J］．宏观经济研究，2020（8）．

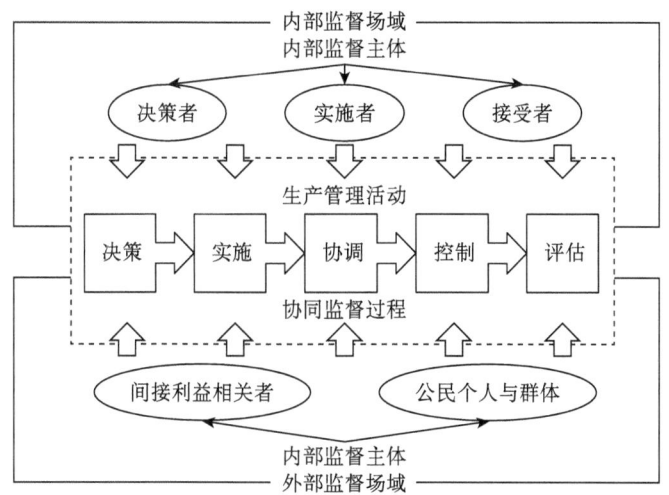

图 7-1　SU-CO 监督模型分析框架

广泛，所购买的公共服务项目繁杂，牵扯到的利益相关者数量众多，社会影响大，但又比较分散，有些项目甚至比较零散，在管理上难度较大，极易形成风险，必须通过加强监督管理确保公共利益不受侵犯。因此，借助 SU-CO 监督模型，积极发挥政府购买公共服务内外部主体的协同监督作用，形成有效的协同监督链条，防范购买公共服务过程中可能发生的各类风险，更好地提升财政资金使用效率，提高公共服务质量就显得尤为必要和十分重要。

二、基于 SU-CO 模型的多元主体监督链条

多元主体监督，实际上是一个多维度、广覆盖的概念，既包括对参与到购买过程中的主体的监督，也包括对购买活动全过程各个环节的监督；既有主体内部的监督，也有来自外部力量的监督；既有上级组织对下级组织的监督，也有同级组织之间的相互监督；既有合同监督，也有财政监督和审计监督；既有事前监督、事中监督，也有事后的监督。因此，在这样一个监督范畴之内，政府购买公共服务的监督主体如何构成，各主体如何依据自身的角色定位，梳理监督职责，形成内外部监督链条，就成为构建全过程协同监督机制的关键。

（一）政府购买公共服务的基本主体与外部主体

政府购买公共服务多元主体，是指参与政府购买公共服务活动的国家机

关、企事业单位、社会组织、第三方机构和服务对象等，这些参与主体同时也是政府购买公共服务协同监督主体。各监督主体角色通常根据其在政府购买公共服务过程中所承担的职能加以定位。

在政府购买公共服务过程中，最基本的三大类主体为购买主体、承接主体和服务对象。根据《政府购买服务管理办法》（财政部令第102号），所谓购买主体，是指各级国家机关，在政府购买服务中主要充当管理者、决策者和监督者角色，是公共服务的主要购买者；所谓承接主体，是指依法成立的企业、社会组织（不含由财政拨款保障的群团组织），公益二类和从事生产经营活动的事业单位，农村集体经济组织，基层群众性自治组织，以及具备条件的个人，在政府购买公共服务中主要充当参与者、服务提供者与监督者角色；所谓服务对象，是指需要得到公共服务的个人与群体，主要充当服务接受者、评价者与监督者角色。除上述基本主体之外，我国还存在包括各级人大、国家及地方监察机关、司法机关、服务对象以外的社会公众、第三方机构、行业协会、新闻媒体等外部主体，主要充当监督者与评价者角色，如图7-2所示。

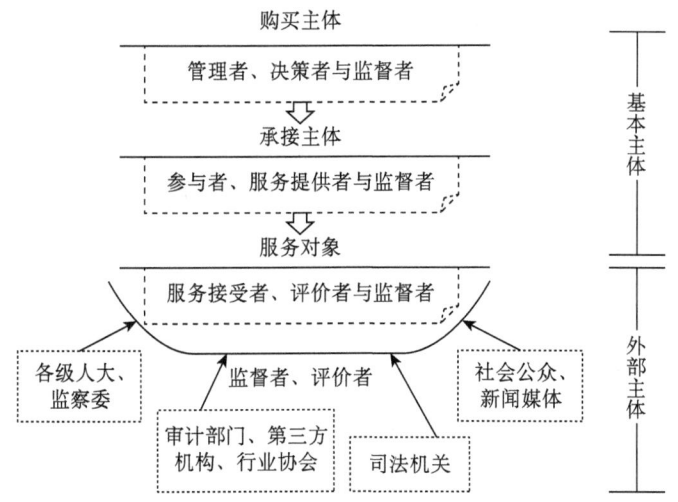

图7-2 政府购买公共服务的基本主体与外部主体

（二）政府购买公共服务的内外部监督主体系统构成

根据SU-CO监督模型，政府购买公共服务监督主体可以分为两大类，如图7-3所示。第一类是主体关系中的内部监督主体，包括购买主体、承接主体与服务对象,他们是参与政府购买公共服务活动的基本主体,是直接参与者和受益者,对购买过程与结果起决定性作用,在主体监督中承担内部监督责任,应当充分利用信息优势加强自我监督、相互监督;第二类是主体关系中的外部监督主体,包括各级人大、国家及地方监察委、司法部门、第三方机构、行业协会、社会公众、新闻媒体等,他们将对政府购买公共服务的需求形成、立项决策、过程规范和质量效益等进行独立、客观、公正的监督与评价。从宏观上看,内部主体和外部主体的监督对象都是政府购买公共服务全过程;从微观上看,内部主体和外部主体的实际监督行为又各有侧重。因此,只有内外部主体各司其职又相互协同配合,才能形成合力,真正实现政府购买公共服务全过程监督的有效运作机制。

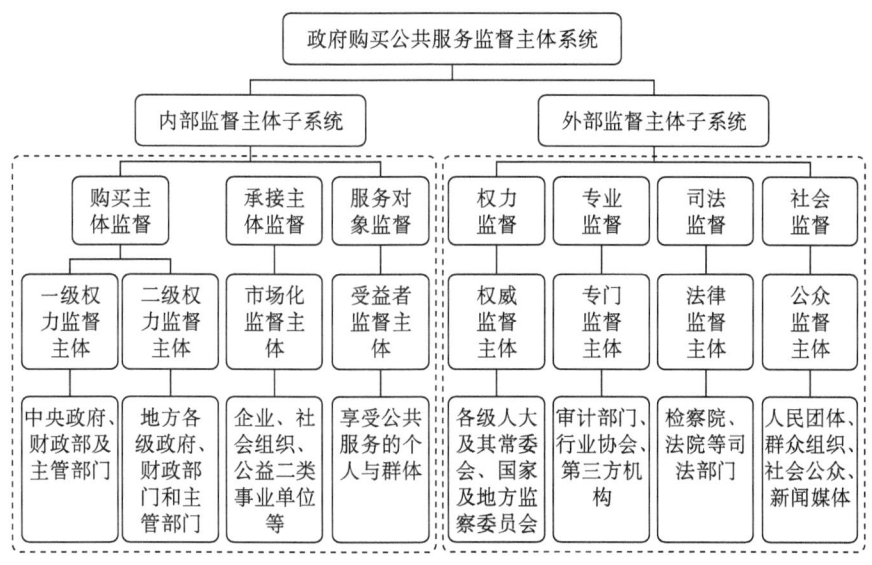

图 7-3　政府购买公共服务的内外部监督主体系统构成

从整体上看,政府购买公共服务监督主体系统由内部监督主体子系统和外部监督主体子系统构成。

内部监督主体子系统,是由政府购买公共服务基本主体构成的监督主体群落。其中,购买主体从监督的权力层级上,可分为一级权力监督主体和二级权力监督主体。一级权力监督主体包括中央政府、财政部及业务主管部门,负责政府购买公共服务的战略性部署、政策制定,并对本级公共服务购买活动和下级政府购买公共服务活动进行监督;二级权力监督主体主要是地方各级政府、财政部门和业务主管部门等,负责响应一级权力机构的战略部署与政策要求,制定地方政府购买公共服务的发展战略,在执行政府购买公共服务过程中对相关购买主体和承接主体的活动实施监督;承接主体监督主要由企业、社会组织、公益二类事业单位等作为实施主体,是各类承接主体在市场竞争中形成的或主动或被动监督,其不仅要负责公共服务生产与提供过程中的自我约束与监督,还会在市场竞争中一方面监督购买主体的购买活动是否规范、是否存在寻租行为等,另一方面监督其他承接主体行为以及服务对象的相符性等;服务对象监督主体由各个接受公共服务的个人和群体组成,其监督活动的开展往往是通过自身体验,向相关部门反映对公共服务质量和效果的方式完成的,是重要的受益者监督。

外部监督主体子系统,相较于内部监督主体而言更加多元。外部监督主体分为四类:其一,是外部权力监督主体,人大及其常委会作为国家权力机关的监督,是代表国家和人民进行的具有最高权威和法律效力的监督,能够全面监督政府购买公共服务的政策制定、行为规范以及实施效果等;各级监察委作为行使国家监察职能的专责机关,对公职人员在政府购买公共服务过程中的行为,独立行使监督、调查、处置等监察职权。其二,是审计部门、行业协会、第三方机构等监督主体,负责从各自的专业角度开展专业化监督。其三,是司法监督主体,包括检察院、法院等司法部门,负责对政府购买公共服务过程中的各类违法犯罪行为追求法律责任。其四,是人民团体、群众组织、公众、媒体等社会监督主体,其监督行为的主动性,既可以来自直接或间接的服务受益者,也可以来自公众对自己民主权利的行使,还可以来自职业道德与社会责任感的自我要求,能够从更具社会性的角度开展社会化监督。

(三) 政府购买公共服务的内外部监督链条

基于政府购买公共服务中多元主体的定位与 SU – CO 监督模型中监督主体系统,即可形成由内部主体协同构成的内部监督链条和由外部主体协同构成的外部监督链条。结合政府购买公共服务的供给流程,我们能够建立起政府购买公共服务的 SU – CO 监督模型。

1. 基本主体协同合作构筑内部监督链条

形成政府购买公共服务内部监督链条的三大基本主体,其监督链条是通过自我监督和相互监督方式形成的。

首先，对于作为购买主体的各级国家机关而言，广义的自我监督，是通过各种制度规范和内部控制形成的，这种自我监督既可以是本部门本单位内部的监督，也可以是横向的同级部门监督，还可以是纵向一级权力监督主体对二级权力监督主体的监督。同时，作为购买主体，还要通过政府购买方式管理，监督承接主体资质是否合格；通过合同管理，监督承接主体履约情况；通过对服务对象满意度调查，监督承接主体服务的质量和效果；通过制定享受公共服务受益者的资格和标准，落实对服务对象的监督管理。这样购买主体就实现了对其他主体行为的监督。

其次，作为承接主体的各类企业和社会组织，其自我监督是通过完善内部管理制度，建立自我监督机制完成的。而对其他主体的相互监督，是通过市场竞争机制实现的。在市场竞争过程中，承接主体为了维护自身的利益，必然关注购买主体的购买行为是否公平、规范，是否存在寻租等行为；其他竞争者的竞争行为是否合法合规，其服务质量和范围效果是否达到预期等；在提供公共服务的过程中，承接主体将直接面对服务对象，开展对服务对象资格、享受标准等的审查监督。

最后，作为公共服务受益者的服务对象，既可以通过监督个人或群体是否符合服务享受条件从而实现受益者内部的自我监督，也可以对公共服务是否符合自身需求、相关政策落实是否合理、对公共服务提供者的服务行为和服务质量是否满意等进行反馈，从而实现对公共服务购买主体和承接主体行为的监督。

2. 各方力量相互配合构筑外部监督链条

外部监督链条所涉及的监督主体主要是各级人大及其常委会、国家及地方监察委、其他社会成员、审计部门、第三方机构、行业协会、司法部门和新闻媒体等，从不同视角采用不同方式对购买行为形成外部监督机制，一方面缓解内部主体因人力物力有限而导致的监督不力问题，另一方面也能防止出现内部监督主体之间可能达成的"共谋"。

具体而言，各外部监督主体都有各自的监督侧重点，相互连接，从而形成一个完整的监督链条。各级人大及其常委会监督的侧重点主要在于关注政策制定和实施效果，要着重防止公权力滥用和政府部门履职的不合理市场化购买；国家和地方监察委监督的侧重点在于关注政府购买公共服务过程的公职人员的行为规范，对涉嫌贪污贿赂、滥用职权、玩忽职守、权力寻租、利益输送、徇私舞弊以及浪费国家资财等职务违法和职务犯罪进行调查，并进行问责和处分；审计部门、行业协会、第三方机构等监督的侧重点在于关注公共财政资金的合法合规性使用、政府购买公共服务项目的预算绩效情况、公共服务供给的行业标准和服务质量、购买过程的行为规范、服务对象满意度等；司法部门监督的侧重点在于关注政府购买公共服务过程中是否存在违法行为，要对发现的违法行为追究其法律责任；人民团体、群众组织、社会公众、新闻媒体等监督的侧重点在于发现政府购买公共服务实践中存在的各类问题，通过各种渠道投诉和反映问题，呼吁解决问题。

3. 内外部监督链条搭建政府购买公共服务 SU-CO 监督模型

依据不同监督主体组成的内外部监督链条，在政府购买公共服务中形成内部监督和外部监督两大场域，两大场域监督作用的发挥不存在冲突，都有权利且有责任参与监督全过程。两大场域的形成本身是主体间沟通协调合作的结果，对购买服务全过程的监督就是充分利用主体间的合作关系实现的协同监督。

图 7-4 所示的政府购买公共服务 SU-CO 监督模型，是利用 SU-CO 监督模型分析框架，搭建起的政府购买公共服务主体协同监督理论模型，其中内外部监督主体分别构筑的内外部监督链条形成了政府购买公共服务 SU-CO 监督模型的内部监督场域和外部监督场域，政府购买公共服务的立项论证、过程控制、契约履行、效果评审四个环节对应着 SU-CO 监督模型的生产管理活动不同环节，每一环节又对应着内外部主体需要协同实施监督的具体内容和措施。

立项论证阶段，主要是对购买内容、项目标准、资质审查和预算核定等的监督，购买主体、服务对象、权力监督主体、专业监督主体和社会监督主体都能够协同监督，各自发挥作用。此阶段，权力机关要对政府购买公共服务的政策制定和效果预期进行外部监督，购买主体要就购买公共服务的需求形成、预算控制、服务标准和承接主体的资质要求进行自我监督，第三方机构要对立项依据、立项过程、预算编制、绩效目标等进行外部监督。

过程控制阶段，主要是对购买方式、购买程序、跟踪检查和资金支付等的监督。此阶段，内部监督的购买主体和承接主体会直接参与其中，权力监督、专业监督、司法监督和社会监督等外部监督主体可实施购买过程和公共服务供给的运行监控。

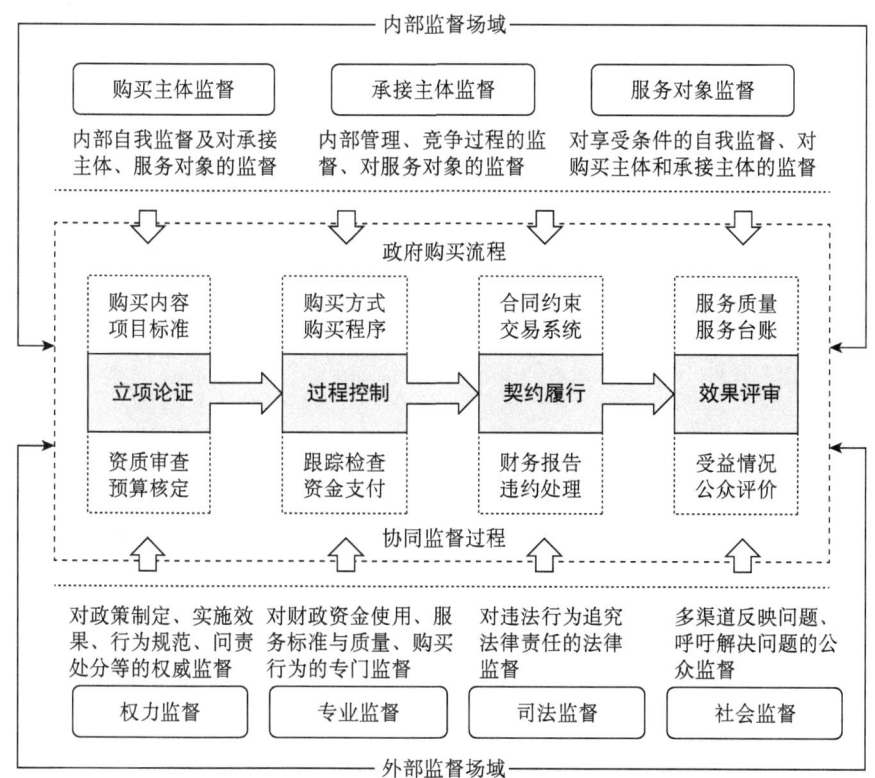

图 7-4 政府购买公共服务 SU-CO 监督模型

契约履行阶段，主要是对合同约束、交易系统、财务报告和违约处理等进行监督。此阶段，内部的购买主体、承接主体和司法监督、专业监督、社会监督等外部监督主体，均可对履约情况进行观察和监督，以保证契约的合法、真实、有效和切实遵从。

效果评审阶段，主要是对服务质量、服务台账、会计审计、服务对象受益情况和公众评价等的监督。此阶段，所有内部监督主体和外部监督主体都需要参与进来，特别是服务对象、审计机关、第三方机构等，需要内外部监督主体协同效力得出结论，这将对政府购买公共服务的效果评价产生重要影响。

第八章　基于主体责任的政府购买公共服务全过程监督机制构建

我国政府购买公共服务从初步尝试到制度推进虽然经历了若干年的发展，业已取得了比较显著的成绩，但是由于各种原因制度运行仍然存在不少问题，如果不切实加强监督管理，会影响政府购买公共服务制度的健康有序发展。从国外经验我们也能看出，各国在政府购买公共服务制度的发展过程中，也都经历了发现问题、继而不断健全制度建设和加强过程监督的实践历程。为保证我国政府购买公共服务制度的健康有序发展，实现公共价值最大化，我们需要在借鉴他国经验的基础上，结合我国的具体实际情况，树立核心理念，把握基本原则，构建具有中国特色的基于主体责任的政府购买公共服务全过程监督机制。

一、树立政府购买公共服务"公共责任共同体"理念

我国推行政府购买公共服务的基本出发点，是为了满足人民群众日益增长的公共服务需求，提高各领域的公共服务供给的质量效益，扩大公共服务供给规模和改善公共服务供给不平衡、不充分的状况，进一步强化政府实现公共服务供给职能，创新公共服务供给模式，有效动员社会力量，构建多层次、多方式的公共服务供给体系，向社会公众提供更加方便、快捷、优质、高效的公共服务。随着我国公共服务体系和制度建设的不断推进，公共服务提供主体和提供方式逐步多元化，已经基本形成了政府主导、社会参与、公办民办并举的公共服务供给格局。可以明确的是，政府购买公共服务作为实现国家治理现代化和社会治理创新的一个重要工具，已经成为我国加快服务型政府建设的重要内容。

第八章 基于主体责任的政府购买公共服务全过程监督机制构建

从底层逻辑来看，政府购买公共服务的最终目标是满足人民群众日益增长的公共服务需求，也就是实现全体人民的公共利益和公共价值。在政府购买服务活动中，政府部门作为社会公众的代理人，在公共服务供给中充当购买主体角色，其购买活动的目标，就是满足委托人对公共服务的需要，因此政府承担了公共受托责任，就必须监督承接主体的履约情况。各种社会力量参与政府购买公共服务的竞争，表面上是为了追求组织自身的发展和获取利益，但当其承接了政府购买公共服务并因此而生产和向社会公众提供公共服务时，即成为政府履行公共受托责任的延伸工具，其自然也就变成了公共责任的承担者，而且由于其与政府签订了政府购买公共服务合同，还将这种公共责任以契约的形式固定下来。为了维护自身利益，承接主体也必然会监督购买主体和其他承接主体之间的行为，这也会间接起到维护公共利益的作用。由代议制民主产生的各级人大机构，更要履行人民赋予的公共受托责任，监督购买主体和承接主体在政府购买公共服务活动中的行为合法性、恰当性以及公共责任履行情况。财政部门、审计部门、国家监察部门以及党的纪律检查部门，都是代表人民利益的受托者，都应当从各自的角度，履行对人民负责的公共受托责任，监督政府购买公共服务的购买主体、承接主体的行为是否合法合规、是否合理恰当、是否优质高效、是否让人民满意以及是否存在不道德行为等。社会公众作为政府购买公共服务的最终委托人、购买服务资金的最终出资人和公共服务的受益人，既是公共责任的最初委托者，也是公共责任的最终作用对象，更是要关注和监督购买主体与承接主体的行为是否规范有序、是否优质高效，有无滥用公权力，侵害公众利益；还要监督其他各类监督主体的监督行为是否到位，是否存在监督虚置等问题。由此可见，作为购买主体的政府部门，作为承接主体的社会力量，作为监督主体的人大、财政、审计、纪检、监察、司法等部门、第三方机构以及社会公众之间，实际上已经形成了一个"公共责任共同体"（见图 8-1）。在这个"公共责任共同体"中，只有每一类主体都在公共责任之下承担各自的职责，行使各自的权利，履行各自的义务，公共利益才会得到最大化的维护，政府购买公共服务的公共价值才能实现最大化，这是参与政府购买公共服务各方主体应当坚守的公共伦理和价值理念。

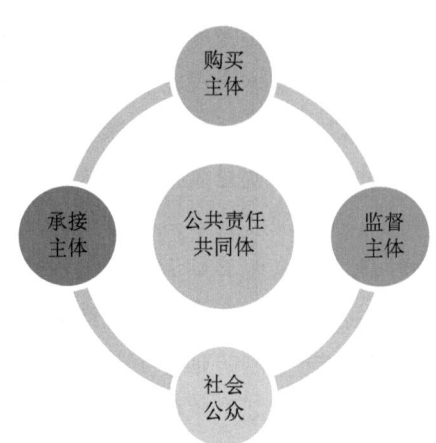

图 8-1 政府购买公共服务公共责任共同体

本书认为，经过多年政府购买公共服务实践所暴露出来的各种问题和风险隐患，从根本上讲是各类政府购买公共服务活动的参与者，缺乏对"公共责任共同体"的认识，因而发生主体责任缺失或履行主体责任不到位导致监督不力造成的，"重分配、轻管理，重购买、轻监督"现象的普遍存在，必然造成各类问题及风险隐患的发生。因此，要建立基于主体责任的政府向社会力量购买公共服务全过程监督机制，必须树立"公共责任共同体"理念，并在"公共责任共同体"框架下强调政府购买公共服务各方的主体责任，并以此为基础强化各主体监督职责，建立起多元主体协同监督机制。

二、构建基于主体责任的全过程监督机制应当坚持的基本原则

构建基于主体责任的政府向社会力量购买公共服务全过程监督机制，是我国政府购买公共服务领域的重要事项，也是完善制度建设的重要组成部分。为完成这一机制的构建，并使其可以真正应用于各级各类政府购买公共服务的常态化监督工作之中，需要遵循以下基本原则，以保证该机制的确立规范有效。

（一）公共价值导向原则

实现公共价值，维护公共利益，是公共服务的核心，也是政府向社会力

量购买公共服务制度要实现的重要目标。在国家治理现代化过程中，政府通过购买方式向社会公众提供公共服务，所要实现的就是体现公共利益的公共价值，即对公众意愿的表达与回应、公共服务的公共效用以及公共利益的实现。这些对于政府购买公共服务制度而言，都是至关重要的问题。我国建设服务型政府的根本任务就是要以人民为中心，有效地利用各种资源增加社会公众对公共服务的可及性和获得感。但在政府购买公共服务制度运行中存在的各种问题，往往会导致公共价值难以充分体现，甚至会诱发某些私人价值取代公共价值的风险。为防止和纠正由此导致的价值偏离，强化监督管理就成为必然的手段。通过强化监督，能够更好地促使政府购买公共服务活动以公共利益为出发点，用专业化的手段和工具，防范和化解各种风险，维护公共利益，保证各项政府购买的公共服务事项都能够充分体现其为公众服务的公共价值。因此，以公共价值为导向，是构建基于主体责任的政府购买公共服务全过程监督机制必须坚持的最根本原则。

（二）主体责任全过程嵌入原则

构建基于主体责任的政府购买公共服务全过程监督机制的一个基本主线，就是要落实主体的监督责任。而落实主体监督责任的前提，就是主体责任明确。如前分析，由于政府购买公共服务网络中的主体间关系比较复杂，既有合作也有冲突，各自的监督意愿也因各种原因各不相同，因此，明确政府购买公共服务全过程监督中各方主体的角色定位和各自的主体监督责任就成为首要任务。随着各类主体在全过程监督中的角色定位清晰明确并确认了各自应该承担的监督责任之后，就能够充分调动各方主体参与监督的主观能动性，再配合以恰当适用的监督方式，即可形成贯穿于政府购买公共服务全过程的监督链条，使监督机制成为嵌入全过程流程的常态化内容，从而有效保证政府购买公共服务活动的有序开展，防范可能发生的各种风险。因此，将主体责任嵌入政府购买公共服务全过程，是构建政府购买公共服务全过程监督机制的关键性原则。

（三）全过程风险防范原则

政府购买公共服务是一项系统性活动，其全过程流程较长，活动环节较多，既涉及政策制定、政策执行，也涉及公共服务的生产、提供以及最终的服务效果，还涉及财政资金的预算约束、成本绩效和物有所值，既是政府行政行为的体现,又是市场主体活动的内容,参与主体多元,利益诉求多样,服务内容繁杂,影响范围广泛。可以说,在政府购买公共服务的诸多环节都存在着相应的风险点,都有可能因为制度漏洞或监管缺失而变现风险。故此,构建基于主体责任的全过程监督机制,必须在各个流程环节找出风险点,并强调相关主体应当承担的主体监督责任,从而形成全过程环环相扣的闭环监督链条,以便应对各环节可能发生的风险。理论上说,只有在全过程中的每个环节都能充分发挥主体的监督责任,很好地防控风险,那么全过程监督机制的监督效能就大大提升了。因此,坚持全过程风险防范是构建基于主体责任的全过程监督机制的重要目标原则。

(四) 提高整体监督效能原则

传统的监督方式中,各级人大、财政部门、审计部门、主管部门、纪检监察、司法部门和第三方机构等,在政府购买公共服务制度的运行中,均基于自身角度承担监督责任,相互之间存在缺乏相互配合、监督环节衔接不紧密、各自重视某些方面监督,但缺乏整体性协同监督等问题长期存在。如各级人大和财政部门比较重视的是预算编制监督和最终效果监督,审计部门重视的是购买资金使用的合法性、合规性监督,购买主体的主管部门重视的是公共服务相关任务完成情况的监督,纪检监察部门重视的是在购买服务过程中违反党纪国法情况的监督,司法部门重视出现违法事实后的事后法律监督,而第三方机构则是接受财政部门或主管部门的委托进行预算绩效管理的监督。各监督主体相互之间缺乏监督配合,往往造成对很多重要中间过程环节的监督存在较多缺失,从而导致整体的全过程监督效能不高。因此,在构建基于主体责任的政府购买公共服务全过程监督机制时,必须坚持提高整体监督效能这一主导原则。

(五) 多元主体协同监督原则

构建基于主体责任的政府向社会力量购买公共服务全过程监督机制,是需要对全过程流程的各个阶段进行分析和研究的系统性工程,注重的是整体监督效果的最佳而非特定流程的最优化,强调的是在各个流程阶段中各主体监督的责任与落实,突出的是环环相扣的责任担当与监督效能,最终形成的是一个完整的全过程监督链条。在政府购买公共服务涉及众多利益相关者的情况下,要求多元主体必须共治共享,协同配合,共同监督政府购买公共服务制度运行的规范有序和优质高效。只有多元主体共同行使主体监督责任，在全过程各环节发挥主体监督作用，才能真正提高全过程监督的整体效能。因此，坚持多元主体协同监督，是建立全过程监督机制的行动原则。

三、政府购买公共服务全过程的模块化分解与风险评估

构建基于主体责任的全过程监督机制的目标是防范风险。由于政府购买公共服务的全过程涉及多个环节，流程较长，且每个流程环节都可能存在相应的风险，因此我们将对政府购买公共服务全过程进行模块化分解，并对每一模块可能存在的风险进行精准识别，能够为在各个模块嵌入主体责任强化监督职责奠定基础。

（一）政府购买公共服务全过程流程的模块化分解

根据《中华人民共和国政府采购法》和购买公共服务的一般规程，本书将我国政府购买公共服务的全过程流程分为五大模块，即政府购买公共服务的需求管理模块、预算编制模块、购买过程模块、合同履约模块和绩效评价模块（见图8-2）。

图8-2 政府购买公共服务流程模块化分解图

1. 需求管理模块

需求形成是政府购买公共服务制度的运行起点。如果没有公共服务需求，公共服务的供给也就成为无源之水、无本之木，政府购买公共服务活动也就无须开展了。因此，在进行政府购买公共服务项目的决策之前，对公众开展公共服务需求的深入调查、汇总梳理以及分析研究并最终形成公共服务购买需求，是非常重要的前期工作，各购买主体必须高度关注重视此项工作。如果对需求形成不做前期调查分析，很有可能最终造成政府购买公共服务供给与需求的缺位和错位，继而使政府花钱购买的公共服务项目呈现低效或无效的结果。因此，在《政府采购需求管理办法》（财库〔2021〕22号）中明确规定，涉及公共利益、社会关注度较高的采购项目，包括政府向社会公众提

供的公共服务项目等，应当开展需求调查。①

需求形成模块中的工作主体主要是购买主体，其所要做的工作包括：对服务范围内的公众需求展开调查研究并汇总梳理；根据各级政府部门制定的政府购买服务指导性目录明确公共服务购买的范围和内容；制定公共服务购买项目的预期绩效目标；拟定项目实施的计划安排等。以上均是购买主体开展政府购买公共服务决策以及为向主管部门提交购买公共服务立项申请所做的基础性工作。

2. 预算编制模块

政府购买公共服务需求确定后，项目资金的预算编制就成为项目申报的关键问题。对项目预算的编制，实际上是对有限的财政资源的合理分配过程。在此过程中，财政部门一方面要对照项目绩效目标考察政府购买公共服务项目预算编制的科学性、准确性，判断满足项目需求所需的合理资金规模；另一方面又要保证在财政资源有限的情况下，尽可能保障更多公共服务项目对资金的需求。因此，要求购买主体必须提高政府购买公共服务预算编制的质量，防止因预算编制粗糙、缺少合理依据而导致的财政资金的浪费或沉淀。这不仅关系到具体的政府购买公共服务项目能否顺利实施，而且关系到整个政府购买公共服务资源配置的合理性、经济性和效率性，是非常重要的工作环节。

预算编制模块的工作主体主要是购买主体、业务主管部门和财政部门，所要做的工作包括：购买主体根据项目需求和相关依据进行项目预算资金需求的支出指标测算，并进行项目预算的编制；将项目预算与项目申请书、项目实施方案等一并提交业务主管部门审查；业务主管部门对下属购买主体提交的项目预算进行审查后，与本部门预算一并提交财政部门审查。财政部门可以自行或委托第三方机构对项目预算进行评审，提出对项目支持、部分支持或不支持的评审意见。对于财政支持的政府购买公共服务项目，由业务主管部门正式以项目预算的形式编入部门预算上报财政部门，最终由财政部门汇总上报同级人大审批。

3. 购买过程模块

政府购买公共服务的购买过程，是在政府购买公共服务预算获得批复后

---

① 财政部，《政府采购需求管理办法》（财库〔2021〕22号），第十一条第（二）款，2021年4月30日。

正式开展公共服务购买活动的实施环节，是整个政策落实和制度运行的重要环节。购买主体通过市场化行为向承接主体购买公共服务的过程，是通过政府购买公共服务实现政府治理现代化、达成政府与市场、社会三者之间的相互合作关系的体现。在公共服务购买过程中，涉及购买主体、承接主体的互动关系与利益追求，能够充分展现市场经济主体参与政府购买公共服务活动的广度与深度。因此，这一模块是政府购买公共服务市场竞争活动的集中展示区域，涉及诸多利益主体的利益博弈。

购买过程模块的工作主体主要是购买主体和承接主体，其各自所要做的工作首先包括购买主体购买公共服务方式的选择、购买公共服务信息的发布、承接主体资格的认定、招标投标或必选遴选的过程、评标专家管理、中标者公示、合同授予、争议仲裁等，其次还包括承接主体获取政府购买公共服务的信息、做好参与竞争的准备并积极参与竞争、争取成为政府购买公共服务的承接主体最终得到服务合同等。

4. 合同履约模块

在政府部门完成购买公共服务的市场活动后，购买主体与承接主体需要签订委托服务合同，就此正式进入合同履约阶段。对购买主体而言，合同的履约情况，决定了政府购买公共服务项目的质量和效益。从宏观上看，众多政府购买公共服务合同的履约情况，反映的是政府购买公共服务这一制度创新在实践中落实的成效。因此，购买主体必须监督承接主体严格按照合同要求向服务对象保质保量、及时如期地生产和提供公共服务的情况。而作为合同履约实际执行者的承接主体，其诚信程度、专业能力、组织能力、执行能力和沟通能力等就成为履约效能的最为重要的影响要素。

合同履约模块的工作主体主要是购买主体和承接主体，其所要做的工作包括：购买主体按照与最终确定的公共服务承接主体签订的服务委托合同要求，全过程监督合同履约的过程情况、开展服务期限内承接主体履约结果的验收、按合同约定进度支付服务款项。承接主体则要严格按照委托服务合同中约定的服务项目、服务范围、服务内容、服务数量、服务规格、质量标准、服务进度和验收要求等，为特定服务对象提供具体的公共服务事项，保质保量地完成公共服务的生产与供给等。

5. 绩效评价模块

绩效评价是为保证政府购买公共服务项目能够实现预期效益，由财政部门组织开展绩效评价或由行业主管部门进行内部自我评价的工作环节，是政府购买公共服务全过程链条的最后一个环节，也是最为重要的监督评价环节。绩效评价强调是以结果为导向，采用将政府购买公共服务项目实施的最终结果，对照前期设定的绩效目标，评价其实际公共服务产出情况和取得的各类实际效益情况，从中确认政府购买公共服务项目实施取得的成效和各方面对此的满意程度，发现项目实施过程中存在的问题以及取得的经验教训，考察和评判项目的投入产出是否实现了物有所值，是否实现了公共价值，是否体现了公共利益，取得了哪些社会效益和可持续影响，是否达到了比较高的服务对象满意度等。之后，通过将绩效评价结果公开、将绩效评价结果与下年度预算单位的预算编制挂钩、开展绩效问责等，切实落实绩效评价结果的运用，促使所有参与政府购买公共服务的购买主体和承接主体，关心、关注提高政府购买公共服务的质量、效率和效益，避免浪费财政资金和造成公众对政府购买公共服务的不信任等风险。

绩效评价模块的工作主体主要是财政部门、业务主管部门、购买主体和第三方机构，其所要做的工作包括：第一，财政部门作为政府购买公共服务的主管部门，无论是财政部门委托第三方机构开展绩效评价，还是财政直接进行绩效评价，都要明确绩效评价目的；对照项目的绩效目标和各项绩效指标，对政府购买公共服务项目的决策过程、财政资金的投入和使用情况、公共服务购买的过程情况、中标情况、合同履约情况、公共服务产出和提供情况、项目实施取得的各类效益情况以及服务对象满意度情况等展开评价；加强对第三方机构开展绩效评价工作质量的监督；要求行业主管部门对政府购买公共服务项目进行绩效自评；强调绩效评价结果的运用。第二，业务主管部门和实际购买主体根据财政部门的要求或自身管理的要求，对下属单位或本单位政府购买公共服务项目开展绩效自评；绩效自评既可以委托第三方机构进行，也可以自行邀请相关专家开展自评；评价的内容与财政要求的内容一致。第三，第三方机构接受财政部门委托或业务主管部门的委托，对政府购买服务项目开展绩效评价，必须按照财政部门规定的工作程序、评价内容和评价方式等开展程序规范的绩效评价工作，在前期入户调查、资料收集整理、组织专家评审、完成绩效评价报告并提交财政部门或业务主管部门和购买主体单位等过程中，必须保证评价过程的规范完整、评价资料真实准确、评价结论客观公正和绩效评价报告的质量可靠。

（二）各流程模块的风险识别与风险评估

前述各模块在我国政府购买公共服务全过程流程中具有不同的作用，各模块不同的工作内容，将政府购买公共服务串成一个完整的、依次连接的流程链条，缺一不可。但在实际运行中，上述每一个流程模块，都可能存在着各种或明或暗的风险，需要关注并加以识别，评估其风险程度，判断其风险影响。为此，我们将各流程模块中可能存在的风险、风险严重的程度以及风险可能造成的影响进行了比较系统的梳理，将风险的程度分为"一般""严重""非常严重"三个等级，并通过表8-1加以说明。

表8-1 政府购买公共服务全过程流程模块的风险识别与风险评估

全过程流程模块	主要工作内容	存在风险	风险程度	风险影响
需求形成模块	对公众需求的调查研究和汇总梳理分析，形成公共服务供给清单	未进行充分的前期需求调查和需求分析，所立项目不能对接公众切实需要	严重	政府购买的公共服务无法满足公众需要，导致供给错位或缺位，购买的公共服务实际效果可能低效或浪费
	确定购买需求范围和内容	需求冒进，当前资源条件无法保证	非常严重	现有财政资源和服务资源无法满足购买公共服务需要，只能降低服务标准，服务对象不满意，损害政府声誉
	制定政府购买公共服务项目的绩效目标	绩效目标不清晰，绩效指标难以支撑绩效目标的实现	非常严重	为了买而买，即只重视购买服务，忽视投入产出将要达成的社会效益
	制订购买项目计划	长官意志色彩浓厚	非常严重	或者追求政绩的冲动明显，盲目攀比；或者怕担责任，畏手畏脚
	购买主体向业务主管部门提交政府购买公共服务项目申请	公众需求的项目立项缺口较大	一般	公众当前最迫切需要的服务项目立项延迟或未获批准，影响公众的获得感
	……			

续表

全过程流程模块	主要工作内容	存在风险	风险程度	风险影响
预算编制模块	根据项目需求和相关依据进行项目预算支出指标测算	需求分析不充分，项目预算测算依据不足，用估计数字代替严谨测算	非常严重	预算指标测算结果不实，造成财政资源分配不合理，可能导致财政资金使用的低效或损失浪费
	进行项目预算编制	编制方法不科学	严重	预算编制水平低，影响项目预算对项目执行的约束力
	提交项目预算	提交时间、程序不合规	严重	影响制度执行的公平性
	财政部门评审项目预算	审查不严格，批复不及时	严重	无法发挥预算监督效力；影响政府购买公共服务工作顺利开展的效率和效益
	……			
购买过程模块	公共服务购买方式的选择	方式选择不当	非常严重	影响市场竞争的公平性和公正性；降低政府购买公共服务效率和质量；可能出现寻租等腐败行为
	购买公共服务信息的发布	不公开发布或限定范围公开发布购买信息	非常严重	影响市场竞争的公平性和公正性；降低政府购买公共服务效率和质量；可能出现寻租等腐败行为
	承接主体资格认定	人为设置障碍	非常严重	资质优良的承接主体可能被排除在政府购买公共服务市场竞争之外，不公平、公正；可能出现寻租等腐败行为

续表

全过程流程模块	主要工作内容	存在风险	风险程度	风险影响
购买过程模块	招标投标过程	不按规范程序进行招投标	非常严重	损害市场竞争的公平性和公正性，降低政府购买公共服务效率和质量；可能出现寻租等腐败行为
	评标专家管理	专家选择不恰当；专家打分不公正	非常严重	影响市场竞争的公平性和公正性，降低政府购买公共服务效率和质量；可能出现寻租等腐败行为
	中标者公示	不公示或不按期公示	非常严重	影响市场竞争的公开、公平和公正；可能出现寻租等腐败行为
	合同授予	合同条款不严谨、不规范，对双方的权利义务规定不清，对服务范围、服务内容、服务标准、服务期限等规定模糊，对违反合同等行为的惩罚性条款不做规定等	非常严重	减弱合同约束力，无法保证购买的公共服务质量；可能出现寻租等腐败行为
	……			
合同履约模块	承接主体按照委托服务合同的约定生产和提供公共服务	未按照合同要求履约或仅部分履约或降低标准履约	非常严重	政府购买公共服务提供效率低下；公共服务数量不足、质量不高；政府购买公共服务效益不佳，损害公共利益，影响政府声誉

续表

全过程流程模块	主要工作内容	存在风险	风险程度	风险影响
合同履约模块	承接主体向特定服务对象提供服务	没有或只向部分特定服务对象提供服务	非常严重	承接主体履约不到位；政府购买公共服务项目执行被打折扣，损害公共利益，影响政府声誉
	承接主体按照合同要求的服务范围、服务内容、服务数量、服务质量提供公共服务	未按照合同要求提供服务，故意缩小服务范围，减少服务内容、偷工减料、不按质量标准提供服务	非常严重	承接主体履约不到位；政府购买公共服务项目执行被打折扣，损害公共利益，影响政府声誉
	承接主体在合同规定服务期限内完成服务提供要求	未按照合同规定时间完成服务提供	非常严重	承接主体履约不到位；政府购买公共服务项目执行被打折扣，损害公共利益，影响政府声誉
	购买主体对承接主体履约情况进行过程监管和结果验收	未履行过程监管和结果验收，或形式主义走过场，缺少实质性监督和验收	非常严重	购买主体履职不到位；缺少对承接主体合同履约的有效约束；可能出现寻租腐败行为
	纠纷争议仲裁	未建立专门的纠纷争议仲裁机制	严重	承接主体申诉无门，打击其继续参与政府购买活动积极性；违反公平公正的基本原则；可能出现寻租等腐败行为
	……			
绩效评价模块	明确绩效评价目的	绩效评价目的不明确	严重	评价工作走过场，无实际功效，浪费财政资源

续表

全过程流程模块	主要工作内容	存在风险	风险程度	风险影响
绩效评价模块	对照项目的绩效目标，对政府购买公共服务项目的决策过程、财政资金的投入情况和使用情况、政府购买服务过程情况、中标情况、合同履约情况、公共服务产出和提供情况、项目实施取得效益情况以及服务对象满意度情况等展开评价	评价评价指标体系设计不科学，评价方法不合理，指标权重分配随意	非常严重	绩效评价的科学性、适用性、公平性和评价结果的可靠性均打折扣，影响绩效评价的严肃性和评价结果运用的实际功效
	对第三方机构监督管理	缺乏管理的具体措施和办法；疏于管理	非常严重	绩效评价只走过场，无实际功效
	绩效评价专家管理	专家选择草率，缺乏专门的管理制度和办法	非常严重	评价的专业性、客观性和公正性受到质疑，评价结果不受信服
	绩效评价结果运用	绩效评价结果缺乏运用	严重	只是注重绩效评价工作流程的完成，却不重视之后的整改措施与责任追究，使绩效评价流于形式，无法起到切实的监督约束作用
	……			

从表 8-1 可以看出，在政府购买公共服务全过程中，各流程模块中所蕴藏的各类风险较多，虽然风险程度各不相同，但可能造成的风险影响非常明显。而无论哪种风险真实发生，都会给政府购买公共服务制度的健康发展带

来负面效应，因此，通过加强全过程监督防范各流程环节的风险变现就成为必须高度重视的问题。

四、建立"4+1"模式政府购买公共服务全过程监督机制的方案设计

在"公共责任共同体"理念之下，坚持政府购买公共服务全过程监督的五大原则，通过对政府购买公共服务全过程模块化分解与风险辨析，我们设计了"4+1"模式政府购买公共服务全过程监督机制方案，即建立和完善4项制度，拓宽1个监督渠道，力求以此给出加强我国政府购买公共服务监督机制建设的现实解决方案。"4+1"模式政府购买公共服务全过程监督机制具体包括：建立嵌入式主体责任清单制度、健全主体责任追究制度、建立承接主体"黑白名单制度"、完善政府购买公共服务救济制度以及拓宽社会公众监督渠道，如图8-3所示。

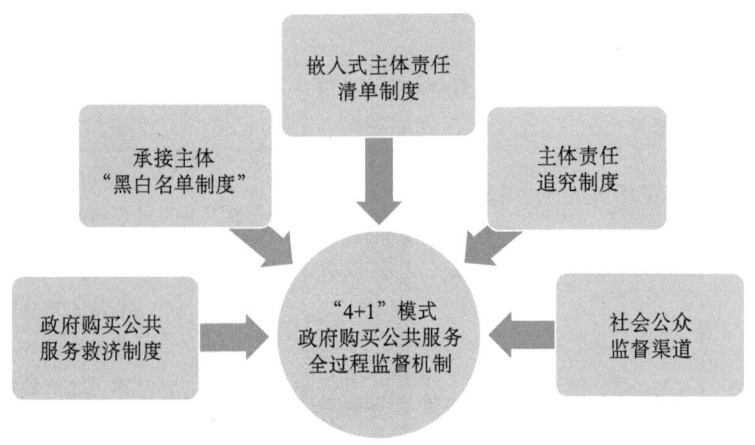

图8-3 "4+1"模式政府购买公共服务全过程监督机制方案

（一）建立嵌入式主体责任清单制度

为更好地构建以主体责任为基础的政府购买公共服务全过程监督机制，本书试图建立主体责任清单制度，将多元主体应承担的主体责任内容以及在各流程模块中各主体的监督对象、监督方式、监督权利与监督内容，嵌入政府购买公共服务全过程各流程模块之中，切实将主体责任与主体监督紧密连

接，从而形成常态化的全过程监督责任机制，使前述内外部监督链条能够真正发挥应有的监督作用，整体性系统提升监督效能（见表8-2）。

表8-2　　政府购买公共服务主体责任清单与监督方式嵌入

全过程模块	主体名称	责任内容	监督对象	监督方式	监督权力与监督内容
需求管理模块	购买主体	开展政府购买公共服务项目的前期需求调查和需求分析；制订政府购买公共服务中期规划和年度计划；科学进行政府购买公共服务决策；保证购买公共服务决策程序规范；对政府购买公共服务项目进行项目库管理等	需求管理、决策管理、项目库管理	自我监督	审查政府购买公共服务需求分析报告；审查中期规划和年度计划的适应性和可行性；审查项目立项申报资料、绩效目标申报表、项目实施方案等；审查严格落实"三重一大"决策机制；审查政府购买公共服务项目库建设情况等
	承接主体	关注相关公共服务领域社会需求与国家政策信息，对照企业或组织自身能力提升准备等	自身能力建设	自我监督	审查完善内部组织架构，吸收专业人才，开展内部培训，不断提升组织的公共服务专业能力等
	财政部门	制定政府购买公共服务需求管理政策措施；要求购买主体必须开展公共服务需求分析；要求购买主体制订中期规划和年度计划；要求购买主体开展政府购买公共服务项目库管理；要求购买主体进行科学决策；对购买主体的政府购买公共服务项目绩效目标进行审查等	购买主体的需求管理、计划规划、项目管理、决策管理和绩效目标管理	直接审查；备案审查；委托第三方机构审查	审查购买主体执行需求管理制度要求情况；要求相关主管部门审查购买主体的计划规划并报财政部门备案；审查购买主体项目库建设情况，并要求其报上级主管部门和财政部门备案；审查购买主体决策管理情况；审查购买主体绩效目标的明确性和合理性等

续表

全过程模块	主体名称	责任内容	监督对象	监督方式	监督权力与监督内容
需求管理模块	审计部门	对购买主体执行财政部门制定的需求管理制度情况进行审查；对购买主体制订政府购买公共服务计划规划进行审查；对购买主体的项目库建设与管理情况进行审查；对购买主体的决策程序合规性进行审查；对购买主体提出的政府购买公共服务项目绩效目标进行审查等	购买主体的需求管理、计划规划、项目管理、决策管理和绩效目标管理	事后专业审查	审查购买主体是否按照财政部门制定的需求管理制度规定开展需求分析；审查购买主体是否按照要求制订了政府购买公共服务计划规划；审查购买主体是否进行了项目库建设与管理；审查政府购买公共服务决策程序的合规性；审查购买主体的政府购买公共服务项目绩效目标等
	人大部门	对各部门、各购买主体的需求管理和决策管理进行监督	财政部门、主管部门、购买主体的需求管理行为	审查监督；人大代表事前参与式监督和议案监督	审查监督各部门需求管理政策执行情况；监督购买主体的需求管理和决策管理的落实情况；人大代表参与购买主体购买公共服务的前期需求调查；人大代表对公共服务需求开展实地调查，通过议案督促政府部门开展公共服务需求调查和需求分析等
	纪检部门	对各部门、各购买主体在需求管理和决策管理中党员干部是否存在违反党纪的情况开展监督	购买主体的党员干部	明察暗访；接受检举、举报等并依党纪调查、处置	监督各部门、各购买主体在政府购买公共服务需求管理和决策管理中党员干部是否存在违反党纪的行为等

第八章　基于主体责任的政府购买公共服务全过程监督机制构建

续表

全过程模块	主体名称	责任内容	监督对象	监督方式	监督权力与监督内容
需求管理模块	监察部门	对各部门、各购买主体的公职人员在需求管理和决策管理中的履职行为情况开展依法监督	部门和购买主体的公职人员	接受检举、举报，并依法调查、处置	监督各部门、各购买主体公职人员在需求管理和决策管理中的依法履职、秉公用权和廉洁性情况等
	司法部门	对各部门、各购买主体需求管理和决策管理中的党员领导干部和公职人员违法行为追究法律责任	购买主体的党员干部和公职人员	事后法律监督	监督各部门、各购买主体的党员领导干部和公职人员在需求管理和决策管理中是否存在违法行为，一旦发现即追究其法律责任
	行业协会	全面了解本领域公共服务发展状况和国家相关政策及导向，为本领域社会组织提供参考	本领域公共服务需求动态和社会组织发展情况	行业内部监督	配合相关主管部门和购买主体开展需求调查，并为政府购买公共服务决策提供意见建议等
	第三方机构	接受财政部门和业务主管部门的委托评价购买主体申报项目绩效目标的合理性和决策的规范性	各部门、购买主体的需求管理行为	受托监督；组织专家评价	组织专家监督评价购买主体申报项目的绩效目标科学性、合理性和可行性，以及决策程序的规范性等
	社会公众	参与公共服务需求调查，提出公共服务诉求，了解政府购买公共服务决策信息	购买主体的需求管理和决策管理	参与式监督	监督购买主体的需求调查和需求分析是否全面深入；购买公共服务决策是否回应了群众诉求等

续表

全过程模块	主体名称	责任内容	监督对象	监督方式	监督权力与监督内容
预算编制模块	购买主体	根据前期需求分析及确定的政府购买公共服务项目绩效目标,科学精准编制项目的经费预算	项目经费预算	自我监督	审查监督内部业务部门与财务部门配合开展项目预算编制的情况等
	承接主体	配合购买主体开展的公共服务市场询价活动,并提供真实可靠的报价信息	项目经费预算	自我监督	审查提供给购买主体的报价是否合理、可靠,支出标准是否符合相关规定等
	财政部门	对各部门、各购买主体申报的政府购买公共服务项目预算进行审查,并依据财力可能确认支持程度	项目经费预算	事前评估和预算评审;委托第三方机构评审	审查监督各部门、各购买主体申报项目预算的真实性、科学性、合理性和精准性,并依据财力可能下达支持、部分支持或不支持项目开展的评审结论等
	审计部门	对购买主体政府购买公共服务预算编制的合法性、合规性和合理性进行审查	项目经费预算	事后专业审查	审查监督购买主体政府购买公共服务项目预算的合法性、合规性和合理性情况等
	人大部门	监督财政部门、业务主管部门和购买主体对政府购买公共服务项目的预算编制情况	项目经费预算	审查监督;批准监督	审查和批准同级政府提交的财政预算和部门预算(含政府购买服务),对不恰当的预算安排提出质询并责成财政和部门予以调整等
	纪检部门	对财政部门、相关主管部门和购买主体的党员干部在预算编制中存在的违反党纪行为进行监督查处	购买主体的党员干部	明察暗访;接受检举、举报等并依党纪调查、处置	监督财政部门、业务主管部门和购买主体的党员干部在预算编制中是否存在官僚主义、弄虚作假和寻租行为等,对涉嫌职务犯罪的移送司法机关提起公诉等

续表

全过程模块	主体名称	责任内容	监督对象	监督方式	监督权力与监督内容
预算编制模块	监察部门	对财政部门、业务主管部门、购买主体和承接主体的公职人员在预算编制中存在的违法违纪行为进行监督查处	各类主体的公职人员	接受检举、举报，并依法调查、处置	监督财政部门、相关主管部门、购买主体和承接主体的公职人员在预算编制中是否存在弄虚作假和寻租行为等；对购、承双方涉嫌职务犯罪的公职人员移送司法机关提起公诉等
	司法部门	对财政部门、业务主管部门、购买主体和承接主体的公职人员在预算编制中存在的违法行为追究法律责任	各类主体的公职人员	事后法律监督	监督财政部门、相关主管部门、购买主体和承接主体的公职人员在预算编制中是否存在违法行为，一旦发现即追究其法律责任等
	行业协会	制定本领域公共服务质量的行业标准，为政府购买公共服务项目预算的编制提供基本依据	公共服务质量行业标准	标准监督	通过制定公共服务质量行业标准，监督政府购买公共服务项目预算编制的价格依据是否客观公允等
	第三方机构	了解相关领域公共服务质量标准和一般市场价格水平，判断政府购买公共服务预算编制的科学性和合理性	项目经费预算	受托事前评估和预算评审	组织专家监督评价购买主体申报项目的预算编制依据是否可靠，预算编制是否科学精准，是否会造成财政资金的损失浪费或资金沉淀等
	社会公众	了解公共服务项目的质量标准	项目经费预算	对标监督	对照服务质量标准监督政府购买公共服务价格是否合理，是否物有所值等

续表

全过程模块	主体名称	责任内容	监督对象	监督方式	监督权力与监督内容
购买过程模块	购买主体	制订公共服务购买计划；根据政府采购法和相关法规制度要求确定购买方式；自行组织或委托专业机构代开展符合法定程的公共服务购买活动；与依照法定程序选定的承接主体签订委托服务合同；配合财政部门执行政府购买公共服务救济制度开展的调查等	公共服务购买计划、购买方式、购买程序、承接主体资质、购买行为、合同签署	自我监督；程序监督；资格审查；合同监督	审查公共服务购买计划是否具有可行性；监督审查是否严格按照政府采购法和相关法规制度确定购买方式、在官方平台公开发布政府购买公共服务信息，并自行组织或委托专业机构依法开展购买活动；监督审查参与竞争的承接主体资格与行为的合法性、合规性；与经过法定程序选定的承接主体签订委托服务合同是否合法、规范、有效；监督审查内部工作人员和受托机构在购买服务活动中是否存在道德风险和寻租行为；监督审查相关部门是否在规定时间内依法对承接主体的投诉、申诉开展救济工作等
	承接主体	获取政府购买公共服务信息；准备参与政府购买服务项目竞争的相关资料；合法合规开展竞争；被确定为承接主体后合法合规签订委托服务合同；通过质疑、投诉等方式，依法依规申请政府购买公共服务救济	政府购买公共服务信息发布、购买方式、购买程序、承接主体资质、购买主体购买行为、承接主体的确定、合同签署	程序监督；同行监督；投诉、举报	监督购买主体的信息发布、购买方式、购买程序等的合法合规性；监督购买主体在购买过程中行为的规范公平公正；监督其他竞争者的主体资格情况；监督其他竞争者与购买主体之间是否存在寻租腐败等行为；监督委托服务合

续表

全过程模块	主体名称	责任内容	监督对象	监督方式	监督权力与监督内容
购买过程模块	承接主体				同的签署是否合法、规范、公平、合理等；维护自身权益，通过质疑、投诉等方式，依法申请政府购买公共服务救济等
	财政部门	根据政府采购法、政府购买公共服务管理办法等法律法规，监督购买主体购买活动过程的合法合规性；维护政府购买公共服务市场的竞争秩序；促进购买服务活动公开、公正、公平；执行政府购买公共服务救济制度等	政府购买公共服务信息发布、购买方式、购买程序、承接主体资质、购买主体购买行为、公共服务购买结果、合同签署、纠纷调处等	平台监督；程序监督；救济监督	监督审查购买主体是否在财政部门指定平台公开发布政府购买公共服务信息；监督审查政府购买活动过程是否依法依规；监督审查参与竞争的承接主体资质是否符合要求；监督审查购买主体工作人员是否在组织政府购买公共服务活动中存在滥用权力、寻租腐败行为；监督审查承接主体是否为了中标向购买主体工作人员拉拢行贿；监督审查承接主体在招投标过程中是否存在围标、串标行为；监督审查是否有评标专家接受承接主体好处而不客观公正打分；对承接主体的投诉、申诉，在规定时间内依法开展政府购买公共服务救济工作等

续表

全过程模块	主体名称	责任内容	监督对象	监督方式	监督权力与监督内容
购买过程模块	审计部门	根据政府采购法、政府购买公共服务管理办法等法律法规，对购买主体的购买过程进行合法性、合规性审计；对政府购买公共服务市场竞争的公开性、公正性、公平性和物有所值进行审计；对购买主体和承接主体签署的服务合同进行合法合规性审计；对购买公共服务资金支付情况进行审计；对财政部门对承接主体的救济情况进行审计等	政府购买公共服务信息发布、购买方式、购买程序、承接主体资质、购买主体购买行为、公共服务购买结果、合同签署、购买资金的支付情况等	事后专业监督	审计审查购买主体是否在财政部门指定平台公开发布政府购买公共服务信息；审计审查政府购买活动过程是否依法依规；审计审查参与竞争的承接主体资质是否符合要求；审计审查购买主体工作人员是否在组织政府购买公共服务活动中存在滥用权力、寻租腐败行为；审计审查承接主体是否为了中标而向购买主体工作人员拉拢行贿；审计审查承接主体是否存在围标、串标行为；审计审查是否有评标专家接受承接主体好处而不客观公正打分；审计审查财政部门对承接主体的投诉、申诉开展救济的情况等
	人大部门	根据政府采购法、政府购买公共服务管理办法等法律法规，监督购买主体购买活动过程的合法、合规性；监督政府购买公共服务市场竞争的公开、公正、公平；监督财政部门对承接主体的救济情况等	政府购买公共服务信息发布、购买方式、购买程序、承接主体资质、购买主体购买行为、公共服务购买结果、合同签署、承接主体救济等	日常监督、事后监督	监督审查购买主体是否在财政部门指定平台公开发布政府购买公共服务信息；监督政府购买活动过程是否依法依规；监督参与竞争的承接主体资质是否符合要求；监督购买主体工作人员是否在组织政府购买公共服务活动中存在

续表

全过程模块	主体名称	责任内容	监督对象	监督方式	监督权力与监督内容
购买过程模块	人大部门				滥用权力、寻租腐败行为；监督承接主体是否为了中标向购买主体工作人员拉拢行贿；监督承接主体是否存在围标、串标行为；监督是否有评标专家接受承接主体好处而不客观公正打分；监督审查财政部门对承接主体开展救济的情况等
	纪检部门	监督购买主体和承接主体的党员干部在政府购买公共服务过程中是否存在违反党纪行为	购买主体和承接主体的党员干部	明察暗访；接受检举、举报等并依党纪调查、处置	监督购买主体和承接主体的党员干部在政府购买公共服务过程中是否存在违反党纪的寻租腐败行为；对涉嫌职务犯罪的移送司法机关提起公诉等
	监察部门	监督购买主体和承接主体的公职人员在政府购买公共服务过程中是否存在违反国家法律法规的行为	购买主体和承接主体的公职人员	接受检举、举报，并依法调查、处置	监督购买主体和承接主体的公职人员在政府购买公共服务过程中是否存在违反国家法律法规行为；是否有滥用公权力行为；是否存在寻租腐败行为；对购、承双方涉嫌职务犯罪的公职人员移送司法机关提起公诉

续表

全过程模块	主体名称	责任内容	监督对象	监督方式	监督权力与监督内容
购买过程模块	司法部门	对购买主体和承接主体的党员干部和公职人员在政府购买公共服务过程中行为的合法性进行监督	购买主体和承接主体的党员干部和公职人员	事后法律监督	监督购买主体和承接主体的党员干部和公职人员在政府购买公共服务过程中是否存在违反国家法律法规行为；是否有滥用公权力行为；是否存在寻租腐败行为；一旦有人触及法律红线，即追究其法律责任等
	行业协会	关注政府购买公共服务信息发布；提示和鼓励行业内企业和社会组织积极参与竞争	信息发布、承接主体资质要求	信息监督	监督政府购买公共服务信息发布是否公开规范；监督对承接主体的资质要求是否存在歧视性条款等
	第三方机构	接受财政部门或主管部门的委托，监督购买主体和承接主体在政府购买公共服务过程和购买程序的合法性、合规性、规范性、公平性、公正性、公开性	政府购买公共服务信息发布、购买方式、购买程序、承接主体资质、购买主体购买行为、公共服务购买结果、合同签署等	受托评价	监督购买主体发布政府购买公共服务信息情况；监督政府购买公共服务程序依法依规情况；监督参与竞争的承接主体资质符合要求情况；监督评标专家是否公平公正；监督购买服务合同的合法规范情况等
	社会公众	关注政府购买公共服务过程是否公开、公正、公平、合法合规	购买主体的购买行为和承接主体的竞争行为	举报监督	依法依规监督政府购买公共服务程序的合法合规；举报发现的购买主体或承接主体的违法违规行为

续表

全过程模块	主体名称	责任内容	监督对象	监督方式	监督权力与监督内容
合同履约模块	购买主体	对承接主体按照合同约定提供服务的情况进行过程监督；按照合同约定支付合同款项；发现承接主体存在的转包行为以及未严格履约等问题，及时终止合同或督促其整改；对完成服务的项目进行检查验收；对履约不力的承接主体追究违约责任	购买服务合同履约情况	日常监督检查；检查验收；定期或不定期检查；典型问题调查等	监督检查承接主体在按照合同要求提供服务过程中是否存在履约风险；监督检查承接主体的工作台账等过程记录；监督审查承接主体是否在合同约定期内保质保量地向服务对象生产和提供公共服务；检查监督审查公共服务提供的及时性情况；监督审查承接主体是否存在服务转包行为；对履约不力的承接主体依法追究其违约责任；检查是否按合同约定如期支付款项；对公共服务事项完成后开展验收检查等
	承接主体	严格按照政府购买公共服务合同及时足额生产和提供公共服务，并保证服务提供质量；不转包承接的服务项目；接受购买主体对履约过程的监督检查	公共服务的范围、服务内容、服务数量、服务质量和服务期限、服务对象范围和标准	日常自我监督；接受购买主体过程监督；对购买主体的合同监督	监督项目开展过程中是否对服务对象享受公共服务条件的相符性进行审查；是否建立了工作台账，保留了合同履约过程记录；能否按照合同要求的服务内容、数量规模、质量标准和服务期限，保质保量完成公共服务的生产和提供；是否严格按照要求不转包服务项目；依法监督购买主体是否按合同约定支付合同款项；依法对购买主体追究违约责任，维护自身权益等

续表

全过程模块	主体名称	责任内容	监督对象	监督方式	监督权力与监督内容
合同履约模块	财政部门	督促购买主体对承接主体履行政府购买公共服务项目合同情况进行过程监督；要求主管部门对承接主体合同履约情况和购买主体对合同履约监督情况进行监督；直接或委托第三方对重点项目承接主体的合同履约情况进行审查	承接主体合同履约情况；购买主体对承接主体履约的监督情况	督促监督；直接监督；委托第三方机构监督	监督审查承接主体是否按合同约定期限保质保量生产和提供公共服务；监督审查承接主体是否存在服务转包；监督审查购买主体是否履行了对承接主体合同履约过程的监督职责；督促业务主管部门监督政府购买公共服务项目履约过程；督促购买主体追究承接主体的违约责任等；监督购买主体是否对已完成的服务项目进行验收等
	审计部门	对承接主体履行政府购买公共服务合同情况进行专业审计；对购买主体监督承接主体履约情况进行专业审计	承接主体合同履约情况；购买主体对承接主体履约的监督情况	事后专业审查	审查承接主体是否按合同约定期限保质保量向确定的服务对象提供公共服务；审查承接主体有无故意压低服务生产和提供成本导致服务质量降低或数量减少；审查承接主体是否存在服务转包行为；审查购买主体是否履行了对承接主体合同履约的过程监督职责；审查购、承双方的违约行为是否进行及时处理以及处理结果的合法性、合规性等

续表

全过程模块	主体名称	责任内容	监督对象	监督方式	监督权力与监督内容
合同履约模块	人大部门	监督业务主管部门和购买主体对承接主体合同履约情况的监督情况；监督承接主体合同履约情况	承接主体合同履约情况；购买主体对承接主体履约的监督情况	事后监督；听取服务对象反映情况；实地调研	监督审查购买主体是否对承接主体的合同履约过程履行了监督职责；监督审查承接主体是否按合同约定期限保质保量向确定的服务对象提供公共服务，有无故意压低服务成本导致服务质量降低或数量减少；是否存在服务转包等
	纪检部门	监督承接主体的党员领导干部在合同履约过程中的违反党纪行为；监督购买主体的党员干部在监督承接主体合同履约情况过程中的违反党纪行为	购买主体和承接主体的党员干部	明察暗访；接受检举、举报等，并依党纪调查、处置	监督承接主体的党员领导干部在合同履约过程中是否存在违反党纪行为；监督购买主体的党员领导干部在监督承接主体合同履约情况过程中是否有违反党纪的行为；对购、承双方涉嫌职务犯罪的公职人员移送司法机关提起公诉
	监察部门	监督承接主体的公职人员在合同履约过程中的履职行为；监督购买主体公职人员在监督承接主体合同履约情况过程中的履职情况	购买主体和承接主体的公职人员	接受检举、举报，并依法调查、处置	监督监督购买主体和承接主体的公职人员在合同履约管理中是否存在履职不力、失职失责、贪污贿赂、滥用职权、玩忽职守、权力寻租、利益输送、徇私舞弊等行为；对购、承双方涉嫌职务犯罪的公职人员移送司法机关提起公诉

续表

全过程模块	主体名称	责任内容	监督对象	监督方式	监督权力与监督内容
合同履约模块	司法部门	监督承接主体的党员干部和公职人员在合同履约过程中的履职行为；监督购买主体的党员领干部和公职人员在监督承接主体合同履约情况过程中的履职情况	购买主体和承接主体的党员干部和公职人员	事后法律监督	监督购买主体和承接主体的党员干部和公职人员在合同履约管理中存在的贪污贿赂、滥用职权、玩忽职守、权力寻租、利益输送、徇私舞弊等行为，追究法律责任
	行业协会	督促本领域承接主体严格履行购买公共服务合同，承担违约责任	合同履约情况	配合监督	配合购买主体督促承接主体严格履行合同约定，避免出现履约不力或违约现象等
	第三方机构	对承接主体履约情况进行评价；对购买主体监督承接主体履约情况进行评价；对承接主体发生合同履约不力或违约时购买主体依法追究其责任情况进行评价	合同履约情况	评价监督	受托通过组织专家评审，对承接主体履约情况、购买主体监督承接主体履约情况进行评价监督；对承接主体服务转包和以及同履约不力或违约的责任追究情况等进行评价监督
	社会公众	监督承接主体公共服务提供的数量、质量和及时性；发现问题及时反映	公共服务提供情况	意见反馈；投诉、举报	监督承接主体提供公共服务的及时性；承接主体提供公共服务的数量和质量；对公共服务提供中发现的问题进行反馈并提出意见建议

续表

全过程模块	主体名称	责任内容	监督对象	监督方式	监督权力与监督内容
绩效评价模块	购买主体	开展政府购买公共服务项目绩效自评，并向财政部门提交绩效自评表和自评报告；接受财政部门绩效评价；接受财政部门委托第三方对项目实施开展的绩效评价；配合财政部门和第三方提供绩效评价相关基础资料；配合财政部门开展政府购买公共服务项目的成本绩效分析等	政府购买公共服务项目实施总体情况；项目成本绩效分析	绩效自评；财政部门绩效评价；财政部门委托第三方机构绩效评价、开展政府购买公共服务项目成本绩效分析；现场调研、资料分析与专家评价	基于绩效管理视角，以问题为导向，通过绩效自评，对自身在政府购买公共服务项目的需求分析、决策依据、决策程序、预算编制、资金分配、计划执行、过程管理、产出数量、产出质量、产出成本、产出时效、取得的经济效益、社会效益、生态效益、可持续影响以及服务对象满意度等进行全方位评价，总结取得的经验，指出存在的问题，提出改进建议；接受并配合财政部门或业务主管部门委托第三方对购买主体开展的政府购买公共服务项目绩效评价，提供评价所需基础资料；接受并配合财政部门委托第三方机构开展的政府购买公共服务项目成本绩效分析，要求承接主体配合向第三方机构提供相关基础数据和资料等

续表

全过程模块	主体名称	责任内容	监督对象	监督方式	监督权力与监督内容
	承接主体	配合对购买主体开展的绩效评价和成本绩效分析，提供相关数据资料；提供自身承接的政府购买公共服务项目的服务过程资料；配合财政部门委托第三方对政府购买主体开展的项目成本绩效分析，提供基础数据资料	政府购买公共服务项目实施总体情况；成本效益的经济性分析	配合监督评价；绩效自评；配合对政府购买公共服务项目开展的成本绩效分析	配合购买主体绩效自评和财政部门委托的第三方机构开展的针对政府购买公共服务项目的绩效评价和项目成本绩效分析，提供相关基础资料并保证其真实准确等
绩效评价模块	财政部门	要求业务主管部门部门或购买主体开展政府购买公共服务绩效自评并向财政部门提交自评表和自评报告；财政部门组织专家直接开展政府购买公共服务项目绩效评价，形成评价结论和评价报告；财政部门通过遴选、招投标等方式选择合格第三方机构，对购买主体的政府购买公共服务项目开展绩效评价，形成评价结论并向财政部门提交绩效评价报告；财政部门邀请第三方机构对政府购买公共服务项目开展成本绩效分析；对绩效评价结果进行公开和运用	政府购买公共服务项目实施总体情况及结果运用；成本效益的经济性分析	绩效自评；财政部门绩效评价；财政部门委托第三方机构绩效评价；现场调研、资料分析与专家评价；评价结果的公开和运用	基于绩效管理视角，以问题为导向，对购买主体在政府购买公共服务项目的需求分析、决策依据、决策程序、预算编制、资金分配、制度执行、过程管理、产出数量、产出质量、产出成本、产出时效、取得的经济效益、社会效益、生态效益、可持续影响以及服务对象满意度等进行全方位评价，指出存在的问题，提出改进建议；委托第三方对购买主体开展的政府购买公共服务项目开展绩效评价；委托第三方机构对政府购买公共服务项目进行成本绩效分析，以保证财政资金投入与公共服务产出能够最大限度体现经济性和效率性；将绩效评价结果进行公开并切实加以运用等

184

续表

全过程模块	主体名称	责任内容	监督对象	监督方式	监督权力与监督内容
绩效评价模块	审计部门	对购买主体开展政府购买公共服务绩效自评情况进行绩效审计；对财政部门开展的政府购买公共服务绩效评价结果进行绩效审计；对第三方机构的政府购买公共服务绩效评价结果和成本效益分析结果进行绩效审计；对财政部门绩效评价结果的公开和运用情况进行绩效审计	政府购买公共服务项目实施总体情况	事后绩效审计	以问题为导向，对购买主体在政府购买公共服务项目的需求分析、决策依据、决策程序、预算编制、资金分配、制度执行、过程管理、产出数量、产出质量、产出成本、产出时效、取得的经济效益、社会效益、生态效益、可持续影响以及服务对象满意度等进行全方位绩效审计；对财政部门和第三方机构的绩效评价和成本效益分析的过程和结果进行专业绩效审计；对财政公开和运用绩效评价结果情况进行审计监督等
	人大部门	听取财政部门对政府购买公共服务项目进行绩效评价情况的报告；听取审计部门对政府购买公共服务项目进行绩效审计情况的报告；监督绩效评价结果公开和运用的情况	政府购买公共服务项目实施总体情况	听取报告；人大代表参与绩效评价过程；提出意见和质疑	监督审查财政部门对政府购买公共服务项目绩效评价的结果；派出人大代表参与政府购买公共服务项目绩效评价过程，并发表意见和质疑；监督审查项目绩效审计结果；监督审查项目绩效评价结果公开和运用情况等

续表

全过程模块	主体名称	责任内容	监督对象	监督方式	监督权力与监督内容
绩效评价模块	纪检部门	监督购买主体、财政部门、第三方机构和承接主体的党员干部在政府购买公共服务绩效评价过程中遵守党纪的情况	购买主体和承接主体的党员干部	明察暗访；接受检举、举报等并依党纪调查、处置	监督购买主体和承接主体的党员干部在绩效评价过程中是否存在人为干扰评价进程等违反党纪的行为；对各类主体中涉嫌职务犯罪的人员移送司法机关提起公诉等
	监察部门	监督购买主体、财政部门、第三方机构和承接主体的公职人员在政府购买公共服务绩效评价过程中遵守法律法规的情况	购买主体和承接主体的公职人员	接受检举、举报等并依法展开调查、处置	监督购买主体和承接主体的公职人员在绩效评价过程中是否存在人为干扰评价进程、弄虚作假、恶意串通等行为，对各类主体中涉嫌职务犯罪的人员移送司法机关提起公诉
	司法部门	监督购买主体、财政部门、业务主管部门、第三方机构和承接主体的党员干部和公职人员在政府购买公共服务绩效评价过程中的守法情况	购买主体和承接主体的党员干部和公职人员	事后法律监督	对购买主体、财政部门、业务主管部门、第三方机构和承接主体的党员干部和公职人员在政府购买公共服务绩效评价过程中的违法行为追究法律责任
	行业协会	督促承接主体配合开展政府购买公共服务绩效评价工作；配合成本绩效分析工作并提供公共服务标准资料等	承接主体	配合监督	督促承接主体配合开展政府购买公共服务绩效评价工作情况；督促承接主体提供成本绩效分析所需的公共服务标准等资料

续表

全过程模块	主体名称	责任内容	监督对象	监督方式	监督权力与监督内容
绩效评价模块	第三方机构	接受财政部门和业务主管部门委托，对购买主体的政府购买公共服务项目开展客观公正的绩效评价，并向财政部门提交绩效评价结果及绩效评价报告；接受财政委托对政府购买公共服务项目开展成本效益分析	政府购买公共服务项目实施总体情况；项目成本绩效分析	评价监督；成本绩效监督	依据财政部门和相关主管部门的委托要求，对购买主体的政府购买公共服务项目开展客观公正的绩效评价，并向财政提交绩效评价结果及评价报告；依据财政委托要求，对政府购买公共服务项目开展项目成本效益分析，客观公正地核算在既定效益目标和质量标准下，政府购买公共服务的成本构成要素与成本定额标准等
	社会公众	关注政府购买公共服务绩效评价工作，配合进行服务对象满意度调查，指出存在问题，提出意见建议	政府购买公共服务项目实施总体情况	参与式监督	配合财政部门、业务主管部门和第三方机构开展的政府购买公共服务绩效评价工作，公正客观地填写服务对象满意度调查问卷，指出存在问题，提出意见建议

由表 8-2 可知，当我们将内外部监督主体的主体责任嵌入政府购买公共服务全过程监督之中时，各主体的监督对象、监督方式和监督权利与监督内容也相继得到了明确，这既为多元主体各司其职、自我监督和相互监督奠定了重要的责任基础，又为出现监督不力导致风险发生时的责任追究提供了明确依据。当然，这份主体责任清单可能还不够完善，需要随着政府购买公共服务制度的发展和实践经验的积累不断丰富和补充，但现有研究成果能够为全过程监督机制的建立提供创新性的思路和有益的参考。

（二）健全主体责任追究制度

为保证内外部监督链条真正发挥多元共治协同监督、从整体上提升常态化监督效能的目标，在明确政府购买公共服务全过程流程各模块中多元主体各自的职责任务以及监督对象、监督方式和监督权力与监督内容后，必须建立主体责任约束机制，即健全政府购买公共服务主体责任追究制度。要对照主体责任清单，约束各主体尽责履职，对因主体责任履行不力造成风险发生的情况，追究其主体责任。特别是针对财政部门、业务主管部门、购买主体、承接主体、第三方机构等，要制定比较明确的责任追究制度。

目前，在我国政府购买服务和财政绩效评价的制度规定中，对监督和风险防范已经有了一些原则性规定，但缺少实际操作的具体执行标准。以最近几年财政部颁发的制度办法为例，可以看出虽然各项规章均有责任追究的约束性条款，但大多属于原则性规定，对执行中的履职不力造成风险追究主体责任的具体操作指导性不够。《政府购买服务管理办法》（财政部令第102号）第六章明确规定："购买主体、承接主体及其他政府购买服务参与方在政府购买服务活动中，存在违反政府采购法律法规行为的，依照政府采购法律法规予以处理处罚；存在截留、挪用和滞留资金等财政违法行为的，依照《中华人民共和国预算法》《财政违法行为处罚处分条例》等法律法规追究法律责任；涉嫌犯罪的，移送司法机关处理。""财政部门、购买主体及其工作人员，存在违反本办法规定的行为，以及滥用职权、玩忽职守、徇私舞弊等违法违纪行为的，按照《中华人民共和国预算法》《中华人民共和国公务员法》《中华人民共和国监察法》《财政违法行为处罚处分条例》等国家有关规定追究相应责任；涉嫌犯罪的，移送司法机关处理。"《政府采购需求管理办法》（财库〔2021〕22号）明确规定："在政府采购项目投诉、举报处理和监督检查过程中，发现采购人存在无预算或者超预算采购、超标准采购、铺张浪费、未按规定编制政府采购实施计划等问题的，依照《中华人民共和国政府采购法》《中华人民共和国预算法》《财政违法行为处罚处分条例》《党政机关厉行节约反对浪费条例》等国家有关规定处理。"《第三方机构预算绩效评价业务监督管理暂行办法》（财监〔2021〕4号）规定："第三方机构及其工作人员在预算绩效评价工作中有下列情形之一的，视情节轻重，给予责令改正、约谈诫勉、通报给行业监管部门或主管部门、记录不良诚信档案等处理。

（一）违反本办法第十一条有关规定的[①]；（二）在参加政府采购活动中有舞弊行为的；（三）录入及变更信息存在虚假的；（四）由于故意或重大过失而提供虚假数据和结论的；（五）擅自泄露预算绩效评价信息、结论等有关情况的；（六）违反法律、法规和本办法规定的其他行为。""第三方机构及其工作人员在开展预算绩效评价工作中造成损失的，依法承担民事赔偿责任；涉嫌犯罪的，依法追究刑事责任。""财政部门工作人员在第三方机构预算绩效评价业务监督管理中存在滥用职权、玩忽职守、徇私舞弊等违法违纪行为的，依照国家有关规定追究相关责任；涉嫌犯罪的，依法追究刑事责任。"《项目支出绩效评价管理办法》（财预〔2020〕10号）规定："对使用财政资金严重低效无效并造成重大损失的责任人，要按照相关规定追责问责。对绩效评价过程中发现的资金使用单位和个人的财政违法行为，依照《中华人民共和国预算法》《财政违法行为处罚处分条例》等有关规定追究责任；发现违纪违法问题线索的，应当及时移送纪检监察机关。""各级财政部门、预算部门和单位及其工作人员在绩效评价管理工作中存在违反本办法的行为，以及其他滥用职权、玩忽职守、徇私舞弊等违法违纪行为的，依照《中华人民共和国预算法》《中华人民共和国公务员法》《中华人民共和国监察法》《财政违法行为处罚处分条例》等国家有关规定追究相应责任；涉嫌犯罪的，依法移送司法机关处理。"

可以看出的是，上述法律法规和制度规定并非专门针对政府购买公共服务活动而制定的，其管辖范围比较宽泛，而政府购买公共服务兼具行政性和市场性的行为模式，与全过程流程涉及多方利益主体的独特特征，决定了全过程链条上一旦出现参与各方在实际行为过程中发生不同程度的责任缺失而给公共利益造成损害的现象，就需要对具体的责任缺失情况和所造成损害的程度确定追责处罚的具体标准。因此，现有的制度措施有待进一步具体化并提高针对性。这样，一方面能够提高制度的可操作性，另一方面也可以进一步增强对各主体行为的约束作用，使其更加清楚履职不力将会受到的处罚程

[①]《第三方机构预算绩效评价业务监督管理暂行办法》（财监〔2021〕4号）第十一条规定：第三方机构从事预算绩效评价业务，不得有以下行为：（一）将预算绩效评价业务转包；（二）未经委托方同意将预算绩效评价业务分包给其他单位或个人实施；（三）允许其他机构以本机构名义或者冒用其他机构名义开展业务；（四）出具本机构未承办业务、未履行适当评价程序、存在虚假情况或者重大遗漏的评价报告；（五）以恶意压价等不正当竞争手段承揽业务；（六）聘用或者指定不具备条件的相关人员开展业务；（七）其他违反国家法律法规的行为。

度，从而使自己的行为合法合规、尽职尽责。

我们认为，在当前政府购买公共服务制度快速发展的背景下，各地方、各部门都应高度重视政府购买公共服务在国家治理现代化中的重要地位，充分认识到该制度的健康有序发展不仅是政府创新公共服务供给方式的有效工具，也是提升政府信誉、建设人民满意政府的重要手段，必须强化和落实各方主体责任。建议抓紧制定"政府购买公共服务监督管理办法"，加强系统性规则的制定，在监督管理办法中明确具体的主体责任追责条款，使其更加具有可操作性。

1. 明列失职失责情形

根据政府购买公共服务主体责任清单，明确列出财政部门、业务主管部门、购买主体、承接主体和第三方机构等的履职不力、失职失责情形，以对应应当追究主体责任的条款。具体应包括各类主体在政府购买公共服务过程中出现的以下问题：需求决策中的官僚主义或程序不合规；无预算或者超预算购买；违反信息公开；干扰公平竞争；不公正对待市场主体（如在采购方式、评审规则、供应商资格条件等方面存在歧视性、限制性、不符合政府采购法律法规和政策要求等）、政府购买程序违法、不依法签订合同、不按规定进行过程监管；截留、挪用和滞留政府购买服务资金；滥用职权；玩忽职守；徇私舞弊；弄虚作假；寻租腐败；随意透露评价信息等。

2. 确定责任追究方式和处置标准

从制度上规定各类主体的不同失职失责情形应当对应的责任追究方式和处置标准。具体的主体责任追究方式应当包括视情节轻重，给予责令改正、约谈诫勉、通报给行业监管部门、记入不诚信档案、责令在一定期限内退出政府购买公共服务市场、禁止参与政府购买公共服务活动等行政处罚。对领导者和直接责任人视情节轻重，可给予警告、记过或者记大过处分；情节较重的，给予降级或者撤职处分；情节严重的，给予开除处分。各类主体人员的不良行为构成犯罪的，要依法追究刑事责任。

（三）制定承接主体 "黑白名单制度"

承接主体状态是保证政府购买公共服务运行质量和效益的关键性环节。如果承接主体的专业服务能力普遍较低，将直接影响公共服务供给的最终效果。而对具体的政府购买公共服务项目而言，一方面根据参与竞争的承接主体资质能够提前预判该项目实施可能达到的质量效果；另一方面在政府购买公共服务委托合同签署后，承接主体是否诚信，能否严格遵守合同约定履约，也同样决定了公共服务的生产和提供是否保质保量、及时高效。因此，促进社会组织能力建设，加强对承接主体的管理，就成为政府购买公共服务监督机制建设中的重要一环，其中建立承接主体的"黑白名单制度"是一种比较有效的督促提示和强力监督手段。

1. 承接主体"黑白名单"的内涵

所谓承接主体"黑白名单制度"，是指财政部门作为政府购买公共服务法定监督管理部门，应当要求各相关领域主管部门，根据本部门所属购买主体在实践中发现的优质承接主体和不合格或违约承接主体，分别制定本领域承接主体的"白名单"和"黑名单"，并报同级财政部门备案。[①] 其中，"白名单"是用来记录资质条件合格，专业能力强，社会信誉度高，且在以往承接政府购买公共服务项目中能够严格履行合同约定生产和提供优质公共服务，服务对象满意度良好承接主体的名录；而"黑名单"则是用来记录虽然资质条件合格，但近三年存在重大违法记录，或社会信誉度不高，或专业程度不高，或存在不正当竞争，或在以往承接政府购买公共服务项目中未严格按照合同履约，在公共服务的生产和提供中故意压低服务成本、减少服务数量、降低服务质量、不按时保质保量完成服务供给以及服务对象满意度为不合格承接主体的名录。

2. 承接主体"黑白名单"的作用

承接主体"黑白名单"制度，是建立在对承接主体社会信用调查、合法合规性审计以及历史履约情况等基础之上的，是为购买主体开展政府购买公共服务项目选择承接主体时提供背书参考的现实工具。承接主体"黑白名单"的使用，一方面可以有效提升购买主体选择优质承接主体参与竞争的效率，另一方面也能够对承接主体的行为产生明确的激励约束作用。对登上"白名单"的企业和社会组织等，鼓励购买主体在开展政府购买公共服务项目时，优先从中选取承接主体；而对记录在"黑名单"的承接主体，则明确规定暂停其参与政府购买公共服务活动2—3年；对出现严重违法违规和重大违约行为的社会组织或个人，可永久禁止其参与承接政府购买公共服务的竞争。

---

① 杨燕英，杨琼，雷德航. 构建政府购买公共服务的多元主体协同监督机制——基于SU－CO监督模型的分析［J］. 宏观经济研究，2020（8）.

3. 承接主体"黑白名单"动态调整机制

建立承接主体"黑白名单制度"的目的,是督促承接主体不断提升自身能力建设、严格按照委托服务合同履行公共服务生产和提供的主体责任,并不是将现有合同完成情况不理想的承接主体彻底排除在政府购买公共服务竞争之外。因此,建立承接主体"黑白名单"动态调整机制,就是要激励在"黑名单"上的承接主体,努力端正参与政府购买公共服务活动的态度,不断提升组织自身的能力建设,改进公共服务生产和提供的质量与效能;而在"白名单"上的承接主体,也不能躺在功劳簿上停滞不前,如果不持续保持良好信誉和不断提升组织的综合能力,很有可能会在"白名单"上被后来居上的新的优质社会组织所取代。

我们这里建议的所谓承接主体"黑白名单"动态调整机制,具体内容包括:第一,承接主体"黑白名单"每两年调整一次,将两年内原"白名单"上承接主体因出现承接政府购买公共服务态度不端正、发生违约或违法行为、专业能力下降、不诚信履约、服务对象满意度评价不合格的承接主体,从"白名单"中剔除并记入"黑名单";第二,将两年内新发现的优质承接主体增补进入"白名单";第三,原"黑名单"上的企业、社会组织、农村集体组织和符合条件的个人,因端正参与政府购买公共服务竞争的态度,社会信誉度得到很大改善,组织内部能力建设不断增强,参与政府购买公共服务竞争意愿强烈,经过重新评估合格,可以将其从"黑名单"中移除,允许其重新参与政府购买公共服务项目承接主体的竞争,并在优秀条件具备时列入"白名单"。

4. 承接主体"黑白名单"管理

承接主体"黑白名单"一经建立,即会对广大希望参与政府购买公共服务的企业、社会组织产生非常大的影响,因此必须严格管理。其一,要时时关注承接主体的社会征信调查情况;其二,加强审计监督,重点关注承接主体的社会信誉度和合法合规性审查;其三,购买主体要严格合同履约管理,对合同履约情况有客观公正的评判;其四,要高度重视服务对象满意度调查,可委托第三方机构开展公共服务满意度调查,防止承接主体自行调查可能出现的不真实情况,从而保证满意度调查结果的客观性和公正性。

(四) 完善政府购买公共服务救济制度

根据政府向社会力量购买公共服务基本理论,购买主体与承接主体在市场这个平台上是交易双方,应当处于平等的公平交易地位。但事实上,由于购买主体是国家机关,拥有掌握大量公共资源和公权力的特殊身份,在政府购买公共服务活动中掌握着充分的裁量权和决定权,因而使其自然占据了绝对优势的地位。反观参与竞争的各类市场主体,他们中的大多数主体对获取政府购买公共服务信息的资源是有限的,通常只能通过招标文件、官方的通知、文告获取部分信息,而且在招投标的评标环节,评标专家要对众多参与竞争的承接主体进行多角度评判、打分,但这一过程并不允许竞争者从旁监督,都会使其天然产生了对购买主体官员和评标专家不同程度的不信任。当其认为自己的权益受到侵害,或者表达不信任,或者对相关问题提出异议时,其有权向有关部门申诉以表达自己的诉求并寻求权利救济。政府购买公共服务救济制度正是这种合法、有效解决纠纷的权利救济制度。

1. 政府购买公共服务救济制度的内涵

从法律意义上讲,权利救济是指在权利人的实体权利遭受侵害时,由有关机关或个人在法律所允许的范围内采取一定的补救措施消除侵害,使权利人获得一定的补偿或者赔偿,以保护权利人的合法权益。政府购买公共服务救济制度是指企业、社会组织等在参加政府购买公共服务活动过程中,认为其合法权益受到侵害时,依法进行质疑、投诉、申请行政复议或提起行政诉讼的一项专门制度。通过政府购买公共服务救济制度,可以从承接主体的角度,实施对购买主体和其他主体的有效监督。

2. 完善政府购买公共服务救济制度

在我国,政府购买公共服务属于政府采购法的法律约束范围,要遵照政府采购法实施条例的规程指导。在《中华人民共和国政府采购法》和《中华人民共和国政府采购法实施条例》中规定的"第六章质疑与投诉",即为政府采购救济制度,政府购买公共服务亦要遵照执行。从《中华人民共和国政府采购法》和《中华人民共和国政府采购法实施条例》中可以知道,我国现有政府采购救济制度的内容主要包括:"第五十一条,供应商对政府采购活动事项有疑问的,可以向采购人询问,采购人应当及时作出答复,但答复的内容不得涉及商业秘密。第五十二条,供应商认为采购文件、采购过程和中标、成交结果使自己的权益受到损害的,可以在知道或者应知其权益受到损害之日起七个工作日内,以书面形式向采购人质疑。第五十三条,采购人应当在收到供应商的书面质疑后七个工作日内作出答复,并以书面形式通知质疑供应商和其他有关供应商，但答复的内容不得涉及商业秘密。第五十四条，采购人委托采购代理机构采购的，供应商可以向采购代理机构提出询问或者质疑，采购代理机构应当依照本法第五十一条、第五十三条的规定就采购人委托授权范围内的事项作出答复。第五十五条，质疑供应商对采购人、采购代理机构的答复不满意或者采购人、采购代理机构未在规定的时间内作出答复的，可以在答复期满后十五个工作日内向同级财政部门投诉。第五十六条，财政部门应当在收到投诉后三十个工作日内，对投诉事项作出处理决定，并以书面形式通知投诉人和与投诉事项有关的当事人。第五十七条，财政部门在处理投诉事项期间，可以视具体情况书面通知采购人暂停采购活动，但暂停时间最长不得超过三十日。第五十八条，投诉人对财政部门的投诉处理决定不服或者政府采购监督管理部门逾期未作处理的，可以依法申请行政复议或者向人民法院提起行政诉讼。"除此之外，在《第三方机构预算绩效评价业务监督管理暂行办法》（财监〔2021〕4号）中也规定："第三方机构及其工作人员对财政部门行政处理处罚决定不服的，可以依法申请行政复议或者提起行政诉讼。"从总体上说，政府购买公共服务救济制度应当执行上述法律法规条款，但是由于政府购买公共服务与政府采购的货物和工程相比具有明显的特殊性，因而仅对购买过程中存在的纠纷进行救济稍显不足。

从政府购买公共服务全过程来看，公共服务与货物和工程最大的不同在于标准的二重性。也就是说，政府采购的货物和工程通常只看"硬标准"即可，即货物和工程的各项硬性技术指标。这些技术指标均有国家标准和行业标准，对照这些技术参数即可完成资质、规格、技术和质量标准等的评判。但政府购买的公共服务与货物、工程最大的区别，就在于除了技术指标的"硬标准"，还存在更难把握的服务"软标准"，特别是直接面向公众提供的公共服务。公共服务"软标准"的判定，往往体现为服务对象对承接主体服务过程中的服务意识、服务态度和服务质量的主观感知，而这些主观感知往往容易受到环境因素和人为因素的影响，甚至是竞争对手恶意干扰等。因此，当承接主体因为服务对象满意度结果为"不合格"而要被列入"黑名单"时，如其能够举证自身清白，是遭受恶意声誉损害的，应当可以通过救济制度赋予其提出申诉、质疑、投诉等的权利。因此，根据政府购买公共服务活动的特殊性，应当将对公共服务对象满意度结果的申诉、质疑、投诉等纳入政府购买公共服务救济制度之中。

(五) 切实拓宽公众监督渠道

2019年11月2日，习近平总书记在上海虹桥街道考察时明确指出："我们走的是一条中国特色社会主义政治发展道路，人民民主是一种全过程的民主。"发展全过程人民民主，是中国式民主的制度设计和道路选择。通过民主决策，广泛倾听民意、集中民智，使各项决策建立在民主和科学的基础之上，能够保证人民当家作主，参与国家事务管理，保障群众的合法权益。党的十九大报告指出："保证人民依法通过各种途径和形式管理国家事务""完善基层民主制度，保障人民的知情权、参与权、表达权、监督权。"党的二十届三中全会《中共中央关于进一步全面深化改革、推进中国式现代化的决定》中，进一步明确了要"聚焦发展全过程人民民主，坚持党的领导、人民当家作主、依法治国有机统一，推动人民当家作主制度更加健全"。政府购买公共服务作为直接影响社会公众的公共服务事务，必须贯彻全过程人民民主的社会主义民主政治要求，不断扩大公众参与监督的渠道，更好地回应公众诉求，提高购买服务决策的民主性和科学性，促使政府购买公共服务供给侧结构性调整更加合理有效。

现阶段，我国政府购买公共服务过程中公众参与的程度还不高。实践中，政府购买公共服务活动在需求决策、过程管理和质量效益的监督等方面，公众参与缺失的现象非常普遍。由于缺少参与渠道，公众往往只能作为公共服务的被动接受者，公众在提出公共服务诉求、参与决策、过程监督、反馈意见建议等方面则较难充分发挥社会公众参与的主观能动作用。因此，努力拓宽社会公众参与渠道，切实发挥人民群众作为公共服务对象的监督主体作用，是实现政府购买公共服务全过程监督的重要内容。

当前，公众参与社会治理主要有以下渠道：一是人民代表大会和政治协商会议；二是如市长接待日、市长热线、12345投诉举报电话以及各种听证会、论证会等；三是基层群众性自治组织。通过对以上参与渠道进行分析可以看出，一是普通公民参与人民代表大会和政治协商会议概率较低，参与度不具有普遍性；二是虽然目前各地12345投诉举报电话的实际效果比较明显，但主要表现为碎片化的问题反映，而缺乏系统性的公众对公共服务诉求的梳理汇总；三是一些基层群众性自治组织发展不健全，缺乏制度性和规范性，导致执行效果欠佳。因此，我们认为要从以下几个方面入手，切实拓宽公众参与监督的渠道。

1. 营造公众监督环境氛围

公众参与社会治理机制欠缺一个重要表现，是政府部门与社会公众在公务信息资源获取路径的不对称。各级政府和相关单位部门是公共服务信息的主要输出者，其社会公务信息的公开途径主要是通过新闻发布会、官方门户网站、政务服务网站等形式向公众发布。鉴于公众获取社会公务信息途径的有限性以及社会公务信息公开具有相对延时性，导致公众对社会公务信息的知情权受限，进而影响其有效参与社会治理。① 政府购买公共服务信息是典型的社会公务信息。由于政府购买公共服务具有分布广泛、内容繁杂、比较零散等特点，使社会公众在政府购买公共服务信息的获取上存在一定难度，再加上公众素质本身参差不齐，有时间、有精力、有条件、有能力多方获取信息的毕竟是少数，大多数人往往在信息获取上力不从心。故此，从丰富信息传播和信息获取渠道入手，逐步营造有利于公众参与政府购买公共服务监督的环境氛围就显得尤为重要。

除《中华人民共和国政府采购法》明确规定的信息发布渠道，对于那些与百姓生活息息相关的政府购买公共服务项目，各级政府还可以利用政务服务中心、社区服务中心、社区市民学校等机构拓展信息传播渠道，让居民知晓政府准备在哪些方面为公众购买公共服务，鼓励居民关注并在规定的时间内向有关部门提出意见建议，从而逐步营造公众愿意主动了解政府购买公共服务信息、关心和关注政府购买公共服务进展、愿意主动参与到监督政府购买公共服务活动全过程的良好氛围。

2. 明确公众监督方式与途径

随着社会公众对建设服务型政府和实现国家治理现代化的认识不断加深，当前我国公众参与社会治理的意识和对社会公共事务关注的程度都在逐步提高，但在政府购买公共服务领域，由于认识不足、信息不畅，或者出于公共服务"搭便车"的便利，又或者因为专业度不够，还可能因为存在一定怕麻烦心理等原因，社会公众参与政府购买公共服务全过程监督的意识仍然比较淡薄。公众参与监督的能动性不足，往往成为监督权虚置的主观原因。所以，各级政府主管部门应当在现有各类政府购买公共服务制度中，补充公众参与

---

① 李琼琼. 新时代公众参与社会治理的现实困境及建构维度［J］. 河北青年管理干部学院学报，2021（6）.

政府购买公共服务项目监督的方式和途径等规定条款，确保公众参与全过程监督的每个环节都有序可循、有规可依。

具体而言，就是要以完善制度的方式，将公众参与纳入政府购买公共服务全过程流程之中，特别是那些与基层群众直接相关的政府购买公共服务项目，例如养老、助残、就业、教育、文化、体育、科普、环境、社区管理等方向的政府购买公共服务项目，应当明确规定社会公众参与监督的方式和途径。具体包括：第一，政府购买公共服务的购买主体在立项的前期需求分析时，可在一定范围内吸收公众参与需求调查和需求分析，以便更加精准进行立项决策；第二，在购买服务预算编制环节，对于居民关系密切的购买服务项目，尝试推行公众参与的参与式预算，通过居民评选的方式评判公共服务内容、质量与成本价格匹配的合理性；第三，在监督政府购买公共服务过程时，通过邀请市民代表监督评标过程，监督购买服务程序的合法性和公正性；第四，在承接主体履行服务合同时，选择有意愿的公众代表随时监督承接主体提供公共服务的及时性和保质保量的供应情况，并随时向有关部门反映问题；第五，在绩效评价过程中，采用多种方式鼓励居民积极配合第三方机构进行满意度调查，将自己的真实意思充分表达出来。

3. 提升公众监督能力

在鼓励公众参与社会治理创新的过程中，个体能力的高低直接关系到公众社会治理效力的高低。政府购买公共服务作为社会治理创新的重要工具，公众素质的提升，直接关系到社会公众主体责任的发挥和全过程监督的整体效能。可以说，切实提升公众的监督素养和监督能力，是保证公众参与全过程监督的重要一环。

现实中，我国社会治理领域的公众监督往往是通过人大代表和政协委员的调研、提案等方式实现的，这是非常重要的监督方式，也是最有力度的监督方式。但是为了鼓励和激励更多的公众积极参与到政府购买公共服务全过程监督之中，提高公众的参与感和监督的整体效能，应当注重加强对普通群众的宣传培训，帮助其培养主动关注政府购买公共服务的主人翁意识，提升问题意识和公共服务投入产出的绩效监督意识。应当通过基层社区组织和社区市民学校，对居民群众开展政府购买公共服务的宣传和培训。培训内容应当包括：政府购买公共服务相关知识介绍、个人如何参与需求调查和需求分析、在参与需求决策听证会时应如何准确表达自身意见、如何参与过程监督、如何参与绩效评价的满意度调查等。只有这样有针对性地对居民群众开展通俗易懂的宣传、培训，才能有效提升社会公众参与政府购买公共服务监督活动的素质和能力。当越来越多的居民个体不断提高自身综合素质，逐步加深对政府购买公共服务政策法规的理解，社会公众作为监督主体参与全过程监督的效能就能够真正发挥出来。

4. 利用现代信息技术提升公众监督效率

在现代信息技术迅猛发展的背景下，各级政府都大力开展数字政务、智慧政务、政务云平台等建设。大数据、云计算、人工智能等技术手段的使用，为公众参与社会治理提供了技术可操作性，有效拓展了公众参与的实现路径。为方便公众对公共服务的查询、办理，很多地方政府部门都开发了手机 App、微信公众号等贴近百姓生活的便利化信息服务平台，为公众参与政府购买公共服务全过程监督提供了有力的技术和平台支撑。

具体而言，通过现代数字化信息技术手段，社会公众能够更加便利地获取政府购买公共服务项目信息、参与网上调查、进行网上投票、提出服务诉求、追踪项目进展、提出对服务数量和质量的质疑、进行投诉和举报、发表意见建议等。可以非常肯定地说，现代数字化信息技术的使用，不仅将公众参与政府购买公共服务监督的行为便利化了，也大大拓展了公众参与全过程监督的渠道，将会有效提高社会公众发挥主体作用参与全过程监督的积极性和主动性。同时，由于网络平台本身的留痕和过滤功能，也能够追踪恶意差评，为查明真相、公正解决纠纷提供依据。可以说，积极利用政府的数字化政务平台鼓励公民参与，不仅能够更好地向社会公众传达政府在哪些民生领域为公众购买了哪些种类的公共服务，宣传服务型政府为民服务办实事的各种努力，而且能够从整体上节约公众监督反馈所耗费的时间成本，降低公众参与的技术门槛，进而从整体上提高了公民参与全过程监督的效能。

参考文献

[1] 王浦劬,莱斯特·M.萨拉蒙,等.政府向社会组织购买公共服务:中国和全球经验分析[M].北京:北京大学出版社,2010.

[2] 王浦劬.政府向社会力量购买公共服务发展研究——基于中英经验的分析[M].北京:北京大学出版社,2016.

[3] 哈罗德·拉斯维尔.政治学:谁得到什么?何时和如何得到?[M].杨昌裕,译.北京:商务印书馆,1999.

[4] 欧文·E.休斯.公共管理导论[M].张成福,译.北京:中国人民大学出版社,2007.

[5] E.S.萨瓦斯.民营化与公私部门的伙伴关系[M].周志忍,等译.北京:中国人民大学出版社,2002.

[6] 萨瓦斯.民营化与公私部门的伙伴关系[M].北京:中国人民大学出版社,2003.

[7] 陈天祥.新公共管理——政府再造的理论与实践[M].北京:中国人民大学出版社,2007.

[8] 王东伟.我国政府购买公共服务问题研究[M].北京:经济科学出版社,2015.

[9] 张雅勤.政府购买公共服务的公共性价值研究[M].北京:中国社会科学出版社,2020.

[10] 金冰洁.我国政府购买公共服务的运行机制及创新路径研究[M].北京:北京理工大学出版社,2017.

[11] 杨燕英.政府购买公共服务嵌入式财政监督机制——基于风险管理导向的研究[M].北京:经济科学出版社,2019.

[12] 杨燕英.政府购买公共服务导论[M].北京:经济科学出版社,

2018.

［13］许凌艳．政府购买公共服务法律制度研究［M］．上海：上海财经大学出版社，2020．

［14］张汝力．外国政府购买社会公共服务研究［M］．北京：社会科学文献出版社，2014．

［15］王春婷．政府购买公共服务绩效研究［M］．北京：知识产权出版社，2020．

［16］彭婧．公共服务购买中的政府责任研究［M］．北京：经济管理出版社，2021．

［17］薄贵利，刘小康，等．创新服务型政府运行机制［M］．北京：人民出版社，2014．

［18］吴磊．政府购买公共服务质量保障研究［M］．上海：上海交通大学出版社，2019．

［19］吴月．地方政府购买公共服务研究［M］．北京：人民出版社，2020．

［20］郑卫东．政府购买服务的监管问题研究［M］．上海：上海人民出版社，2018．

［21］句华．政府购买服务与事业单位改革衔接机制研究［M］．北京：人民出版社，2017．

［22］袁建辉．政府公共服务中的伦理关系研究［M］．长沙：湖南大学出版社，2011．

［23］官永彬．民生导向的政府公共服务绩效评价与改善研究［M］．成都：西南财经大学出版社，2020．

［24］张康之．公共管理导论［M］．北京：经济科学出版社，2003．

［25］张康之．公共管理伦理学（修订版）［M］．北京：中国人民大学出版社，2009．

［26］王丛虎．政府购买公共服务理论研究——一个合同式治理的逻辑［M］．北京：经济科学出版社，2015．

［27］魏中龙，等．政府购买服务的理论与实践研究［M］．北京：中国人民大学出版社，2014．

［28］刘俊英，刘平．转型中的政府公共支出与公共服务［M］．北京：

中国经济出版社, 2013.

[29] 郑晓燕. 中国公共服务供给主体多元化发展研究 [M]. 上海：上海人民出版社, 2012.

[30] 蒋洪. 公共财政决策与监督制度研究 [M]. 北京：中国财政经济出版社, 2008.

[31] 贾西津. 中国公民参与：案例与模式 [M]. 北京：社会科学文献出版社, 2008.

[32] 王雍君. 公共经济学 [M]. 北京：高等教育出版社, 2019.

[33] 王浦劬. 政府向社会力量购买公共服务的改革意蕴论析 [J]. 吉林大学社会科学学报, 2015 (7).

[34] 王浦劬. 全面准确深入把握全面深化改革的总目标 [J]. 中国高校社会科学, 2014 (1).

[35] 徐家良, 赵挺. 政府购买公共服务的现实困境与路径创新：上海的实践 [J]. 中国行政管理, 2013 (8).

[36] 句华. 政府购买服务的方式与主体相关问题辨析 [J]. 经济社会体制比较, 2017 (4).

[37] 杨燕英, 张希, 吴艳丽, 等. 构建基于主体责任的政府向社会力量购买公共服务质量监督机制 [J]. 社会政策研究, 2020 (9).

[38] 吕芳. "异构同治"与基层政府购买服务的困境——以S街道的政府购买服务项目为例 [J]. 管理世界, 2021 (9).

[39] 王歆昱. 政府购买公共服务监督途径研究 [J]. 管理观察, 2016 (5).

[40] 王春婷. 政府购买公共服务研究综述 [J]. 社会主义研究, 2012 (2).

[41] 徐家良, 赵挺. 政府购买公共服务的现实困境与路径创新：上海的实践 [J]. 中国行政管理, 2013 (8).

[42] 李一宁. 推进政府购买公共服务的路径选择 [J]. 中国行政管理, 2015 (2).

[43] 财政部科研所课题组. 政府购买公共服务的理论与边界分析 [J]. 财政研究, 2014 (3).

[44] 句华. 公共服务合同外包的适用范围：理论与实践的反差 [J]. 中

国行政管理, 2010 (4).

[45] 王丛虎. 政府购买公共服务的底线及分析框架的构建 [J]. 国家行政学院学报, 2015 (1).

[46] 肖雪, 颜克高. 一核多元——政府购买服务中的部门间网络关系与行动逻辑 [J]. 公共行政评论, 2020 (6).

[47] 倪永贵. 政府购买公共服务监督机制创新研究——以温州市为例 [J]. 公共管理理论, 2017 (3).

[48] 财政部科研所课题组. 政府购买公共服务的理论与边界分析 [J]. 财政研究, 2014 (3).

[49] 魏娜, 刘昌乾. 政府购买公共服务的边界及实现机制研究 [J]. 中国行政管理, 2015 (1).

[50] 董杨, 刘银喜. 政府购买公共服务边界界定及其对质量控制的影响 [J]. 内蒙古社会科学, 2017 (11).

[51] 韩清颖, 孙涛. 政府购买公共服务有效性及其影响因素研究——基于153个政府购买公共服务案例的探索 [J]. 公共管理学报, 2019 (7).

[52] 徐家良, 赵挺. 政府购买公共服务的现实困境与路径创新：上海的实践 [J]. 中国行政管理, 2013 (8).

[53] 马全中. 政府向社会组织购买公共服务的"外包失灵"及矫正——基于广东欠发达地区的案例分析 [J]. 陕西行政学院学报, 2019 (2).

[54] 刘波, 崔鹏鹏, 赵云云. 公共服务外包决策的影响因素研究 [J]. 公共管理学报, 2010 (4).

[55] 李晨行, 史普原. 科层与市场之间：政府购买服务项目中的复合治理——基于信息模糊视角的组织分析 [J]. 公共管理学报, 2019 (1).

[56] 周俊. 政府购买公共服务的风险及其防范 [J]. 中国行政管理, 2010 (6).

[57] 詹国彬. 需求方缺陷、供给方缺陷与精明买家——政府购买公共服务的困境与破解之道 [J]. 经济社会体制比较, 2013 (9).

[58] 杨宝. 政府购买公共服务模式的比较及解释——一项制度转型研究 [J]. 中国行政管理, 2011 (3).

[59] 敬乂嘉. 社会服务中的公共非营利合作关系研究——一个基于地方改革实践的分析 [J]. 公共行政评论, 2011 (5).

［60］杨燕英，张希，吴艳丽，等．构建基于主体责任的政府向社会力量购买公共服务质量监督机制［J］．社会政策研究，2020（3）．

［61］项显生．我国政府购买公共服务监督机制研究［J］．福建论坛（人文社会科学版），2014（1）．

［62］胡艳蕾．政府购买公共服务的多元主体监督机制［J］．山东师范大学学报（人文社会科学版），2016（6）．

［63］常晓薇．地方政府购买公共文化服务监管问题研究［J］．现代交际，2020（12）．

［64］齐海丽．政府购买公共服务的成效与反思——以上海市政府购买岗位为例［J］．江南社会学院学报，2012（5）．

［65］孙荣，王歆昱．政府购买公共服务资金监管研究——基于利益相关者理论的分析［J］．云南行政学院学报，2016（3）．

［66］李洪山，范思阳．治理理论视角下公民参与政府购买公共服务研究［J］．理论导刊，2017（2）．

［67］田凯．政府与非营利组织的信任关系研究——一个社会学理性选择理论视角的分析［J］．学术研究，2005（1）．

［68］刘鹏，孙燕茹．走向嵌入型监管：当代中国政府社会组织管理体制的新观察［J］．经济社会体制比较，2011（4）．

［69］张雨婷，徐兰．基于扎根理论的政府购买公共服务质量影响因素研究［J］．江苏科技大学学报（社会科学版），2017（8）．

［70］杨燕英，杨琼，雷德航．构建政府购买公共服务的多元主体协同监督机制——基于SU－CO监督模型的分析［J］．宏观经济研究，2020（8）．

［71］姜爱华，陈琦．政府购买体育场馆服务监督机制研究［J］．财政监督，2017（21）．

［72］李一宁，金世斌，吴国玖．推进政府购买公共服务的路径选择［J］．中国行政管理，2015（2）．

［73］李兆友，范逸尘．政府向社会组织购买公共服务的监管机制研究［J］．决策探索，2021（4）．

［74］刘锡平．如何加强政府购买服务资金审计监督［J］．中国内部审计，2015（10）．

［75］马子尧．构建政府购买公共服务公众监督保障机制研究［J］．中国

政府采购，2018（6）.

[76] 崔军，傅培瑜. 政府购买服务中的财政监督问题研究［J］. 财政监督，2016（7）.

[77] 张维迎，吴有昌，马捷. 公有制经济中的委托人和代理人关系：理论分析和政策含义［J］. 经济研究，1995（4）.

[78] 张海，范斌. 我国政府购买社会组织公共服务方式的历史演进与优化路径［J］. 理论导刊，2013（11）.

[79] 何晴，张家玮，赵晓玲. 政府购买服务政策沿革与趋势探讨［J］. 经济研究参考，2021（7）.

[80] 倪东生. 基于服务商投机博弈的政府购买公共服务优化治理［J］. 中国流通经济，2021（12）.

[81] 项显生. 我国政府购买公共服务监督机制研究［J］. 福建论坛·人文社会科学版，2014（1）.

[82] 孙伯龙，曲文韬. 政府过紧日子的财政监督机制研究［J］. 财政监督，2021（5）.

[83] 杨燕英，周锐. 构建绩效管理导向的政府购买公共服务全过程监督框架研究，2021（7）.

[84] 李晓艺，韩嘉琪. 我国公共服务工作者道德的标准化建设——基于英国政府对公共服务提供者道德的标准化要求［J］. 现代营销，2019（3）.

[85] 孙宏伟. 论元治理模式下英国地方公共服务供给的合作治理［J］. 上海行政学院学报，2021（5）.

[86] 张皓珏，张广钦. 国外政府公共文化服务绩效评价管理制度研究——对比英美日澳瑞五国［J］. 图书与情报，2021（3）.

[87] 陶希东. 英国大伦敦地区公共服务供给侧改革的经验与启示［J］. 国家行政学院学报，2018（6）.

[88] 黄燕芬，党思琪，杨宜勇. 英国伦敦市公共服务清单制度研究［J］. 行政管理改革，2018（10）.

[89] 方国阳，邵建树，靳晓. 公众参与如何影响政府购买公共服务的有效性？——基于政府购买服务项目的案例分析［J］. 中国行政管理，2022（4）.

[90] 郭晟豪. 政府公共服务外包中的循证式管理——来自美国地方政府

实践的启示［J］．中国行政管理，2020（2）．

［91］杨欣．公共服务外包中政府责任的省思与公法适用——以美国为例［J］．中国行政管理，2020（6）．

［92］韩丽荣，盛金，高瑜彬．日本政府购买公共服务制度评析［J］．现代日本经济，2013（2）．

［93］邹东升，张奇．提案型公共服务：日本民营化运作模式［J］．日本问题研究，2015（1）．

［94］刘延华．国外政府购买公共服务的经验借鉴［J］．新西部，2017（11）．

［95］何晴．美国地方政府公共服务供给机制改革趋势及其启示［J］．地方财政研究，2019（8）．

［96］宋世明．美国政府公共服务市场化的基本经验教训［J］．国家行政学院学报，2016（4）．

［97］刘志辉，姜显，常伟．风险矩阵视域下政府购买公共服务风险的实证研究［J］．领导科学，2021（20）．

［98］李琼琼．新时代公众参与社会治理的现实困境及建构维度［J］．河北青年管理干部学院学报，2021（6）．

［99］王箭．政府购买服务机制比较：四直辖市例证［J］．社会管理创新研究，2014（11）．

［100］魏天寿．政府购买公共服务机制研究：以福建省厦门市为例［J］．财政监督，2018（10）．

［101］孙慧，曹堂哲．绩效指标嵌入招标文件与绩效契约管理——A单位政府购买服务全过程预算绩效管理机制的案例研究［J］．财政监督，2021（2）．

［102］董杨．政府购买公共服务中的公共利益及其实现机制［J］．行政论坛，2020（6）．

［103］李健，张文婷．政府购买服务政策扩散研究——基于全国31省数据的事件史分析［J］．中国软科学，2019（5）．

［104］李兆鑫．新旧《政府购买服务管理办法》比较分析［J］．时代金融，2020（8）．

［105］胡敏洁．论政府购买公共服务合同中的公法责任［J］．中国法学，

2016 (8).

[106] 杨阳, 袁洪英. 政府购买公共服务的实践困境与路径选择 [J]. 商业经济, 2021 (6).

[107] 王名, 乐园. 中国民间组织参与政府购买公共服务研究 [J]. 财政研究, 2008 (4).

[108] 韩俊魁. 当前我国非政府组织参与政府购买服务模式比较 [J]. 经济社会体制比较, 2009 (6).

[109] E. S. Savas. Privatization: the key to better government [M]. Chatham, NJ: Chatham house, 1987.

[110] BEL G, FAGEDA X. What have we Learned from the last three decades of empirical studies on factors driving local privatization [J]. Local Government Studies, 2017 (43).

[111] BOARDMAN A E, VINING A R, WEIMER D L. The long-run effects of privatization on productivity: evidence from canada [J]. Journal of Policy Modeling, 2016 (38).

[112] Graeme A. Hodge. Privatization: an international review of performance [M]. Oxford: West view Press, 2000.

[113] Donald F. Kettl. Power sharing: public governance and private markets [M]. Washington: Brookings Institution, 1993.

[114] Van Slyke, D. Agents or stewards: using theory to understand the government-nonprofit social service contracting relationship [J]. Journal of Public Administration Research and Theory, 2007 (17): 157–187.

[115] Hood Chrictopher. A publec management for all Seasons [J]. Public Administuation, 1991 (3).

[116] Vanlandingham G, Silloway T. Bridging the gap between evidence and policy makers: a case study of the pew-macArthur results first initiative [J]. Public Administration Review, 2016, 76 (4).

[117] The Pew Charitable Trusts. Pew-MacArthur Results First Initiative [EB/OL]. https://www.pewtrusts.org/en/projects/pew-macarthur-results-first-initiative.

[118] The Pew Charitable Trusts. Better programs, better results [EB/OL].

https// www. pewtrusts. org/en/research – and analysis/issue – briefs/2012/07/26/better – programsbetter – results.

[119] Kuhlmann S. Performance measurement in european local governments: a comparative analysis of reform experiences in Great Britain, France, Sweden and Germany [J]. International Review of Administrative Sciences, 2010, 76 (2): 331 – 345.

[120] Savas E. S. Privatization and public – private partner – ships [M]. New York: Chatcham House Publishers, 2000.

[121] Hefetza. The communicative policy maker revisited: public administration in a twenty – first century cultural – choice framework [J]. Local Government Studies, 2016 (5).

附录　调查问卷

1. 调查问卷之一：面向社会公众发放

调查问卷（社会公众）

尊敬的女士/先生，您好！我们是国家社科基金关于政府向企业和社会组织购买公共服务（以下简称"政府购买公共服务"）监督问题的课题组成员，现想了解您对政府购买公共服务的认识及看法，本次问卷调查结果及个人信息将会保密，仅供科研使用。请您根据本人的真实意愿，选择您觉得合适的选项，非常感谢您的参与配合！

1. 您的职业是（　　）。

   A. 公务员　　　　　　　　B. 事业单位工作人员

   C. 企业工作人员　　　　　D. 私营企业主

   E. 自由职业者　　　　　　F. 外来务工人员

   G. 学生　　　　　　　　　H. 其他

2. 您是否在意公共服务的提供者是政府还是企业或社会组织？（　　）

   A. 在意　　　　　　　　　B. 不在意

3. 您享受过政府购买的公共服务吗？（　　）

   A. 是　　　　　　　　　　B. 否

4. 您认为政府购买公共服务是否有必要？（　　）

   A. 是　　　　　　　　　　B. 否

5. 您会主动关心和了解政府购买公共服务的有关内容吗？（　　）

   A. 非常关心　　　　　　　B. 关心与自身利益相关的内容

   C. 偶尔关心　　　　　　　D. 不关心

6. 您平时通过哪些渠道了解政府购买公共服务相关信息？（可多选）（　　）

   A. 浏览市政府信息公开网站　　B. 报纸、新闻

   C. 公共场所的信息公开栏　　　D. 热线电话

   E. 便民材料　　　　　　　　　F. 其他

7. 您认为政府购买公共服务的有关信息公开程度如何？（　　）

   A. 很高　　　　　　　　　　　B. 较高

   C. 一般　　　　　　　　　　　D. 较低

8. 您认为政府购买公共服务在哪些方面做得较好？（可多选）（　　）

   A. 一般公共服务（政府履职所需的支撑性服务，如法律服务、会议展览、咨询、技术业务培训等）

   B. 教育（基本公共教育）

   C. 科学技术（科技的规划、宣传、交流合作、科普等）

   D. 文化体育与传媒

   E. 社会保障与就业

   F. 医疗卫生

   G. 环境保护

   H. 工业、商业、金融等事务

   I. 市政管理

   J. 其他_____（请填写）

9. 您认为政府购买公共服务应加强在哪些方面的投入？（可多选）（　　）

   A. 一般公共服务（政府履职所需的支撑性服务，如法律服务、会议展览、咨询、技术业务培训等）

   B. 教育（基本公共教育）

   C. 科学技术（科技的规划、宣传、交流合作、科普等）

   D. 文化体育与传媒

   E. 社会保障与就业

   F. 医疗卫生

   G. 环境保护

   H. 工业、商业、金融等事务

   I. 市政管理

   J. 其他_____（请填写）

10. 您认为行政权力在政府购买公共服务中被滥用的可能性有多大？（   ）

    A. 有极大可能   B. 有较高可能

    C. 一般可能   D. 不太可能

    E. 完全不可能

11. 您认为采用购买公共服务这种方式会提高政府公共服务供给水平吗？（   ）

    A. 显著提高   B. 小幅度提高

    C. 无影响   D. 会降低服务水平

12. 作为需求方和被服务对象，政府部门在进行公共服务购买活动之前，是否征询过您的意见或者向您进行过访问调查工作？（   ）

    A. 是   B. 否

13. 您是否会将您所享受的政府购买公共服务质量反馈给政府有关部门或者提供服务的企业、社会组织？（   ）

    A. 是   B. 否

14. 您认为是否应当加强社会各界对政府购买公共服务活动的监督？（   ）

    A. 应当   B. 不应当

    C. 无所谓

15. 您认为政府部门是否会邀请公众参与对企业、社会组织提供的公共服务质量及资金的使用情况进行监督？（   ）

    A. 是   B. 否

16. 您认为政府采用购买公共服务方式的出发点是什么？（可多选）（   ）

    A. 满足人民群众日益多样化的公共服务需求

    B. 转嫁政府公共服务责任

    C. 动员各种社会力量参与公共服务的提供中来

    D. 让行政权力在更多领域发挥作用

    E. 不知道

    F. 其他_____（请填写）

17. 您认为最该在哪些方面加强对政府购买公共服务的监督？（可多选）（   ）

A. 政府购买公共服务项目的立项过程

B. 政府购买公共服务的预算控制

C. 采用的购买方式和购买过程

D. 政府购买信息的公开透明程度

E. 政府购买公共服务的质量情况

F. 其他_____（请填写）

18. 您愿意参与政府购买公共服务项目的监督评价工作，为什么？（可多选）（　　）

A. 监督政府购买公共服务活动是我的权力

B. 作为公共服务享受者，我对服务的内容和质量最有发言权

C. 可以促使政府今后购买到更加优质的公共服务

D. 其他_____（请填写）

19. 您不愿意参与政府购买公共服务项目的监督评价工作，为什么？（可多选）（　　）

A. 平时很忙，没时间关注这些事情

B. 没有参与监督的途径

C. 反映意见也没用，所以不愿意参与

D. 公共服务的好坏影响的是大家，我不愿意费时费力去监督

E. 其他_____（请填写）

衷心感谢您的参与！

2. 调查问卷之二：面向购买主体发放

调查问卷（政府部门）

尊敬的女士/先生，您好！我们是国家社会科学基金关于政府向社会力量购买公共服务（以下简称"政府购买公共服务"）监督的课题组成员，现想了解政府部门对政府向社会力量购买公共服务监督的有关情况。此问卷不记录贵单位具体信息，只记录您的观点，我们保证此次问卷调查对您的选择将会严格保密，仅供科研使用。请您根据下列问题，选择您觉得合适的选项，非常感谢您的参与配合！

1. 您所在地区（部门）开展政府购买公共服务的时间是（　　）。

A. 1 年　　　　　　　　　　B. 2 年

C. 3 年　　　　　　　　　　D. 3 年以上

2. 您所在地区（部门）政府购买公共服务的范围包括（可多选）（　　）。

A. 教育　　　　　　　　　　B. 医疗卫生

C. 社会保障　　　　　　　　D. 法律服务

E. 民政服务　　　　　　　　F. 绝大部分民生领域

3. 近年来，您所在地区（部门）的政府购买公共服务规模情况如何？（　　）

A. 逐年平稳增加　　　　　　B. 有所降低

C. 快速增长　　　　　　　　D. 基本保持规模不变

4. 您所在地区（部门）推行的政府购买公共服务项目主要采用的方式包括（可多选）（　　）。

A. 竞争性招投标　　　　　　B. 协议供货

C. 直接委托　　　　　　　　D. 竞争性谈判

E. 其他方式_____（请填写）

5. 您认为本地区（部门）已实施的政府购买公共服务项目运行效率如何？（　　）

A. 效率很高　　　　　　　　B. 效率一般

C. 效率很低　　　　　　　　D. 基本无效率

E. 不好说

6. 您认为本地区（部门）已经实施的政府购买公共服务项目是否使公众更加受益？（　　）

A. 是　　　　　　　　　　　B. 否

C. 很难说

7. 您认为采用政府购买公共服务的方式能够真正节约财政资金吗？（　　）

A. 能　　　　　　　　　　　B. 不能

C. 很难说

8. 您担心在政府购买公共服务过程中发生腐败问题吗？（　　）

A. 非常担心　　　　　　　　B. 担心

C. 不担心　　　　　　　　　D. 说不好

9. 您认为政府主管部门应当在政府购买公共服务监督中承担哪些责任？（可多选）（　　）

  A. 制定相关制度规则

  B. 强化预算监督和资金使用管理

  C. 划清各部门和购买主体的职责范围

  D. 规范和监督公共服务购买流程

  E. 监督招标代理中介机构行为

  F. 监督承接主体公共服务供给行为

  G. 加强政府购买公共服务合同管理

  H. 委托第三方机构对购买公共服务项目进行绩效评价

  I. 其他＿＿＿＿＿＿＿＿＿＿＿＿＿＿（请填写）

10. 您认为本地区（部门）在政府购买公共服务过程中的监督效果如何？（　　）

  A. 效果非常好   B. 效果良好

  C. 效果一般   D. 效果较差

11. 您认为本地区（部门）在开展政府购买公共服务的过程中遇到的突出问题是（可多选）（　　）。

  A. 容易滋生腐败

  B. 资金监管不严格

  C. 政府购买公共服务的范围过窄，项目太少

  D. 不公开透明导致暗箱操作等

  E. 社会组织承接能力不足，履约能力有限

  F. 确定服务范围和项目之前未征求服务对象的意见

  G. 社会公众的参与度太低

  H. 缺乏政府购买公共服务的绩效评价办法

  I. 其他＿＿＿＿＿＿＿＿＿＿＿＿＿＿＿＿＿＿＿＿（请填写）

12. 您认为政府主管部门应当如何保证政府购买公共服务更好地发挥为公众服务的作用？（　　）

  A. 强化政府责任   B. 加强需求管理

  C. 严格预算管理   D. 规范购买方式

  E. 提高透明度   F. 完善公共服务标准

G. 严格控制供应商资质　　　H. 进行绩效评价

I. 追究违约责任

13. 您认为政府主管部门在政府购买公共服务过程中的哪种监督方式效果更好？（　　）

  A. 全流程监控　　　　　　B. 日常督促检查

  C. 专项核查　　　　　　　D. 预算控制

  E. 事中事后监督检查　　　F. 绩效评价

  G. 其他_____（请填写）

感谢您的大力支持！

3. 调查问卷之三：面向承接主体发放

调查问卷（承接主体）

尊敬的女士/先生，您好！我们是国家社会科学基金关于政府向社会力量购买公共服务（以下简称"政府购买公共服务"）监督问题的课题组成员，现想了解各类单位、企业和社会组织参与政府购买公共服务有关情况。此问卷不记录贵单位具体信息，只记录您的看法，我们保证此次问卷调查对您的选择将会严格保密，仅供科研使用。请您根据本人的真实意愿，选择您觉得合适的选项，非常感谢您的参与配合！

1. 您所在的机构是（　　）。

  A. 事业单位　　　　　　　B. 企业

  C. 社会组织　　　　　　　D. 其他

2. 您所在的机构属于（　　）。

  A. 教育领域　　　　　　　B. 医疗卫生领域

  C. 科技服务领域　　　　　D. 社会保障领域

  E. 民政服务领域　　　　　F. 其他领域（法律、咨询等）

3. 您所在机构是否属于政府机构的下属（或挂靠）单位？（　　）

  A. 是　　　　　　　　　　B. 否

4. 您所在的机构与购买主体（甲方）的关系是怎样的？（　　）

  A. 彼此独立　　　　　　　B. 依赖关系

C. 二者兼有

5. 您所在的机构是否申请过政府购买服务项目？（回答"是"，请继续回答第6题；回答"否"，请继续回答第7题）（　　）

 A. 是　　　　　　　　　　B. 否

6. 您所在的机构申请购买公共服务项目的动机是什么？（可多选）（　　）

 A. 获得社会声誉　　　　　B. 扩大服务范围

 C. 获得稳定的服务收入　　D. 获得政府资源

 E. 回应社会或政府需求　　F. 其他＿＿＿＿＿＿（请填写）

7. 您所在的机构没有申请政府购买公共服务项目的首要原因是什么？（　　）

 A. 保持独立性

 B. 不信任政府机构

 C. 缺少信息渠道，不知道政府需求

 D. 程序复杂、支持力度有限，不愿申请

 E. 没达到申报条件

 F. 其他＿＿＿＿＿＿（请填写）

8. 您所在的机构是否承接过政府购买服务项目？（　　）

 A. 是　　　　　　　　　　B. 否

9. 您所在的机构是从何种渠道获得政府购买公共服务的信息的？（　　）

 A. 浏览市政府信息公开网站　　B. 报纸、新闻

 C. 公共场所的信息公开栏　　　D. 热线电话

 E. 便民材料　　　　　　　　　F. 熟人关系

 G. 其他＿＿＿＿＿＿＿＿（请填写）

10. 请问您所在的机构参与政府购买公共服务的方式是什么？（　　）

 A. 服务外包　　　　　　　B. 凭单制

 C. 补助或奖励　　　　　　D. 其他＿＿＿＿＿（请填写）

11. 您认为本机构（企业）承接政府购买公共服务项目后的合同执行情况如何？（　　）

 A. 一定会严格按照合同要求提供服务

 B. 合同制定的服务标准较高难以严格执行

 C. 项目到手是关键，合同执行情况一般

D. 因购买主体对合同执行情况没有监管，所以不太重视合同执行问题

E. 其他_____（请填写）

12. 承接政府购买公共服务后，在实施服务时最主要困难是什么？（可多选）（　　）

A. 资金使用困难，一些财务规定不符合实际

B. 与购买方关系不平等，只是政府的伙计而非伙伴

C. 与接受服务方缺少信任，活动开展受阻

D. 经费不足

E. 人手紧张

F. 缺少同类机构或行业的业务支持

G. 其他_____（请填写）

13. 您所在的机构认为政府购买公共服务是否存在供应商准入门槛过高的问题？（　　）

A. 是　　　　　　　　　　B. 否

14. 您认为当前政府向社会力量购买公共服务的信息透明度高吗？（　　）

A. 很高　　　　　　　　　B. 一般

C. 不高　　　　　　　　　D. 基本不透明

15. 您认为当前推行的政府购买公共服务公平性如何？（　　）

A. 很公平　　　　　　　　B. 基本公平

C. 很不公平　　　　　　　D. 不好说

16. 您认为有哪些监督主体对您所在的机构提供服务的质量和效率影响最大？（　　）

A. 政府及政府各相关部门　B. 政府各级财政及预算部门

C. 服务受益者　　　　　　D. 其他第三方社会组织和团体

17. 您认为现在各方面对政府购买公共服务的监管是否严格？（　　）

A. 非常严格　　　　　　　B. 比较严格

C. 不太严格　　　　　　　D. 没有什么监管行为

18. 您认为政府购买服务制度推进中存在的主要问题是什么？（可多选）（　　）

A. 部门各自为政，缺少统一实施规划

B. 购买服务的范围有限

C. 公共服务质量标准难以衡量

D. 购买流程不规范，容易滋生腐败

E. 政府部门对购买的公共服务项目管理能力弱

F. 缺少有效的公共服务绩效评估

G. 政府部门对社会组织的培育力度小

H. 其他_____（请填写）

19. 您对完善政府购买服务有哪些建议？（可多选）（　　　）

A. 建立统一的各部门购买服务需求信息发布平台

B. 完善承接方准入的资质评估制度

C. 公开招标、公平竞争

D. 建立多维评标制度，考虑综合社会效益而非单看价格

E. 签订合同，契约管理购买双方的权利义务

F. 完善过程管理和监督，确保服务质量

G. 加强评估反馈工作，促进政社互动

H. 建立社会组织信用评价体系，维护行业环境

I. 其他_____（请填写）

衷心感谢您的大力支持！